史 阿拉善盟政协文史第二十辑

文史荟萃

马芳◎主编

黄河出版传媒集团
阳光出版社

图书在版编目（CIP）数据

阿拉善盟政协文史. 第二十辑，文史荟萃 / 马芳主编. -- 银川：阳光出版社，2022.11
ISBN 978-7-5525-6584-3

Ⅰ. ①阿… Ⅱ. ①马… Ⅲ. ①中国人民政治协商会议－地方委员会－文史资料－阿拉善盟 Ⅳ. ①D628.262
中国版本图书馆CIP数据核字(2022)第209345号

阿拉善盟政协文史第二十辑 文史荟萃
ALASHAN MENG ZHENGXIE WENSHI DI-ERSHIJI WENSHI HUICUI　　马　芳　主编

责任编辑　赵维娟　林　薇
封面设计　张　兰
责任印制　岳建宁

黄河出版传媒集团
阳　光　出　版　社　出版发行

出 版 人　薛文斌
地　　址　宁夏银川市北京东路139号出版大厦（750001）
网　　址　http://www.ygchbs.com
网上书店　http://shop129132959.taobao.com
电子信箱　yangguangchubanshe@163.com
邮购电话　0951-5014139
经　　销　全国新华书店
印刷装订　银川金利丰彩色印刷有限责任公司
印刷委托书号　（宁）0024862

开　　本　720 mm × 980 mm 1/16
印　　张　19
字　　数　280千字
版　　次　2022年11月第1版
印　　次　2022年11月第1次印刷
书　　号　ISBN 978-7-5525-6584-3
定　　价　62.00元

序

近几年来，阿拉善盟政协文化文史学习委员会加强地方文史的发掘与整理，组织界别政协委员、特聘文史专家及政协工作者“走出去”“迎进来”，遵守“三亲”（亲历、亲见、亲闻）原则，采访了许多历史文化专家，重要历史事件的亲历者、知情者及他们的子女，撰写了大量的回忆性文章和文史类研究文章，陆续刊登在《阿拉善政协》上。这些文章一经刊发，立即引起盟内各界群众的强烈反响，纷纷提供线索，撰写回忆文章，提出意见建议，不仅拓宽了阿拉善盟地方文史资料的渠道，丰富了阿拉善盟政协文史资料的内容，而且提升了地方文化的内涵，在对外宣传阿拉善盟地方文化方面发挥了重要作用。为了更好发挥文史资料存史、资政、团结、育人的重要作用，盟政协文化文史学习委员会甄选其中40篇优秀史料文章汇编成《阿拉善盟政协文史第二十辑文史荟萃》。

本书分为“永恒记忆”“岁月深处”“草原轻骑”“大漠史记”“政协情怀”“口述故事”六个篇章。

“永恒记忆”所选篇目均是近年来阿拉善盟政协文化文史学习委员会重点考察、采访并组织文史专员挖掘整理的最新史料研究成果。《红军西路军战士朱增木在额济纳的遭遇》《“李裁缝”原来是红军》《西路军战士杨自来的传奇人生》是盟政协文史委组成文史专员团队对“中国工农红军西路军途经阿拉善”进行专项调研完成的三篇文章。考察组通过翻阅文史资料和大量走访，找到三位西路军战士流落阿拉善地区的线索。其中，西路军战士朱增木战斗负伤后流落在巴丹吉林沙漠，最终在额济纳旗乌兰川吉被国民党额济纳旗军事专员办事处逮捕，审讯后押送到兰州。额济纳旗档案史志馆藏有国民党额济纳旗军事专员办事处对朱增木的审讯记录原件。西路军战士李永新、杨自来和朱增木都是四川广元人，分别在古浪战役和临泽战役中与大部队走散，落户在额济纳旗终老。三位西路军战士在阿拉善地区的经历告诉我们，红军北上的目的就是渡过黄河打通“国际路线”，有资料证明，这个“国际路线”就是指阿拉善共产国际秘密通道。

《追寻革命烈士的足迹》是盟政协文化文史学习委员会对阿拉善旗第一任工委书记曹动之烈士故居及其从事革命的地区进行走访后形成的考察报告。《关山万千重》是根据《大公报》记者范长江在1936年秋天来到阿拉善，对日本特务在西蒙地区的活动进行报道的路线形成的记述史料，重走当年范长江走过的路线，体味家国天下、匹夫有责的爱国情怀。《〈中共阿右旗党史大事记〉编纂过程的点滴回忆》是阿右旗党史办原主任章鸿钧老先生的回忆文章。

“岁月深处”选编部分政协界别委员和政协工作者撰写的回忆性文章；“草原轻骑”回忆了乌兰牧骑的发展历程，记录几代乌兰牧骑人的奋斗史；“大漠史记”以地方文史采访笔记为主，记述阿拉善盟历史以及骆驼、航天、商业等发展情况；“政协情怀”表达部分政协委员对政协工作的感怀；“口述故事”以阿拉善盟农工民主党老党员口述故事为主，表达民主党派在中国共产党的领导下参政、议政的主人翁情怀。

“功崇惟志，业广惟勤。”阿拉善盟政协文化文史学习委员会坚持以推动近现代重大历史事件和历史人物等资料的征集、整理、研究、编辑工作为己任，编辑出版文史资料专辑，努力填补阿拉善盟文史研究的一些空白，推动阿拉善历史文化研究探索与成果运用。

阿拉善盟政协党组书记、主席

2021年12月

目录

永恒记忆

追寻革命烈士的足迹
——曹动之故里考察记 …………………………………… 黄　聪 / 003
红军西路军战士朱增木在额济纳的遭遇 …………………… 李文清 / 013
“李裁缝”原来是红军 …………………………………………… 李　靖 / 017
关山万千重
——“范长江阿拉善之行”考察记 …………… 李文清　黄　聪 / 021
《中共阿右旗党史大事记》编纂过程的点滴回忆 ………… 章鸿钧 / 059
西路军战士杨自来的传奇人生 ………………………………… 黄　聪 / 064

岁月深处

我眼中三十五年的阿拉善生态影像 ………………………… 王秋才 / 073
爷爷的阿拉善岁月 ……………………………………………… 张　莉 / 081
一张老照片背后的故事 ………………………………………… 娜仁花 / 087
我喜欢喝母亲熬的茶 …………………………………………… 呼　群 / 092
沙漠深处扶贫路 ………………………………………………… 马　芳 / 096
情系大漠　余热生辉
——阿拉善盟政协退休干部苏和同志先进事迹 ……… 吴奕男 / 104
驼商父亲的蒙古族情缘 ………………………………………… 吴奕男 / 112

草原轻骑

一家两代乌兰牧骑队员:永做草原红色文艺轻骑兵 ……… 雷奇毅 / 119
记忆永恒 …………………………………………………… 马　芳 / 125
我与乌兰牧骑的不解之缘 ………………………………… 王　敏 / 131
合影背后的故事 …………………………………………… 马　芳 / 136
父亲与乌兰牧骑的情缘 …………………………………… 张　莉 / 139
乌兰牧骑的故事 …………………………………………… 马　芳 / 143

大漠史记

履印迹痕
——访京新高速公路临白段工程建设管理办公室主任杜子义
…………………………………………………………………… 马　芳 / 155
阿拉善的民勤商号——玉盛明 …………………………… 黄　聪 / 165
长调悠远　岁月如歌
——访非物质文化遗产蒙古长调代表性传承人、蒙古族
歌唱家阿拉坦其其格 ……………………… 马　芳　马婷婷 / 171
阿拉善盟政协"成吉思汗文化遗迹"考察综述 ………… 斯琴别立格 / 179
"蒙古族和硕特部历史文化及阿拉善和硕特部迁徙"考察实录
…………………………………………………………………… 呼　群 / 190
回眸望远,繁华已是当年事
——陪董培良先生回访阿拉善祥泰隆旧址后记 ……… 黄　聪 / 199
诗人俞明震笔下的定远营 ………………………………… 王秋才 / 212
淹没在历史烟尘中的"王法"
——中华人民共和国成立前阿拉善旗民刑案件判例选编 … 格　尼 / 216
阿拉善和硕特旗的六处王府 …………………………… 斯琴别立格 / 224

政协情怀

永远忘不掉的历史心迹 …………………………………… 周粒公 / 235
我就这样参与了政协工作 ………………………………… 朝格图 / 239
我的政协情怀 ……………………………………………… 姜庆继 / 243
履职在路上 ………………………………………………… 马　芳 / 247
我的政协三十年 …………………………………………… 张　莉 / 251
政协是我的人生“福地”
——两次调入政协工作的经过 …………………… 斯琴别立格 / 258
一张收据
——刘安民与政协的不解之缘 ………………………… 张　莉 / 264

口述故事

阿拉善盟农工党组织的创建者 ………………………… 吴学文 / 271
发挥参政党作用　建功阿拉善发展……………… 吴学文　马玉梅 / 274
见证农工党在阿拉善盟的发展 ………………………… 吴学文 / 280
继往开来推进农工党事业发展 ………………………… 吴学文 / 284
创新工作新机制　开辟工作新局面 …………………… 马玉梅 / 289

◎永恒记忆

◎岁月深处

◎草原轻骑

◎大漠史记

◎政协情怀

◎口述故事

追寻革命烈士的足迹

——曹动之故里考察记

黄　聪

1950年7月31日，中共宁夏省阿拉善旗工委书记曹动之同志在贺兰山中与土匪遭遇，壮烈牺牲。为深入挖掘曹动之同志革命事迹，缅怀革命先烈，2020年10月，在曹动之同志牺牲70周年之际，笔者随阿拉善盟政协文史委几位同志，赴曹动之烈士的家乡陕西省榆林市横山区和他开展革命活动的主战场鄂尔多斯市乌审旗，走访知情人，挖掘相关史料，对曹动之烈士的革命事迹做了初步的调查。

横山学运

车到横山区，区政协副主席曹建翊早早等候在路边。曹建翊先带我们参观位于老城中心的鼓楼。这里也是清代怀远县衙所在地，如今县衙早已不存，仅余一座鼓楼，见证沧海桑田、历史变迁。鼓楼地势较高，从这里既可俯视横山老城区，亦可鸟瞰横山新貌。曹建翊向我们简单介绍了横山区的历史。横山区位于毛乌素沙漠南缘，为鄂尔多斯草原向黄土高原过渡地带，自古是北方游牧民族与农耕民族征伐、交融的战略要地，清雍正九年(1731年)置怀远县，为“怀柔边远”之意，属榆林府。1914年，

作者简介：黄聪，阿拉善盟政协特聘文史专员，内蒙古作家协会会员，阿拉善盟行政公署办公室科员。

为区别安徽省的怀远县,依境内横山山脉更名横山县。2015年12月撤县为区,属榆林市。有意思的是,这个地名在当地百姓发音里,读"横(hòng)山"。

鼓楼往西前行半里,最西边的几孔窑洞就是横山第一高等小学校址。学校院墙早已不存,仅留一残破的院门,不过被砌堵了,旁边是一居民新建的车库,旧没旧的韵致,新没新的气派,显得有些凌乱。院内尚有五孔窑洞,颇有古意,其中两孔似有人居住,院内一畦白菜青青,生机盎然。曹建翊介绍说这几孔窑洞还是当年的建筑,横山革命史上著名的"一高"学潮就发生在这里。后来学校搬迁,校址成为民居,如今老城区居民渐向新区搬迁,这里少有人居住,故而显得破败了。

1925年春,19岁的曹动之在这里与鲁贲等一同领导了震惊陕北的"一高"学潮,反对当局的迫害压迫,反对旧的学制,迫使国民政府撤换了横山县县长和一高校长。学潮运动取得了胜利,曹动之却被反动当局开除了学籍。这场斗争被誉为"横山革命的先声"。1926年,曹动之转往榆林中学读书,受刘志丹等共产党人的影响,积极投身学生自治运动,因反对陕北军阀井岳秀,被开除学籍武装押解遣回横山县。

攻打横山县

曹建翊介绍说,1927年,曹动之加入中国共产党,任横山县特别支部书记,领导建立了一支革命武装队伍。1935年9月初,为粉碎国民党对西北红军的反革命"围剿",曹动之向西北军委主席刘志丹建议,突袭夺取横山县城。9月11日深夜,红军四面围攻横山县城,曹动之率游击队配合二十军二团攻打东城门。战斗打响后才知道敌人听到风声,加强了城墙的防御力量,攻打西城门的突击队首先被敌发现,部队偷袭转为强攻。战斗进行到中午,虽然抢占了城外各个制高点和军事要地,但敌人龟缩城内负隅顽抗。为避免部队过大伤亡,各部队撤出战斗。

1935年11月，中央红军和西北红军胜利会师。红军力量的加强令国民党反动派异常惊慌，蒋介石亲临西安任“西北剿匪司令部”总司令，指挥“围剿”红军。为粉碎敌人四面“围剿”，打开突破口，刘志丹带领部队来到横山，和曹动之商议再次攻打横山。红军一步步清除了横山外围据点，建立了苏维埃政权。由于形势发生变化，红军接到新任务，撤离横山。

横山一高就在西城门内紧挨着城墙。如今城墙早已不见当年规模，仅留残破的拱形城门和小段城墙，城墙内外及墙头上长满荒草。从地形来看，西城门为横山老城最高处，城门外即为百丈悬崖，地势极为险要，城墙与崖壁隔一条车马道，真正是一夫当关，万夫莫开。红军第一次攻打横山的时候，这里是战斗最为激烈的地方，突袭西城门的30位突击队员阵亡27人。

两次攻打横山，虽均未攻克，却使广大群众对红军和游击队有了新的认识，受到百姓的爱戴，为巩固和扩大革命根据地奠定了良好的群众基础。曹动之的军事指挥才能也在几次战斗中充分地展现出来，受到刘志丹的赞赏。

曹建翊介绍：“横山在中国革命战争时期出了很多名人，曹动之是其中杰出的代表，是横山最早的革命先驱，是陕北革命英烈群体中不可或缺的重要人物，在横山人民心目中的地位非常崇高。为纪念曹动之牺牲70周年，横山区政协集中人力，广征博采，汇集出版了40多万字的纪念文集《汉蒙雄狮曹动之》。”

曹动之兵营

曹动之的战斗足迹踏遍了三边和鄂尔多斯高原，沙窝、沟谷、村庄，到处都是他们的宿营地。在乌审旗无定河镇王窑湾村就有一处曹动之部队驻扎的营地遗址。

王窑湾村支书朱志中介绍说：“从我爷爷那一辈开始就住在这里，那时候这里全是沙漠，东南西北分别住着朱、边、康、刘四姓人家，曹动之的第二位夫人刘翠娃就是刘家的女子，也是游击队员。我父亲87岁，伯父90岁，现在住在乌审旗，我们的家就在兵营东边，距离不过一里地。两位老人小时候见过曹动之，在曹动之的影响下，解放战争时期参加了革命。”

1929年4月，中共陕北特委在红石峡召开会议，决定加强蒙地工作，并指定曹动之为开展蒙地党的工作负责人。他以放牲口、做买卖等身份做掩护，进入乌审旗建立地下联络站、交通点，联络蒙民，开辟游击区，播撒革命火种。1930年，曹动之奉命打入国民党驻陕西宁条梁镇的高世清骑兵团搞兵运，拉出来一个连的兵力，组建了蒙汉骑兵游击队，活动在乌审旗掌高图、毛乌素、巴图湾、纳林河、乌拉尔林一带，打击地方反动势力。1935年，蒙汉骑兵游击队队伍扩大，在曹动之、吴亚雄的率领下，成为陕北红军队伍的一支劲旅，驰骋在长城内外、绥蒙草原，参加了三边保卫战和解放宁夏的战役，为西北地区的解放和新中国的建立立下了战功。

据朱志中介绍："这个地方早先名叫八步排子地。关于这个地名还真的和曹动之有关系。曹动之的骑兵游击队经常从这里外出作战，声东击西打击敌人，渐渐地就在这里形成了一条道路，可容八匹马或八个人并排走，所以我们就叫这里八步排子地。"

走进曹动之兵营遗址，是一片柳林。柳树是鄂尔多斯高原最常见的树种，一路走来，成片地映入眼帘。晚秋，柳树已经开始落叶，给地上铺了一层柔软的金色地毯。兵营遗址什么遗迹都没有留下，一方红色的兵营介绍牌突兀地出现在金色的世界里，分外醒目。

曹动之兵营原先什么样子，朱志中并未见过，只是从小就听老人们说这里就是曹动之兵营，他是听着曹动之的英雄故事长大的。

“我们村上为了纪念曹动之，这片地方几十年来一直没有开垦种地，全都栽了柳树。这里原来有一棵两三个人合抱的大柳树，老人们说那是曹动之的拴马桩，前几年新农村建设的时候被人挖掉了。”朱志中说。

听他这么一说，我们才发现地面上果然有一个大坑，被枯草落叶覆盖着，好像一处倒塌埋没的院落遗迹。介绍兵营的红色牌子就立在树坑边上。

朱志中介绍说，这里是陕北靖边县与内蒙古乌审旗交界地带，是乌审旗的南大门，距离靖边县城7公里，距离乌审旗政府所在地136公里。蒙陕交界线就在曹动之兵营南边。

我们朝南走十几米，一条一米宽、一米多深、东西走向的壕沟出现在眼前，不知道的人还以为这是一条灌溉渠。

朱志中说：“这就是八步排子路，现在是蒙陕交界线。”

一条壕沟划开了陕西省和内蒙古自治区，突然有些伤感，不自觉地想起了曹动之率蒙汉骑兵游击队驰骋草原的那张照片。

大石砭庙

毛泽东向来关注少数民族的解放事业，1935年10月19日，毛泽东和中央红军到达陕北吴起镇，把目光投向鄂尔多斯，乌审旗成为他重点关注的地区。12月20日，毛泽东代表中华苏维埃中央人民政府发表了《对内蒙古人民的宣言》，号召内蒙古人民不论是王公贵族或平民百姓，在抗日的旗帜下团结起来，反对共同的敌人日本帝国主义和国民党军阀。乌审旗的同行们说，毛泽东和党中央在短短两个月的时间里就发表了《对内蒙古人民的宣言》，这和曹动之也有密切的关系。因为曹动之一直活跃在蒙陕地区，首先在乌审旗创建了中国共产党领导的蒙汉骑兵游击队，而且能说一口流利的蒙古话，团结地方蒙古族爱国人士，在乌审旗的蒙古族同胞中有着很高的威望，是中国共产党在乌审旗的代言人。红军到达陕北后，曹动之等人向毛泽东和党中央详细汇报了内蒙古西部地区的革命情况，使党中央对内蒙古的情况有了充分的了解，从而在很短的时间内制定了引领内蒙古人民进行革命斗争的方针政策。我没有看到过曹动之在这一时期与毛泽东等中央领导人见面的史料,此说还有待考证。

大石砭庙是曹动之曾经开展工作的地方,他团结庙里的喇嘛和蒙古族进步青年,和他们拜把子结成民族兄弟,向他们讲述党的民族政策和抗日民族统一战线政策,指导开展革命工作。

在曹动之的革命生涯中,先后与高岗、刘志丹、张爱萍、贺晋年、赵通儒等党和军队领导人共事,一起致力于内蒙古西部地区的民族解放革命事业。在他的介绍下,张爱萍、田万生等共产党人与乌审旗保安队副官齐国贤(道布庆道尔吉)、大石砭庙喇嘛毛罗扎木素(汉名赵云海)等人拈香结拜,结为盟兄义弟,构成了党在乌审旗王府的统一战线阵容,点燃了乌审旗革命斗争的火炬。

在开展民族工作中,曹动之多次组织蒙古族各界人士,特别是蒙古族进步青年到延安参观学习。1936年8至9月,曹动之派他的三弟曹布诚带领毛罗扎木素等二十多位蒙古族进步人士到陕北保安(今志丹县)苏区参观,受到毛泽东、朱德等中共中央领导人的欢迎和接见。毛泽东与毛罗扎木素多次交谈,还送他一支枪,欢迎他组织更多的蒙古族有代表性的人物包括上层人士来苏区参观。1938年7月,曹动之带领齐国贤等民族干部来到延安,受到毛泽东主席的接见。

曹动之故居

横山区塔湾乡清河村并不是曹动之的出生地。1906年9月23日,曹动之出生在距此几百里的李界沟村。在他四岁的时候,李界沟村遭了灾荒,父亲曹应元带着一家人辗转逃荒到清河沟村。

清河沟位于毛乌素沙漠南端的古长城脚下。这里是丘陵地带,大部分地区又被流沙覆盖。清河沟村就建在几座几乎被流沙掩埋了的光秃秃的土山包上,中间那道沟里,原先有一股泉水,是芦河的支流,如今已经难

榆林市横山区塔湾乡清河村曹动之故居

见明水。

横山区到塔湾乡一马平川，塔湾乡到清河村的道路就不好走了，山村小路曲曲弯弯，坑坑洼洼。这条小路就在清河沟底，两岸植被茂密，已然不像是在毛乌素沙漠的边缘，这是改革开放以来生态环境治理的成效。然而清河沟里却没有水，路是仅容一辆汽车通过的土路，颠簸得厉害。我邀请曹建翊和我们同车，一路聊着曹动之的英雄事迹和横山风物倒也不觉得远。

清河村分前村和后村。曹动之故居靠近后沟，在清河沟南边，离后村八里，距前村十八里，是一处单独的下沉式窑洞，周围再无其他人家，一般人很难发现。门口有十几棵高大的水桐树，枝繁叶茂，据村里人讲，是早年曹动之的父亲曹应元领着几个儿子手植的。天井内共有六孔窑洞，三孔朝北，三孔向东，面朝北的三孔建于20世纪20年代，后进行过翻修。朝东的三孔建于1961年，如今已无人居住。

之前听曹动之的孙子曹军说过，曹动之的卧室是面朝北最东头的一孔，其余几孔分别住着他的兄弟们。由于地处偏僻，周围少有人家，这里也是地下党和曹动之骑兵游击队的一处据点，曹动之经常和战友们潜回家里商议大事。在他的影响下，三个弟弟也都秘密地从事革命工作，他和二弟曹仲诚、四弟曹布诚都是最早的中共乌审旗工委委员。为防患于未然，曹动之和家人一起动手在他卧室的炕底下挖了一个可以藏身的洞穴，并在卧室东侧的磨坊里秘密挖了一条长达三百多米的地道，出口在清河沟沟口河畔悬崖半壁上的一丛大柠条下面，洞口用烂口袋、毛毯片覆盖，被那丛柠条遮挡着，不易发现。曹动之的孙辈都在外地工作，故居闲置，早就无人居住，铁栅栏大门上了锁，村干部打电话问了一圈，迟迟没送来钥匙。天色已晚，我们只好站在窑洞顶上俯瞰。

曹建翊说："这条地道救过曹动之的命。"1935年11月26日，曹动之和几位战友秘密潜回家中，不想走漏了风声。当天夜里，一个连的敌人偷偷包围了曹动之的家。曹动之南征北战，非常警惕，听到动静后立刻带领战友和兄弟们从磨坊的地道撤走。敌人扑了个空，气急败坏地杀害了曹动之的侄儿曹驴蹄，把人头挂在村里的大树上示众。

由于曹动之在当地百姓中具有很高的威望，蒙汉群众对曹动之和他的骑兵游击队爱护有加，一有风吹草动，立刻报讯示警。所以，曹动之的家虽然在敌人严密监视之下，却也是个相对比较安全的地方。党和部队的一些高级领导人往返延安经常是由骑兵游击队护送，也经常在曹动之家里歇脚住宿。据曹建翊和曹动之的孙辈介绍，乌兰夫、贺晋年等人都在曹动之家里住宿过。

曹动之墓

曹动之的遗体曾两次迁葬。第一次是在他牺牲四个月后的1950年11月，宁夏省委、军区和阿拉善旗工委尊重烈士家属的要求，护送曹动之遗体到横山县，安葬在曹动之曾经战斗过的掌高图小石砭村。第二次是在2008年，曹动之的孙辈将烈士灵柩迁回清河村和两位夫人合葬。

到达曹动之墓地已是黄昏，三十多公里的路程竟然走了一个多小时。曹动之的侄孙曹浪(曹动之二弟曹仲诚之孙)和几位村干部等在路边。曹动之的墓地在一个朝南的半山腰上,北距故居三里多地。

曹建翊说,他曾谋划从塔湾乡修一条油路到曹动之故居和墓地,只是因为一些特殊原因未能如愿,作为一位分管文史的区政协副主席,家乡人民引以为傲的革命先驱的故居和墓地没有采取任何的保护措施,他心中有愧。

从山间小路到曹动之墓地不到一里地,地上荒草丛生,荆棘满地,没有路也没有指示,一幅萧瑟景象。曹动之墓和山岭荒滩上普通人家的墓地并无二致,简简单单,如果不是他的亲人指引,我不敢相信这里安葬的竟然是名震蒙陕的一代骁将曹动之,我更没有想到被誉为"汉蒙雄狮""曹青天"的一代英杰的墓地竟然如此简陋。一座长满荒草的土丘,一通黑色花岗岩墓碑,墓碑上镌刻着曹开诚(曹动之)和两位夫人的名字。曹动之墓前和两边各有一座坟堆,分别埋葬着他的三个儿子。我们没有带花篮,没有带香烛,也没有带水果糕点,只怀着一颗敬仰的心,来凭吊革命先烈,来看望我们的曹书记。我和老斯绕坟墓走了一圈,想除去坟头的荒草,然而草棵柔韧,怎么都扯不断。我们只好在旁边捧起一把土,轻轻地撒在坟堆上。我和老斯、曹浪站在曹书记的墓碑前,默默地三鞠躬。抬头,已是泪流满面。

后记

此次考察交流活动历时5天,盟政协乌兰格日勒、马芳、斯琴别力格全程参与。此次考察得到了鄂尔多斯市政协、乌审旗政协、榆林市横山区政协的高度重视,每到一处,都有专人陪同考察,并安排地方文史专家一起座谈交流,结识了那顺巴图、乔志荣、弓生淖尔布、曹建翊等文史专家,也见到了曹动之的几位后人。一路听着曹动之的故事走过来,思绪飞回战火纷飞的年代,仿佛看到曹动之和他的战友们策马驰骋、英勇冲锋的飒爽英姿，革命先辈的光辉形象深深地映在脑海里。

考察回来后，我们专程去银川拜访了曹动之的长孙曹冲。曹冲已经68岁了，青年参军，退伍后一直工作、生活在银川，几十年来一直致力于收集整理曹动之的事迹。初次见面，即将自己手抄的21份曹动之烈士史料交给我们，委托转赠给阿拉善盟政协文史委。曹冲对阿拉善有着深厚的感情，这里不仅是爷爷曹动之工作、战斗、牺牲的地方，也是他妻子的家乡。曹冲曾多次来到阿拉善访问，阿拉善人民对曹动之书记的深厚感情给他留下了深刻的印象。曹冲深情回忆起1981年初次到阿拉善的情景，那次是他和二叔曹士强一起来的，阿左旗政府对曹动之书记的儿孙到访非常热情，旗领导亲自陪同前往曹动之牺牲处凭吊，走访曹动之工作、战斗过的地方。当他们忐忑地提出是否能安排一位曹动之的直系亲属在阿拉善工作时，阿左旗政府一口答应。随后，将曹动之的三子曹士英安排在阿左旗林业部门工作。曹士英本是农民，当时已经四十多岁了，离家在阿左旗工作很不方便，三年后申请调离到了榆林市工作。

红军西路军战士朱增木在额济纳的遭遇

李文清

1937年10月，国民党军事专员办事处进驻额济纳旗。随后在乌兰川吉强占了旗政府草头税局的几间土房子，进行特务活动。军事专员办事处下设总务、军事、调查等专职机构，工作人员及从百灵庙蒙古骑兵旅借调过来的一个骑兵警卫连共50多人，是国民党军事委员会所属的特务机关，主要任务是秘密监视地方政权。

额济纳旗档案馆保存有一份“特殊”的档案，为驻扎在乌兰川吉的国民党额济纳旗军事专员办事处于1940年1月31日审讯中国工农红军西路军战士朱增木的笔录。翻阅这份尘封已久的文书档案，一个具有坚定革命信念的红军战士形象和他所经历的令人叹息的一段往事浮出水面。

1936年10月，为打通国际路线获取共产国际援助物资，中国工农红军发动了宁夏战役。后由于形势变化，宁夏战役被迫中止，渡过黄河的红九军、红五军、红三十军回渡无望，组成中国工农红军西路军，意图从河西走廊突破敌军包围从新疆打通国际路线。西路军将士进行了半年艰苦卓绝的顽强战斗，最终失败，仅有400多人到达新疆。

从额济纳旗档案馆藏“朱增木审讯记录”中得知，朱增木系四川省巴

作者简介：李文清，阿拉善盟政协特聘文史专员，额济纳旗历史文化研究会副主席。

中县人，生于1920年，14岁时参加红军，最初在团部当传令兵，后调到第三十军军部当传令兵，并由共青团员转为共产党员。1936年冬天，在一次战斗中，年仅17岁的朱增木不幸受伤，军长程世才给了他几十块钱，让他留在当地一面养伤一面做群众工作，等身体养好后去新疆寻找部队。由于国民党部队挨家挨户搜查，朱增木拖着负伤的身体，跟随另外一男一女两名红军战士，忍饥挨饿，昼伏夜出，最终躲过了马家军的追捕，在夜色中摸索着跨过已经封冻的黑河，来到高台县西北70公里处的罗城镇天城村，得遇好心人指点藏身在山岭石洞中，幸运地活了下来。但是，由于久伤不治，朱增木的身体落下残疾。

天城村位于张掖、酒泉和额济纳旗交界的三角地带，地处黑河东岸，北东南三面环山，极具战略价值，向来被冠以"天城锁钥，咽喉要塞"的殊荣。滔滔的黑河水流经天城村西北8公里处的正义峡，在陡峭的崖壁前来了个急转弯，然后冲出峡口向北流去，弯弯转转到达居延海。相传，这个峡谷是大禹为导引黑河水挥巨斧劈开形成的，至今，崖壁上仍有类似斧头劈过的印痕。

北方的寒冬，朔风呼啸，万物萧瑟，三位与部队失散的红军战士，蛰伏在离天城村不远的山岭中，白天不敢下山，夜晚不敢生火，以积雪冰水解渴，互相依偎取暖，夜间摸黑到村里讨要一点可充饥的食物。天城村的老百姓很善良，对他们的来历既不打听也不外传，紧巴巴地省下几口剩饭给他们充饥。初春时节，听说河西的马家军要来村里搜查，好心的村民将这个消息悄悄告知了朱增木，指点他们赶紧逃命。于是，在正义峡附近的山沟里蛰伏几个月的朱增木和他的两位战友，沿着黑河东岸，向北来到距离天城村30多公里的双树村。

双树村，位于今大墩门水闸东北7公里的黑河东岸，历史上因附近有两棵白杨树而得名，今属金塔县鼎新镇。朱增木等人到了双树村后，同行的男同伴心生歹念，将朱增木打伤，抢走了银元只身离开。朱增木和那名

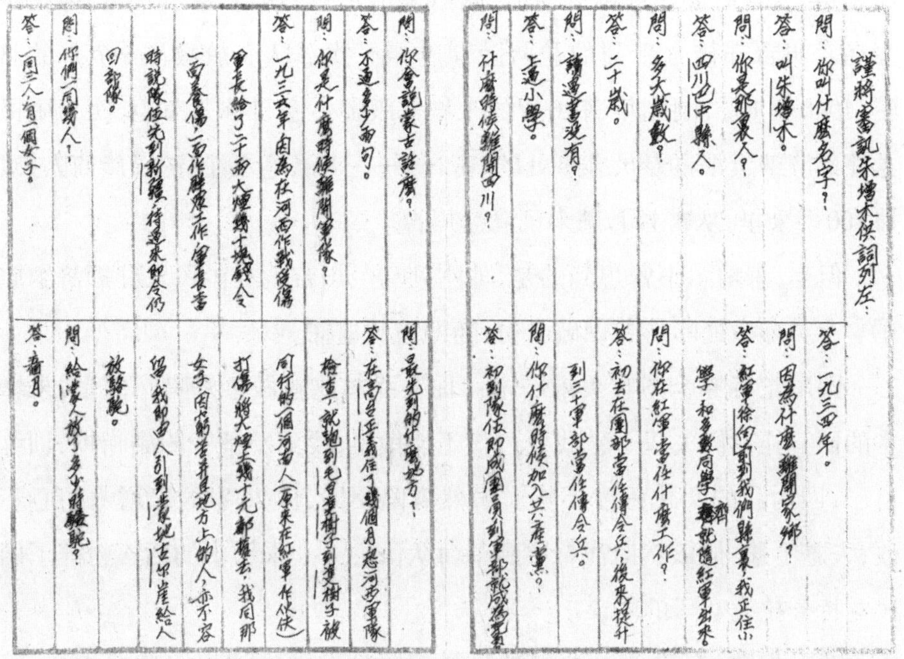

謹將審訊朱增木供詞列左：
問：你叫什麼名字？
答：叫朱增木。
問：你是那裏人？
答：四川巴中縣人。
問：多大歲數？
答：二十歲。
問：讀過書沒有？
答：上過小學。
問：什麼時候離開四川？
答：一九三四年。
問：因為什麼離開家鄉？
答：紅軍徐向前到我們縣裏，我正住小學，和多數同學（西行）就隨紅軍出來。
問：你在紅軍當任什麼工作？
答：初去在團部當傳令兵，後來提升到三十軍部當傳令兵。
問：你什麼時候加入共產黨？
答：初到隊伍即成團員，到軍部就成為黨員
問：你會說蒙古話麼？
答：不過多少兩句。
問：你是什麼時候離開軍隊？
答：一九三六年因為在河西作戰受傷，軍長給了二十兩大煙幾十塊錢，令一面養傷，一面作群眾工作，軍長當時說隊伍先到新疆，待過來即令仍回部隊。
問：你們一同幾人？
答：一同三人，有一個女子。
問：最先到的什麼地方？
答：在高台正義住了幾個月，恐河西軍隊檢查，就跑到毛目雙樹子，到雙樹子被同行的一個河南人（原來在紅軍作伙伕）打傷，將大煙與錢十元都搶去，我同那女子因傷苦并且地方上的人，亦不容留，我即由人引到蒙地古爾乃崖給人放駱駝。
問：給蒙人放了多少時駱駝？
答：[illegible]月。

国民党额济纳旗军事专员办事处审讯红军西路军战士朱增木笔录

红军女战士因为伤疾穷苦，也不被当地村民所容留，在双树村一带流浪了近两年时间，其间那名红军女战士被人领走下落不明。后来，朱增木被好心人带到额济纳旗的古日乃湖地区，靠给蒙古人家放骆驼为生。

如果朱增木就此隐居在蒙古族牧人家里，也许就不会有后来的不幸遭遇。但是，这位坚强的红军战士注定要为他为之奋斗的崇高事业献出一切！当审讯他的特务问：“你加入共产（党）的目的是什么”时，朱增木的回答是：“打倒日本，把全世界的工农群众都解放了。”掷地有声的一句话，充分体现了一名共产党员、红军战士坚定的革命信念和大无畏的英雄气概。

朱增木一边给牧人家放骆驼，一边打听红军的消息。古日乃湖历史上就是草原丝绸之路的重要通道，民国时亦常有驼队经过。路过的旅蒙商告诉朱增木，乌兰川吉有可以向新疆发报的电台，那里有通往新疆的绥新公路，经常有去往新疆的驼队，这给朱增木的心里燃起了希望，他决定去乌兰川吉守候去新疆的驼队随同进疆寻找部队。放牧了5个月的骆驼，1940年1月，刚刚年满20岁的朱增木跟随一个自称张掌柜（实为国民党驻额济纳旗军事专员办事处的“密查”——审讯笔录注）的汉族商人，跋涉100多公里，从古日乃湖来到乌兰川吉。

但是，朱增木不曾想到的是，他刚到乌兰川吉就被国民党驻额济纳旗军事专员办事处的特务识破身份，随即遭到逮捕。

国民党特务企图收买朱增木：“你在我们此地做事好吗？”但是，朱增木的回答让他们失望了：“我受过伤不能做事，要到新疆找陈副指挥，训练自己，因为我的文化程度不够。”虽然身陷囹圄，但20岁的朱增木初心不改，矢志不移，他依然向往着回到革命队伍中去。朱增木的回答粉碎了国民党特务拉拢劝降的阴谋。

劝降失败，军事专员办事处只得按照甘肃省主席朱绍良的指令，于1940年3月10日将朱增木“递解来兰法办”。

朱增木的最终结果如何，我们不得而知，根据马家军对待西路军一贯的凶残行径推断，很可能凶多吉少。无论朱增木的结局怎样，通过对审讯记录的识读，让我们对这位在经历了多年颠簸辗转，面对生死考验依旧坚守初心、不屈不挠的红军西路军战士形象有了深刻的认识。

朱增木在额济纳旗曾留下他的人生轨迹，历史不会忘记这位英雄的西路军战士！

“李裁缝”原来是红军

李　靖

那是二十年前的事了,一次和朋友李国祯等聊天,不知怎么话题就转到中国共产党的历史上了。我是刚刚看了一本描写西路军河西血战的书,被董振堂将军率部血战高台的惨烈事迹所震撼,不由发了几句感慨,一下子把话题又转到西路军上了。这时候李国祯突然插话说:“我父亲就是西路军的人。”我们几个人面面相觑,好半天才回过神来。他的父亲我们全都见过,有一手特别精湛的裁缝手艺,旗里认识他的人全都亲切地称他“李裁缝”。于是我们赶紧让李国祯讲讲他父亲的事情。

李国祯说,他家祖籍青海,家在西宁东大街。他父亲名叫李永新,共有兄弟五个,李永新排行老二,年轻时在城里裁缝铺当了学徒,出师后就走街串巷,靠给人缝衣维生。20世纪30年代,李永新为躲避马家军抓兵,孤身逃离家乡来到甘肃靖远,靠给人家打短工糊口。后来在甘肃靖远县娶了亲。

李永新参加红军事出偶然。

1936年10月,宁夏战役打响,红军开进了靖远城。李永新看到红军与其他军队不一样,待人和气,买卖公平,枪毙恶霸,帮助穷人,真的是穷人的队伍。红军的宣传工作做得好,在城里各个街巷张贴“打倒土豪恶

作者简介:李靖,阿拉善盟政协特聘文史专员,曾任额济纳旗档案史志局局长。

霸”“坚决北上抗日”的标语，见人就和气地说话聊天，讲革命的道理，还在戏台和学校操场上表演节目，靖远城一下子比过年还红火，关门闭户躲避战火的百姓全都兴高采烈地出门看热闹。在红军的宣传鼓动下，李永新和几个穷朋友报名参加了红军。

把他带进革命队伍里的是红四方面军总供给部部长郑义斋。李永新曾给儿子李国祯说过，由于在红军队伍时间短，西路军的首长他没见过几位，只和管后勤的首长郑义斋有过接触。李永新有做裁缝的手艺，被分配到了供给部被服厂。

在李永新的记忆里，当时红军穿用都不足，战士们的衣衫破破烂烂，穿啥的都有，好多人身上就裹着块破羊皮。靖远城里的布料全都叫红军买完了，各种颜色的都有，他们这些有裁缝手艺的同志连明赶黑地制作军服。郑义斋没有官架子，态度和蔼可亲，曾多次到被服厂看望他们，还给他们讲了一些革命道理。那段时间是李永新一辈子都忘不了的快乐日子。用老人的话说：咱就是个裁缝，在哪干都是靠手艺吃饭，队伍里的人对我们就像亲人哪，战士们和我们就像亲兄弟一样亲热，不像马家军，和土匪强盗没两样的害人精！

被服厂在靖远城没待几天，李永新跟着大部队转战河西走廊。古浪战役中，他和一部分红军战士被马海元的骑兵部队包围了，双方纠缠在一起，都杀红了眼。李永新等被服厂的战士没有配发武器，面对凶残的马家军骑兵，毫无还击的机会，被敌人追着砍杀。眼看着战友们一个个地倒下，李永新肝胆俱裂，却无能为力，只能奔跑躲避。混乱中突然看见炊事班丢弃的一口大铁锅，赶紧把大铁锅扣在身上，才躲过一劫。

李国祯复述他父亲讲过的故事：那天晚上，就听见骑兵的马蹄不停地碰击铁锅，外边不时就听见马刀砍在人身上发出的惨叫，枪声响了一夜。天快亮的时候才安静下来，李永新掀开铁锅出来，眼前是一片让他终生不能忘记的人间惨状，上百个红军战士战死沙场，几乎没有一具完整的尸身，好多战士都是和马家军同归于尽的，看不见一个活人。

李永新猜测红军已经撤离了古浪城，躲躲藏藏地去追赶部队，几次险些被马家军发现。在一户贫民家里，李永新脱下自己的军装，要了一件破衣裳穿在身上，一路往西追赶。马家军沿路盘查很严，凡是南方口音的全不放过，一律抓捕或直接杀害。好在李永新是青海人，一口西宁话，因而比较顺利地通过了一道道防卡。

亲眼所见马家军的暴行，更加强了李永新对红军的热爱和追上部队的决心。从古浪一路追到武威、张掖、酒泉，最终没有追上队伍。听说红军最后失败了，再也听不到红军战斗的消息，李永新只好在酒泉停下来，靠手艺缝缝补补度日。后来，李永新捎信让兄弟把他媳妇和父母亲送到酒泉来，才算正式在酒泉安了家。

1949年9月酒泉解放，李永新听说打下江山的解放军就是当年的红军，主动到解放军队伍里帮着制作军服被褥。解放军一位首长听说了李永新当过红军的事情后给他做工作，说你是老红军了，一块到新疆搞建设吧。李永新也想跟着去，可是父母亲不同意，说你扔下媳妇娃娃还有爸妈，我们咋个办吗？总不能和你一块投军吧。李永新只得留在酒泉，参加了工作，干的还是老本行，在合作社里当裁缝。

1952年春天，额济纳旗人民银行行长邵述宗受旗政府委托，到酒泉招揽人才来额济纳旗进行社会主义革命和建设。因为缺乏制作成衣的师傅，通过酒泉公安局的介绍，李永新因为历史清白、手艺极好被调到额济纳旗供销社的裁缝店，当师傅带徒弟，后来又调到旗井公司工作。从此，李永新一家人生活在额济纳旗。

李永新最大的心愿是找回他曾经参加红军的身份，曾向额济纳旗政府提过申请，旗政府也派人拿着李永新提供的几个一起参加红军的战友的家人信息去靖远县做过调查，但是，战争年代马家军没有放过这些红军战士的家属，有的被杀，有的被迫逃亡，没能找到证明人。加之时隔40余年,他无法确切回忆部队番号,只记得八路军、被服厂、郑部长。最终,未能落实他曾经参加红军的身份及历史,这成了李永新最大的遗憾。

1993年春天,李永新老人去世了,我去帮着料理了后事。虽然没有人能证明李永新老人曾经是红军西路军战士,和他一起工作生活过的老人们也不知道他的那段经历,但是我们这些见过老人的后辈们全都相信,他是一位真正的老红军。有些故事若不是亲身经历过是编不出来的,隔着李国祯的讲述,我们仍然能够体会到老人家面对生死的无助和对红军部队浓浓的感情及深沉的怀念。

谨以此文追忆李永新老人——一个未被认定身份的流散红军老战士。

关山万千重

——“范长江阿拉善之行”考察记

李文清　黄　聪

范长江是我国著名的新闻记者，曾任新华社总编辑、人民日报社社长。1936年8月底至10月中旬，范长江以大公报记者身份搭乘绥新汽车公司的商业运营车队孤身一人来到时属宁夏省的额济纳旗和阿拉善旗，进行了一个多月的冒险考察，对日本特务已经潜入西蒙两旗并建立特务据点的情势作了详细报道，引起国内民众的强烈反响。为深入挖掘抗日战争时期发生在阿拉善地区的抗日往事，丰富地方革命史资料，传承红色基因，讲好阿拉善故事，2021年4月19日至23日，盟政协文史委组织文化新闻界别委员开展“范长江阿拉善之行”委员界别活动，对当年范长江行走路线和“共产国际秘密通道”进行了实地考察。按照范长江《忆西蒙》记载，通过核对文献记录、实地走访沿途牧民，基本厘清了范长江阿拉善之行的路线：他乘坐汽车沿“绥新公路”到达额济纳旗老东庙（达西却灵庙）阿拉善域内路线站点，从额济纳再乘骆驼横穿沙漠戈壁到达定远营（今巴彦浩特镇）。考察活动取得圆满成功。阿拉善盟政协副主席、农工民主党阿拉善基层委员会主委王秋才，盟政协文史委副主任爱茹娜，盟政协文史

作者简介：李文清，阿拉善盟政协特聘文史专员，额济纳旗历史研究会副主席。

黄聪，阿拉善盟政协特聘文史专员，内蒙古作家协会会员，阿拉善盟行政公署办公室科员。

资料管理科科长斯琴别立格，盟政协委员景学义、周世恒、呼群，盟政协文史专员铁木尔萨那、黄聪，额济纳旗历史文化研究会嘎拉僧朋次格、李靖、李文清，阿左旗政协副主席赵金玉，阿左旗政协文史委主任达福巴依尔等参加了考察活动。

阿布德尔——范长江从这里进入阿拉善旗境

考察组乘车一路向北，经吉兰泰镇、银根苏木到达阿拉善左旗与巴彦淖尔市乌拉特后旗交界处的阿布德尔。

1936年9月3日下午，范长江搭乘六辆汽车组成的车队从这里进入阿拉善和硕特旗，沿着绥新公路晃晃悠悠地驶向额济纳旧土尔扈特旗。如今这里正在修建一条宽阔的现代化公路，编号331。这条路线是古代"丝绸之路"草原路的一条分支，从包头、绥远出发，向西过西蒙、甘肃、新疆至中亚甚至欧洲，向东可达北京、天津，西段史称"绥新驼道"。汽车时代，驼运逐渐退出历史舞台，以这条古驼道为基准线，先后修建过绥新公路、国防战备路、京新高速公路和331国道，进入额济纳旗域内又与巴（巴彦浩特）达（达来呼布）公路并行或重叠。总体来说，随着社会的发展，这条道路的等级也越来越高了。

"阿布德尔"系蒙古语，意为木头箱子，因为戈壁上有一座红色的山头，从东北方向远眺，形如一个方形的箱子或盒子。这里其实是一处自然美景，略往西北，即有大片红色的山丘，为典型的雅丹地貌，鲜有人迹。范长江在《忆西蒙》中对此地并无记录，想来当年这里给他的印象并不深刻。但是，同一时期的一位瑞典探险家斯文·赫定却留下了详细的记载。1933年12月19日，斯文·赫定作为国民政府铁道部聘请的顾问，率领绥新公路察勘队曾经过这里。他在《亚洲腹地探险八年》中这样写道：

沿着干涸的萨格拉林河河床，我们来到邻近阿布丹（今译阿布德尔——编者注)的地方,准备宿营,这里已经深入沙漠80公里了。12月19日,那是一个美丽的早晨。景色是如此奇妙和清晰,甚至西方地平线上遥远的山峦都显露出了清晰的轮廓。这里的地面简直像特制的混凝土一样坚硬。我们沿着骆驼留下的痕迹继续向前。在这一段路上,车速可达每小时50公里,要是去新疆的路都像这里一样,就不用再修什么公路了。阿布丹——"盒子"像个无尖的金字塔修建在平原上。南面更远处一座双峰的小山峰像骆驼一样站在那里。路伸进一条山涧和被风雕琢得奇形怪状的红色台地中。到处是风化的石头,我们把自己送进了一片由簇簇光秃秃的红色、黑色小山组成的迷宫之中。

阿布德尔今属乌拉特后旗获各琦苏木前达门嘎查,住有一户牧民。我们见到了男主人呼布斯嘎拉图。呼布斯嘎拉图今年52岁,并非阿布德尔原住民,1972年他随父母亲搬迁到阿布德尔西北约两公里的一口老井边建房长住,那口老井就是古代驼道上的一处休憩点。据他介绍,当时他家老房子西侧的驼道上有两棵杨树,巴彦淖尔盟和阿拉善盟的分界线就在两棵树的中间。现在只剩下一棵树还活着。如今得益于国家惠民政策,资助他在老井东边约两公里处新盖了砖瓦房,院落开阔,房屋宽敞明亮,水电齐全,与过去不可同日而语。事实上,他家的经济条件原本就不错,仅放牧的骆驼就有二百多峰,还有一些牛和羊。

北银根——不幸的翻车事故

离开呼布斯嘎拉图家,沿着为修建331国道临时开辟的便道往西行进约五十公里,看见有一片茂密的胡杨树林,这就是历史上的银根呼都格。为区别现在的银根苏木,人们俗称这里为"北银根"。银根地区之所以出名,是因为这里是中蒙两国交界的地方,而且这里的戈壁、沙漠里盛产大漠奇石,曾经俯拾即是。近三十年来,银根玛瑙、阿拉善赏石异军突起,驰名中外,造就了一个个赏石传奇,成就了一个个赏石大师、著名石商,从而使阿拉善荣膺全国第一个“观赏石之城”桂冠。“银根呼都格”是蒙古语,“银根”意思是母骆驼,“呼都格”意为泉,合起来就是母骆驼井。我们辗转找到了那口老井,如今仍被牧民使用。老井已被高高低低的沙丘包围,沙丘上长满白茨,寄生在白茨根部的锁阳感受到春的气息,努力地从沙地中探出一个个红色的小脑袋,窥视外面的世界。锁阳与肉苁蓉是沙漠里自然生长的名贵中药,从而也给这里的牧民们增加了一份额外的收入。我们遇到几个采挖锁阳的牧民,看着沙地上一个个装满锁阳的纤维袋子,感慨自然的馈赠。

20世纪20年代,“外蒙古”独立,虽然国民政府一直未予承认,但对“外蒙古”事务鞭长莫及,其脱离国民政府成为事实。不时有蒙古边卡的武装人员越界滋事,对所遇车辆、商队每每抢劫或裹挟至境外,从而使此地声名狼藉。1936年9月3日下午,当范长江一行车队经过这里时,司机们想快点离开这段事故频发的危险区域,开足马力往前冲,车速达到了八十码,结果由于速度过快,不幸发生翻车事故,车上七八个乘客受伤,其中两位受伤严重。车队不得不在这里过了一晚,经过商议,决定派一辆汽车返程送两位重伤乘客回包头,其他人车次日继续行程。根据范长江《忆西蒙》记载和我们所经过地区的地形地貌推断,发生车祸的地方,就在今天北银根以东十几公里处。范长江在这里有一细节描写,有经验的乘客晚上都远远离开汽车和帐篷寻找相对隐蔽的地方露宿,这里距蒙古边界只有几公里,这样做的目的显然是为安全考虑,避免自己成为袭击的目标。

1933年12月,斯文·赫定率领的绥新公路察勘队曾在银根井边住过两个晚上,陈宗器(地磁学家、地球物理学家,当时是中央研究院物理研究所研究员,在绥新公路勘察队中担任天文、地形测量工作)在这里做了地理测量。斯文·赫定在《亚洲腹地探险八年》中有这样一段记载:

我们在音根库都克(银根呼都格——编者注)旁的沙土地上支起帐篷,这个地名的意思是母骆驼井,它的北部坐落于外蒙古境内,而南部在内蒙古。井周围的沙土中长着很多灌木,天渐渐地黑了,年轻快乐的艾菲(绥新公路勘察队的司机——编者注)点燃了一大堆篝火。大火对于那些在蒙古边境上的巡逻兵无疑是种挑战,他们很可能就在附近……尽管命运未卜,我们还是决定在银根停一天,陈宗器要在这里做一下大地测量。

库伦宝什嘎——范长江没有记述的地方

从北银根井向西,戈壁滩依稀有公路的痕迹,从地形我们判断很可能就是当年绥新公路的残留。平坦的戈壁滩一望无际,这是越野爱好者们肆意宣泄的舞台,几辆越野车错开,拉开距离在大地上画下一道道新的车辙。最终山洪冲刷形成的沟壑迫使我们放慢了速度。

车子在一道凸起的小山岭前停了下来。我们同行的铁木尔萨那一直在乌力吉苏木文化站工作,热衷于地方历史文化的挖掘,三十多年来足迹踏遍阿拉善大地的每一个角落,是真正的"活地图"。据他介绍,此地名叫库伦宝什嘎,距离北银根35公里,绥新驼道(中路北线)与绥新公路在这里合并。20世纪六七十年代,这里曾是银根苏木管辖的一个民兵点,为了方便牧民家孩子学习文化,还在这里办过一段时期的蒙古包学校,由几位有点文化基础的民兵兼职老师。如今,这里只剩下一个菜园旧址和一些房屋的废墟。范长江的文章里没有提到这个地方,但是他所乘坐的车队必然从这里经过,因为这里是绥新公路的一个取水点,任何车辆或者驼队都无法绕开。

斯文·赫定率领的绥新公路勘察队也曾经过这里并留下了记述。

在音根(银根),我们路过了一条宽宽的洼地。这里的高程仅有海拔650米。现在汽车又一次开始慢慢地上坡。过了浩仑布苏克(库伦宝什嘎),随后是一片小山丘组成的迷宫。这里的路相当不错。大家在班定陶勒盖休息了一下,那里有14座蒙古包和一间很朴实的房子,房子是一个中国人的商号,里面有茶、毛皮、羊毛等等,这些货物高高地堆在一个木架子上,躲避着流沙。商人们用一些上等的庇尔敏(馅饼——编者注)款待我们。(斯文·赫定《亚洲腹地探险八年》)

班定陶勒盖——中蒙边境的重要入口

从库伦宝什嘎往西,沿331国道辅路行45公里,就到了阿拉善历史上一处重要的驿站——班定陶勒盖。

班定陶勒盖是一孑然独立的红色小山头。"班定",指小喇嘛;"陶勒盖"是脑袋、坚硬的意思,这里引申为"喇嘛帽子一样的山"。班定陶勒盖是古代草原丝绸之路、清代至民国时期西蒙驼道定(定远营)库(库伦)驼道上的重要站点,是商旅从阿拉善通往"外蒙古"乃至俄罗斯的必经之地。"外蒙古"独立后,这里就成了边防重地,民国时期由阿拉善王府派兵丁驻守。1933年8月,绥新汽车公司运营线路开通以后,曾在此设有汽车站,这里就成了东来西往、南上北下的交叉路口。

20世纪初,这里发生了一系列的历史事件。共产国际从这里开辟了一条红色秘密通道,向中国输出革命。同时,这里又是西方探险家们探秘中国西北必须经过的地方,许多历史名人在这里留下了足迹。

1926年春,冯玉祥访问苏联成功,苏联支援冯玉祥西北军北伐的军事物资就经这里运进国内;1927年初春,在苏联留学的邓小平受党的委派乘坐苏联给冯玉祥部队运送军械的汽车从班定陶勒盖入境回国时，曾在这里有过短暂停留。

1927年4月27日，在当时甘肃省教育厅供职的马鹤天（民国时期曾任甘肃教育厅厅长、甘肃学院院长、国民政府蒙藏委员会委员等职，中华人民共和国成立后，曾在中央民族学院和中央民族事务委员会工作）以及同行的文士及高级武官十几人，由库伦乘坐汽车经班定陶勒盖去往巴音毛道（今阿拉善左旗乌力吉苏木政府所在地）时，曾在此停车取水。他在《内外蒙古考察日记》中写道：

> 二十七日，车陷沙中，皮褥皮袍填道，入境阿拉善。早六时行，人依然步行，车忽行忽止……又二三里，始出山口，人人乏困，且饥肠辘辘，于是休息饮食。十时行，不久，遇一柴鄂博，即内外蒙古交界处，过此为内蒙古阿拉善属地……同行的人，或系文士，或属高级武官，似此辛苦，多未经过，然亦可谓强迫习勤，大家相顾叹息，可痛亦殊可笑。行五六里，至加格赛井。“加格赛”是交界的意思，因以下即入内蒙古境。井在沙丘后，如无引导者，不易找到。过此即成硬沙，道亦平坦，可说是天然马路。因开足马力，疾驰五十余里。至一地，有水可饮，有柴可烧，因即止宿，是日共行七十余里。

1930年冬，中共西北特委主要负责人之一的潘恩普等四人从苏联归国开展工作，曾在班定陶勒盖休憩，当日离开班定陶勒盖不久即被阿拉善旗边境防卡逮捕。稍后，帮助中共西北特委开展工作的共产国际代表奥希洛夫等四人从蒙古国入境后绕开班定陶勒盖，不想还是被蒙古国流亡分子发现，纠集阿拉善旗边境防卡官兵追踪至吉兰泰盐湖，将四人杀害。由于这两批人员的遭遇，以王若飞为总负责人的中共西北特委遭受极大破坏,基本上未能开展实质性的工作。

1933年12月21日,斯文·赫定经过这里时,在商号的土房子里,商人们用馅饼招待他们。

1935年10月1日,英国驻华使馆参赞台克满乘坐租用的绥新汽车公司的汽车从呼和浩特去往乌鲁木齐途中,也经过这里。他在《新疆之旅》中这样写道:

我们到了一个叫作BandinTologoi(班定陶勒盖——编者注)的地方,它是由六个蒙古包、两个泥屋和几个商队的帐篷组成的,在沙丘中间有一口甜水井。BandinTologoi似乎相当于戈壁中的大都市。有一个绥新汽车公司仓库,一个或两个中国商号和一个税站。这个地方的存在归结于它所处的位置,我们行走的绥新公路与从宁夏和阿拉善到库伦和外蒙古的大路在这里交会。这条路线也是1926—1927年间,冯玉祥的国民军部队和苏联的主要交通联络通道。1927年,鲍罗廷由国民政府外交部秘书陈丕士也就是陈友仁之子陪同,从杭州逃离。而后他们可能是乘汽车从这里穿越戈壁回国的。安娜·路易斯·斯特朗为数以百万的中国人讲述了他们飞越蒙古的故事。

1936年9月4日傍晚,范长江乘坐的车队到达班定陶勒盖。因为晚上下雨,不能露宿,范长江借宿在一家蒙古包里。在这里,范长江做了较为详细的记述:

班定陶勒盖亦在戈壁中,有小山,形如喇嘛之帽。北去外蒙边界五六十里,界山中富森林,内蒙古人常有偷入砍伐者,外蒙卡兵对此稽查甚严。如被查着,则所有窃盗用工具,亦皆没收。

此地北达库伦，南达定远营转宁夏，可以勉强通行汽车。冯玉祥先生经营西北时，若干人员和苏联由库伦接济之军械，皆自此道输入。

现在有十数家商人住此，因为税卡林立，逃税的事情很多。我们经过时，正有商人走私少数皮毛，被处十倍罚款，经多方面出来求情，才罚款五倍了事！

这个税卡，是由宁夏最肥的税局“磴口”派来，只是“分局”下面的“小卡”。每年这一分局包征税额是十二万元，而二十四年却收入一百余万。每一个税兵月饷本定十二元，但是年终分红，每人得四百余元。税局如此丰收，而一般贸易却每况愈下，显然地，丰收文章做在不可想象的地方！

经过班定陶勒盖的日本侦察队，从这里分为两队：一队西去额济纳，一队南下定远营。据土人谈，测量工作，做得相当详细。

这段文字并不多的叙述，却给我们大量的信息。首先，这里是阿拉善边境地区的交通要道，南北通库伦定远营，东西接绥远新疆，1926年苏联支持冯玉祥“北伐”，援助的军械就是从这里入境送往部队的。其次，这里是商旅往来的重要关口，税源丰富，宁夏军阀马鸿逵在这里设有税卡，对商旅盘剥苛刻。最后，也是最重要的，日本特务经常出现在这里，从这里分别向额济纳旗和阿拉善旗渗透，日本特务的工作做得很详细，尤其是对西蒙两旗地理勘察工作极为细致。彼时，日本关东军已经控制东北及内蒙古东部地区，加紧对内蒙古西部地区的占领，傅作义率领的西北军在绥远一带布防，在绥远的战争一触即发。因而日本对西蒙两旗的战略地位极为重视，加强了对此地的特务活动。

我们看到班定陶勒盖山坡上有两间土坯房遗址，在山头北侧两三里外的沙沟中则分布着七八处土坯房、蒙古包的圆圈遗迹。铁木尔萨那与当年居住在附近的牧民及走过这里的驼户有过交流,对这里的建筑布局及功能有着较为清晰的认识。据他讲,这里原本只有一家包头籍的常驻商户,即为班定陶勒盖山坡上的那家。沙沟里的几处房屋遗址分别是税卡、仓库和阿拉善旗派驻防卡等。之所以商户距离防卡较远,是因为按照清律,官商不同驻。虽然清朝在辛亥革命时完结,但偏僻的阿拉善旗和额济纳旗,官府衙门仍旧沿用清代旧制,甚至每逢重大节日,凡有爵位的王公全都以清代官服翎帽盛装出席。至于范长江记述"有十数家商人住此",铁木尔萨那说那些都是过路等待缴税的商旅。对此我们的认识有些出入。自马鸿逵主政宁夏以来,屡屡侵犯阿拉善利益,阿拉善旗从来没有硬气过。如此重要的税卡都被马鸿逵占据,那些前清的旧制还有用吗?再说,蒙古族同胞是从游牧民族过渡来的,居住以蒙古包为主,便于拆、建。在"王爷"统治时期是不允许在定远营城以外建筑土坯房屋的,事实上到了民国时期,阿拉善的驼运交通要道上,土木结构的房屋屡见不鲜,成为驼商们新的路标,凡是住土坯房子的,无一例外都是汉族商人。显然,王府的规矩那时候已经被打破了。范长江在这里用了一个"住"字,那就是坐贾的"住商"而非过路的"行商"了。

我们在沙沟遗址中间居然发现了三个环形的蒙古包的遗迹,简直欣喜若狂,这里正是范长江当晚借宿的地方。西北距离建筑群不远处有一口水井遗迹。看得出来,当时人们对这口井异常珍视,应该是有土坯的井圈的,或者这口井上原本就是盖了圆形的房子保护着的,井沿往外环形铺就土坯,一块块密实有序纵立铺设,显得十分讲究。李文清说这是一口"功德井",因为来往商旅都饮用过这里的水,其中也包括邓小平、张浩等革命领导人物。其实,沙漠里水最稀缺,凡是有井的地方必是人畜往来频繁之处,又有哪口井不曾有"功德"呢!

嘎顺陶来——班定陶勒盖电报局驻地

嘎顺陶来位于班定陶勒盖以西60公里处的一个山沟里，山沟呈南北走向，长数公里，其间生长着一片胡杨，有100多棵。已经4月末了，胡杨尚未发芽。事实上，由于天旱，自出了吉兰泰镇，一路走来我们鲜见绿色。

嘎顺陶来因树丛中有一眼苦水井而得名。“嘎顺”意为苦水，“陶来”就是胡杨。

“外蒙古”独立以后，横穿蒙古境内的绥新驼道北线被迫中断。随后，一条从黑沙图（今乌拉特中旗川吉苏木境内——编者注）分道，经莫洛古奇克、乌尼乌苏、松稻岭（逊都勒）、哈拉陶勒盖、霍依尔阿马图、阿布德尔、北银根、班定陶勒盖、嘎顺陶来、瑙滚敖日布格、德列森呼都克、雅干、好来宫、苏泊淖尔（东居延海），然后去往哈密方向的新驼道被开通，人们将这条驼道称为“绥新驼道中路北线”。1930年9月，西北科学考察团瑞典籍成员生瑞恒和蒙杰尔驾驶汽车，沿着这条驼道首次实现了从北京到额济纳的汽车旅行。同年12月，生瑞恒的兄弟又驾驶一辆汽车，从张家口出发，经呼和浩特、额济纳去往哈密，再经古城子最终到达乌鲁木齐，实现了从绥远到新疆的汽车探路旅行，给随后绥新公路的开辟提供了可行的依据。绥新公路基本上是沿着绥新驼道中路北线行进的，只有需要绕开山岭和沙漠时，才会与驼道分岔，绕过山岭和沙漠之后，重新与驼道合并。之所以要这样，是因为驼道沿途有水井，汽车和乘车旅行的人们也都需要水源补给。

嘎顺陶来就是驼道上的一处水井。范长江对嘎顺陶来没有记述，但是他们的车队必须从这里经过是毋庸置疑的。只是，我们还是有些疑惑。范长江来到这里的时候是9月初，是胡杨最为茂盛的时候，任何看惯了戈壁黄沙的人在荒凉的戈壁上突然看见这么一片绿色的树林都会激动起来，怎么范长江就没有记述呢？是他舟车劳顿睡着了，抑或是晚上路过未来得及看清楚,抑或是从内地来看惯了绿树红花不足为奇了?

老井尚在,仍在使用。西侧50米的山坡上,有一户牧民,房门敞开着,却不见主人的身影。

1940年10月24日,交通部曾在这里设立"西蒙阿拉善旗班定陶勒盖电报局"。虽位置较为隐蔽,仍未能避免"外蒙古"的侵犯。1941年7月10日,蒙古武装士兵突然蹿出掠走电台设备及人员,以及额济纳旗派驻电台的6名保卫人员,从而挑起涉外事件。两个月后,通过外交途径,被掠人员才被遣返回来。但是,因为这起事件的发生,班定陶勒盖电报局再未恢复。

德列森呼都克——戍边英雄尼玛的家

德列森呼都克距离嘎顺陶来约60公里。德列森呼都克,意为"芨芨井",也被称作"查干德里斯",意为白芨芨,因此地生长着大片茂密的芨芨草而得名。20世纪30年代初,绥新公路从这里经过。中华人民共和国成立后,巴彦淖尔市(今巴彦淖尔市临河区)至额济纳旗、巴彦浩特至额济纳旗的公路也经过这里。如今公路改道,从而比百年前更显寂寞。

"呼都克"也写作"呼都格",蒙古语发音一样,是汉语"井"的意思。在沙漠戈壁,水是最为珍贵的,凡是人畜流量较大的地方,总有前人掏挖的井保存,而且被细心地保护起来,除非道路改道、自然坍塌。所以,阿拉善有许多以"呼都格"命名的地方,只需在"呼都格"前面再加个名词区别。比如:浩依尔呼都格(两个井、孪生井)、查干呼都格(白色的井)、德列森呼都克等。我们此行的考察,主要就是围绕"井"来进行的,范长江当年的每一处落脚点基本都是在有井的地方。当年的那些井有些坍塌了,有些仍在使用,这实际上就是一种沙漠民俗文化的传承。沙漠里的井一般都是用扎干(梭梭)枝干镶嵌出来的。扎干在极度干旱的环境中生长,木质细腻坚硬,以此镶井,最长可经数百年而不腐。一般的,驼道上每隔四五十里都会有井,是根据人畜的脚程来设置的,错过了"脱水"的概率就大了,那是谁也不愿经历的。从可视角度来说,井有“明井”和“暗井”两种。明井是在井边竖有木头的简易井架,一般由两三根较细的长木构成,利用杠杆原理打水,称为“卧杆井”,远远就能看见。暗井是因为附近少有较长的木料,只好省略了“卧杆”的构建,只用毡片或扎干盖住井口。这样的井具有一定的隐蔽性,常年行走的驼夫、牧民了然于胸。我们此行经过不下20口井,“卧杆井”只见到一处,在查干苏布鲁格(白塔寺),其他要么坍塌废弃,要么改造成为机井。甚至有几口井安装了太阳能发电设备和自动感应系统,井边的水槽里常年有水,当水位低于某个刻度时,抽水机自动抽水,当水位达到某个刻度时,抽水机停止工作。这类新科技产品在牧民家庭的使用,极大地方便了畜牧。

或许是赶路的原因,范长江对这里记述不多,只说“五日午尖于察罕迭里素(今译查干德里斯——编者注),计二百余里。途中陷车处甚多,客人时下车推车,拔沙,亦甚有趣。察汗(罕)迭里素有与班定陶勒盖大致相等的蒙古包,听几位商人的口气,绥远包头来的人已经是大可羡慕”。寥寥数语,给我们的信息是这里曾经也是一处商贸集散地,规模与班定陶勒盖相当,这里的人们对来自绥远包头的人非常地羡慕。

好来宫——盆地的中央

范长江记述,离开察罕迭里素后:

……在更西行的戈壁上,我坐的那辆汽车轮炸了内胎。车上原来准备的材料,已经用完,前面的车子早已跑得看不见。没有法子,我们只好下车,在戈壁上睡觉,专等前面车子带零件回来搭救。

已经睡了一觉,营救的汽车才来。修理竣事,已近黄昏。赶宿至一有井无人之盆地,驼粪遍野,而寸草不生。地名“好来宫”。

掘地为灶，吸水煮茶。饭后，露宿戈壁，满天星斗，四大皆空。

德列森呼都克一路往西，地势较为平坦。范长江乘坐的汽车突然轮胎炸了，因为他们是殿后车，只能停下来休息，等待前车回头来救援，然后赶到好来宫露宿。“好来宫”意为盆地的中央，那个水井的位置的确就在一片平坦的戈壁中间，四周光秃秃的，望穿戈壁不见一户人家，不见任何的飞禽走兽。老井尚在，有一砖砌的井房，似乎已经废弃不用了，井房内有机器的痕迹，应该是牧民修葺后改为柴油机抽水的机井，随着退牧还草政策的落实，周边的牧民迁往城市或集中居住，昔日畜群不在，早年的公路也已废弃，这口井也就没人再重视了。

老井旁边50米处另有一眼井。近看却是1977年设置的国家水准点。水准点设在一处民居遗址上，铁木尔萨那说那是当年的一家商户。我们在附近看到部分陶瓷碎片，似乎离我们的时代并不久远。

二里子河电台——“沙漠的白宫”

二里子河电台东距好来宫70公里，在沙漠中一片茂密的胡杨林里，旧时这里不仅有交通部的电报局，还有绥新汽车公司设立的汽车站。二里子河电台建于1935年4月，对外是交通部的专用电台，实际则是国民政府设在这里承担国防任务的秘密电台，在抗日战争时期发挥了极为重要的作用，以至于曾经是旧土尔扈特额济纳旗的代称。如今已经很少有人知道“二里子河”这个名词和这处地方了，人们习惯称这里为“八道桥”，因为从额济纳旗政府所在地达来呼布镇往东，沿公路在额济纳河的各个支流上分别修建了一座桥梁，依次称为一道桥、二道桥……八道桥，八道桥就在额济纳河东河的第八道支流上，这也是额济纳河最东端的一道支流，名为翁德爱里斯河。最初来到这里的汉族台长误将爱里斯河听成了“二里子河”，以讹传讹反而顺理成章了。

1936年9月6日午后，范长江乘坐的车队来到与二里子河电台一河之隔的乌兰爱里根（红色沙崖）。绥新汽车公司乌兰爱里根车站在河东岸，说是车站，其实也就一两顶帐篷，勉强供车站职员住宿和做仓库使用。二里子河电台在河的西岸，与车站相距不过200多米，是几间抹了白灰的土坯房子，在胡杨林中非常醒目。二里子河是范长江此行的目的地，到了这里范长江停下与相伴多日的旅伴告别。有趣的是范长江在这次短暂的路途中结识了一位女性朋友，从他文字中的描述揣测，这位朋友对他似乎产生了某种感情，极力劝他一同前往新疆。车队决定在二里子河休息一天，8日上午再出发。7日晚上，年轻游客们举办了一场篝火晚会，离别的愁绪渐然滋生，范长江唱了一首《浔阳琵琶》与大家告别。

社中给我的任务是到额济纳为止，然而同伴们彼此发生了感情，非约我去新疆不可。他们不知道我是新闻记者，只知是某公司下级职员，无论如何劝我入新疆，愿意负责和我维持工作。特别是一二朋友追问得非常殷切。不愿意让大家失望，我只好说“晚上考虑再说”。给他们留相当希望，实际上我的行李已经慢慢运下汽车了。

深夜，火尽光残，人已渐散。朋友问我：“决定了没有？”我迟疑地答道：“决定了。”她一双黑眼兴奋地注视我，很久才再问：“决定怎样？”“决定……决定不去新疆了！”

昏黑的清晨，几辆车都开了。我独自站在戈壁上，向去路上挥手，最初模糊了人影，继而看不见车身，最后连声音也听不见，才重新转入无人的帐篷。

范长江当时只有27岁，正是青春好年华。字里行间可以看出，他对同行的这位女伴亦有好感，有意隐去对方姓名。然而任务在身，“外人进图西蒙日亟，社中命记者深入额济纳阿拉善两旗视察"，在这中华危机的紧要关头，范长江还是理性地与之告别，独自面对接下来极为隐蔽和危险的工作。送走旅伴，范长江从车站搬到电台住宿，从9月8日到9月20日，除11日晚在土尔扈特王府所在地王德淦的蒙古包住了一宿外，其他时间范长江都住在电台的这栋白房子里。在21日运送军火的日军汽车队即将抵达乌兰爱里根，处境极为危险之时，范长江才悄悄离开这里，准备租乘骆驼去往阿拉善旗。

八道桥一带在清末民初时期被称为"瓦窑陶来"，因此地的胡杨林里有一座瓦窑遗址而得名。据史料记载，这里曾发生过许多重大事件。

1930年5月，中瑞西北科学考察团瑞典籍成员贝格曼在瓦窑陶来东南方向不远处的京斯图山脚下，发现了47枚汉简、两把木梳、一把铁斧等器物。这是历史上著名的"居延汉简"的首次集中出土，这批汉简的出土给贝格曼带来巨大的惊喜，也给他带来启发。在随后的考察中，贝格曼一行又在破城子甲渠侯官遗址发掘出汉简5200多枚，汉代遗物1230件，中国学者根据汉简文字，确定破城子乃汉代张掖郡居延都尉所属的"甲渠侯官"所在地。"居延汉简"是20世纪中国四大考古发现之一。

1931年10月，德国人郝德率领汉莎航空公司的气候观测所来到瓦窑陶来，将营地设在中瑞西北科学考察团"戈壁组"驻地东北5公里处。中国气象学生徐近之、胡振铎随行到达。当年12月21日，执行北京—乌鲁木齐首航任务的汉莎航空公司"欧亚一号"飞机，在气候观测所营地东侧的平坦戈壁上安全降落。在这里停留3天，加注航空汽油后飞往乌鲁木齐。这是额济纳旗首次起降飞机。

旧时额济纳旗土尔扈特人逐水草而居，不喜聚居，额济纳王府也仅几顶蒙古包，四季随畜群搬迁。除去几座寺庙之外，瓦窑陶来是当时额济纳旗最为热闹的地方，外地来人必然停留。中瑞西北科学考察团团长斯文·赫定、代理团长袁复礼，英国驻华使馆参赞台克满等都曾经在这里住宿。

台克满看到二里子河电台刚刚建成的白房子倍感兴奋，住了一宿后，称赞这里是“沙漠的白宫”。

1938年1月，著名共产党人高布泽博以新疆边防督办公署驻额济纳旗联络参谋办事处中校参谋长的身份，曾在二里子河电台住过一段时间，从事统战工作。

我们到达瓦窑陶来是在20日下午，那天阳光和煦，春风荡漾。沙漠移动将绥新公路彻底掩埋。刚刚注入河水的翁德爱里斯河温驯得像吃饱了的驼羔，安静地卧在那里，河道的芦苇丛中有鸟鸣声，有鹤的白色身影。胡杨依旧坚挺着斑驳的身躯彰显着生命的顽强，似乎完全不受沙漠的影响，沙漠移动树不移动，沙漠长高树也长高。高达六米的电线杆子被沙子掩盖得只露出个尖儿，粗壮的胡杨却长在沙漠顶上，像是长在电线杆顶上，畅然吐出绿色的嫩芽，好像比电线杆年轻似的。当然，电线杆是新生事物，胡杨要比它久远得多，一些电线杆的位置不对，处在沙的泄口，被“封顶”也就几年的事。

二里子河电台遗址是额济纳旗历史文化研究会嘎拉僧朋次格、李靖、李文清等人在三年前找到的，在这之前没有人刻意寻访，或许有人经过，但是因对于历史的无知而无视。去年12月我随李靖、李文清同来考察，尚有一米多高的残墙，墙上的白灰在金黄的沙漠中分外抢眼。这才不到半年的时间，残墙矮了，外面的白灰脱落没入沙中。照此情形来看，年内“沙漠的白宫”有可能完全地消失。

老东庙——日本特务机关驻地

老东庙遗址在赛日川吉戈壁上，达来呼布镇东北约40公里。“赛日川吉”意为“高石梁上的烽火台”，为东居延海西南岸隆起的一处平整台地，周边是长满胡杨红柳的河滩。范长江来的时候额济纳旗衙门和王府就在台地西南的红柳林中，老东庙在东边不远处的台地上。据范长江记述，额济纳旗札萨克王府极为简陋，仅有较为讲究些的三座蒙古包，据说上一任王爷患病听不得风吹胡杨树叶的沙沙声，才把王府搬到了这里。老东庙则是当时额济纳旗最宏伟的建筑。在范长江这个新闻记者的眼里，这里所有的一切都显得极为荒谬不可理喻，他以"老林叹荒谬"为题，重笔书写了这里的荒唐事。

赛日川吉老东庙建于1915年，其前身是达西却令庙，是额济纳旗较大的藏传佛教寺庙。因为额济纳旗王府就在老东庙附近，前文中提到的各路探险家们全都到过这里，拜会王爷。

1935年4月，日本特务山本光次等人从百灵庙来到额济纳旗，在赛日川吉建立特务据点。他们在这里设立电台，开辟飞机场，运送军火武装地方势力，不断挑动蒙、回、汉民族之间的矛盾。1936年8月25日，日军飞机首次降落在老东庙。内蒙古大学蒙古学研究中心研究员金海在《日本在内蒙古殖民统治政策研究》一书中记载：

> (1936年)8月24日，关东军参谋长板垣征四郎乘飞机到阿拉善旗和额济纳旗视察，分别会见达理札雅和图布新巴依尔(额济纳旗札萨克)，就特务机关和欧亚直通航线中继站问题等达成谅解。

据此推测，板垣征四郎很有可能就是乘坐这架飞机来会见了额济纳旗当时的札萨克王爷图布新巴依尔，说服他为日本人让出一些利益。此后图布新巴依尔对日本人在额济纳旗的活动采取放任的态度，视而不见。

1936年9月11日早晨，范长江以"代表某公司，向王爷送礼"的名义去额济纳旗王府拜见王爷图布新巴依尔。来到老东庙附近的王府所在地，范长江首先见到了蒙藏委员会派驻额济纳旗的调查专员王德淦。范长江早就与王德淦相识，他的不期而至，使王德淦既惊讶又感动。得知范长江肩负的秘密使命后，王德淦陪同他一同去拜访图布新巴依尔、塔旺嘉布兄弟。图布新巴依尔对范长江的到来很是高兴，图王夫人极为热情地招待他们吃了晚饭。为了解更多情况，范长江又陪着图王夫人和塔旺嘉布打起了麻将，直到半夜才和王德淦一起回到了这位“中央大员”居住的破旧小蒙古包中。12日一早，范长江仍由王德淦陪同，借访问学校的名义，跃马登上王府东边的戈壁高冈，秘密查看日本人修建的飞机场。当时额济纳旗开办的唯一一所学校就设在东庙旁边的一个院子里，虽然也有一间土坯房子教室，但是学生们还是喜欢在院子里的蒙古包中上课。东庙东西两侧宽广平坦的戈壁滩，就是日本特务修建的简易飞机场。范长江所说的荒谬，就是指额济纳旗王府对待国民政府代表王德淦和日本特务的关系。由于王德淦孤身来到额济纳旗工作，图布新巴依尔等对他起先很重视，后来看他没钱没权没武器，虽为国民政府专员，却没有话语权，继而轻视起来，只给他一顶破旧的蒙古包，吃饭则是看厨房里有什么吃什么，与对待下人无异。因为日本人给图王夫妇送了大量礼物，图王对待日本人的态度则极为恭敬，除给他们提供崭新的蒙古包外，送日本人每人一匹马，每天供应一只羊，日本人可以随时出入他的王府，可以随意去任何想去的地方，全都提供方便。国民政府一再电令王德淦转告图王驱逐日本人，图王则说：“我们没有法子驱逐，最好你们自己来主持。”有一次王德淦要求旗政府检查日本飞机的护照，图王则说：“天上来的人，还要检查什么护照啊！”王德淦在额济纳旗的处境极为艰难且危险，日本人的蒙古包就在他住处二十米外，日本人经常耀武扬威地闯入他的蒙古包里威胁，在深夜里随意开枪恐吓，使他整日提心吊胆。纵然如此，王德淦仍然坚持情报工作，不断地想法子说服图王，晓以大义，希望他服从国民政府。但是，回答他的却往往是讥讽。范长江高度评价王德淦的赤子情怀，同时又对国民政府的无能和地方执政者的无知深为感慨。

> 这位近代班超，太难做了！既无民族理论可以折服蒙民之心，又无力可以屈服蒙人而不叛。而所恃之后盾，则虚与敷衍，似忘其事。身当其冲者，当感无限凄怆了！

范长江还提到了苏剑啸。

> 额济纳王爷图布新巴依尔是不甚问事的人，很沉重的花柳病妨害了他的行动。他一切政事，多半是他的义子苏剑啸主持。苏本满洲旗人，落户酒泉北之金塔县。因地接额济纳，故后又入蒙古籍，以机警能干，见信于图王，终至收为义子，权倾全旗。

范长江没有见到苏剑啸。彼时苏剑啸为增加额济纳旗政府收入，强行驱离酒泉专署设在乌兰川吉的收税站，改设为“额济纳旗草头税局”，对往来商旅征收税赋。如此就侵犯了驻酒泉马步康回军的利益，马步康派军队将苏剑啸强行抓捕至酒泉，毒刑拷打，向额济纳旗勒索五千元。失去苏剑啸，图布新巴依尔相当于失去了主心骨，他让王德淦通过中央政府通融酒泉释放苏剑啸。王德淦电报宁夏省政府和蒙藏委员会斡旋，却久无音讯，从而使额济纳旗上下对国民政府愈发失望。苏剑啸被抓一年后，即1936年秋天，也就是范长江离开额济纳旗后，在塔旺嘉布夫妇多方斡旋下保释回到额济纳旗。当年冬天，苏剑啸与王德淦等人策划，派喇嘛雷德唐兀特潜入老东庙，一把火烧掉了日本人的军火库，给侵略者以沉重一击。军火库的爆炸，将老东庙夷为平地。1937年，苏剑啸帮助受中国共产党委派来额济纳旗的周仁山开展统战工作，其间因反对酒泉派驻额济纳旗防守司令部与额济纳旗“合署办公”的无理要求而开罪于军事专员李才桂。1938年春，在周仁山的引荐下，苏剑啸与周仁山先后奔赴延安，在陕北安武青年训练班和延安抗日军政大学学习，并加入中国共产党，成为优秀的无产阶级革命战士。

范长江对额济纳旗的地理地貌、政治环境、小学教育、居民生活、风俗民情、商业运作及日本特务在额济纳旗的活动做了深入的了解，新闻记者的敏感，使他认识到日本人有全面侵略西蒙的企图。

9月14日，范长江获悉一个惊人的消息，九辆日本汽车满载军用品从百灵庙向额济纳旗开来，进而得知日本人准备招募蒙古族青年在额济纳旗建立傀儡武装。15日，日本人从老东庙特务大本营来到乌兰爱里根搭设帐篷，准备迎接军车。范长江此时想“以为将西蒙危机实况转告国人。但是东返无车，南去酒泉，则绕道更远。乃决定骑驼走阿拉善，横断一千六七百里之沙漠，以至定远营。然后过贺兰山以至宁夏，飞返包头”。“一方面这是一条较捷与较安全的道路，同时，也可以作一次驼行贯穿额、阿两旗的壮游。日方在阿旗活动情形，也可以调查相当清楚。我看当时额旗状况，也许这次驼行是真正所谓最后时机！我要利用这最后时机，来达到我所需要的一切。”

然而，从当地雇用骆驼和向导去阿拉善旗也不是件容易的事。

> 费尽九牛二虎之力，才雇好五匹骆驼。他们借此机会到定远营拜庙……可是他们迷信黄道吉日，非到二十五日不得动身出门，而此时才二十一日。并且大家惊心动魄的日军汽车队已于二十一日午后到达乌兰爱里根，那里和我们驻地不及半里之遥，隔河相对。

日本军车的到来，使额济纳旗亲日派的腰杆子硬了起来，图布新巴依尔对酒泉马步康的电报口气也强硬了：“立即释放苏剑啸！”否则“请明白答复捕苏（剑啸）理由！”此时，范长江的行动也引起日本特务的注意，日特和亲日派闯进二里子河电台趾高气扬地威胁，原本和范长江相处融洽的当地蒙古人也突然变了态度，借机要挟。危险来临，范长江急于离开，在许诺加钱的条件下终于让翻译老杜说动道尔济、苏牧羊兄弟提前出发，于23日午后偷偷离开额济纳。

1938年3月，图布新巴依尔病故于青海塔尔寺。同年9月，其弟塔旺嘉布袭任额济纳旗扎萨克郡王。1940年，额济纳旗王府搬迁到孟格图新建的官邸，也就是现在的二道桥胡杨林中，从此结束了额济纳旗二百多年帐幕移动王府的历史。从此，老东庙附近少有人迹。

越野车在胡杨、红柳林中穿行半个多小时后到达老东庙遗址。映入眼帘的是一堆碎砖烂瓦，面积很大，幸好有袁复礼、范长江等人拍摄的老照片，可管窥当年老东庙的雄宏。戈壁滩依旧平坦，那是天然的飞机场。旧王府所在的红柳林依旧繁茂，却分辨不出王府蒙古包的遗迹。

乌兰川吉——西路军战士朱增木在此被捕

范长江没有到过乌兰川吉。但是范长江文中提到的苏剑啸就是在乌兰川吉被捕的。

乌兰川吉位于今额济纳旗赛汉陶来苏木政府所在地南19公里处，在额济纳近代历史上有着举足轻重的地位。清代、民国时期，这里是绥远至新疆、酒泉至库伦两条商贸驼道的交会点。20世纪30年代初，酒泉军阀曾在这里设过税站。1934年4月，时任额济纳旧土尔扈特旗梅林的苏剑啸，根据百灵庙蒙古地方自治政务委员会（简称“蒙政会”）的公函指示，逼迫甘肃省撤除酒（泉）金（塔）税务局，于5月1日重新建立额济纳旗草头税征收局。1935年11月，酒泉军阀马步康派军队在乌兰川吉将苏剑啸强行抓走，重新夺回了这个税站的税收权。1937年底，国民党军事专员办事处进驻额济纳旗，来到乌兰川吉，强占税局改为兵营，进行特务活动。1940年1月，被马家军打散的红军西路军战士朱增木试图从额济纳旗前往新疆寻找西路军，被国民党军事专员办事处特务诱骗至乌兰川吉逮捕，审讯后押送至兰州，从此再无音讯。

在额济纳旗档案馆藏有两件特殊的文献档案。一件是1940年1月31日，驻乌兰川吉的国民党军事专员办事处特务人员审讯西路军失散红军战士朱增木的笔录。从这份笔录中，我们看到朱增木忠于革命忠于党、矢志不渝、铁骨铮铮的大无畏红军战士形象。这是红军西路军曾经到过阿拉善地区的一件实物证明。还有一件是20世纪初日本工业图书株式会社出版的《铁道道路新曲线测量表》。这本书是1937年7月7日，宁夏省民政厅厅长李翰园在老东庙抓捕日本特务和蒙汉奸时，日本特务在树林中偷偷埋藏相关物品，被当地牧民发现后起获保存下来的，后被时任额济纳旗档案馆馆长的李靖发现购回珍藏，是日本侵入阿拉善地区的重要罪证。

乌兰川吉草头税局土坯房原本保存很好，被当地牧民布仁巴依尔用作牲畜草料房。2016年李靖曾在这里拍下照片，和81年前台克满拍摄的照片比对，变化不大。惜于次年的农村牧区"十个全覆盖"工程落实中拆除，在布仁巴依尔的极力阻挠下，仅保留了1937年国民党军事专员办事处修建的一个圆形碉堡。据布仁巴依尔介绍，在拆除草头税局房屋的时候，在屋内地下发现一个地道，长约30多米，出口在旁边河岸上的一丛红柳墩下。布仁巴依尔早先就住在草头税局的房子里，后来才在附近盖了新房。据说，他搬出来的时候，还从院子里挖出过黄铜大盆和许多子弹壳等东西。但是，在这里住了许多年，其间从来没有发现这条地道的存在，在他之前的住户也没有说起过地道的事。我们推断，这个地道不大可能是国民党军事专员办事处所挖，他们占据这里的时候很可能也没有发现这个地道。极有可能，这是苏剑啸在创建草头税局时候的一个预防设施，平时存放收缴的税款，遇突发情况可从地道转移税款和逃生。到底有没有起到作用，不得而知，发现时里面并无一物。

建国营——解放军与德李残匪遭遇战遗址

从乌兰川吉折返来到赛汉陶来苏木额济纳旗西河岸边的建国营，这里长眠着6位解放军战士。

建国营原是国民党部队驻地。1939年夏，一个团的国民党部队在这里修建了数十栋砖木结构的营房驻扎下来，以“建国保家”之意命名“建国营”。1939年6月17日工程竣工，时任国民军一九一师少将师长杨德亮和刚刚继任额济纳旧土尔扈特旗札萨克塔旺嘉布参加了竣工典礼，两人结为异族异姓兄弟，杨德亮认塔旺嘉布之子额尔登格日勒为义子。额尔登格日勒出生于1930年，中华人民共和国成立后加入中国共产党，曾任额济纳旗人民政府旗长、阿拉善盟行署副盟长等职。

1950年3月，德穆楚克栋鲁普、李守信残部400余人拒绝人民政府缴械投诚的和平召唤，流窜到额济纳地区，祸害当地牧民。酒泉军分区派遣100余名解放军指战员分乘6辆汽车，来到额济纳旗剿匪。当车队行至建国营西侧小河西岸时，突遭德李残匪伏击，6位解放军战士当场牺牲。经过数小时激战，匪徒溃逃。李靖介绍说，当时为了追剿德李残匪，战友们含泪将牺牲的战士掩埋在岸边的红柳丛中，将其他受伤战士送往酒泉救治，其中一位战士在途中因为伤重牺牲。后来由于部队剿匪路途遥远，再未返回建国营，6位烈士从此长眠在那里。此事除了当年剿匪的解放军指战员，额济纳旗仅数人知晓，由于当时没有做标识，以至于如今无法确定6位烈士的墓地到底在哪里。我们在红柳丛中听李靖讲了那次战斗故事，感悟革命先烈舍身忘我、无私奉献的革命精神。在小河西岸徘徊许久，茂密的红柳林见证了历史，也隐没了历史，我们有一个共同的想法，希望额济纳旗人民政府能在这里立一座碑，一座纪念额济纳旗和平解放和解放军战士为保护额济纳旗人民生命财产而英勇战斗的历史丰碑。

拐子湖——长满芦苇的干涸湖泊

1936年9月23日午后，在额济纳度过了惊心动魄的17天之后，范长江终于盼来启程的时刻。担心日本特务追赶，他们4人从今巴彦陶来苏木浩宁呼布嘎查所在地附近出发，朝东南方向而行，过翁德爱里斯河后，沿着古居延泽西岸的沙岭北缘继续向湖盆深处走去。范长江走的其实是一条古老的驼道，也是旧时额济纳旧土尔扈特旗与阿拉善和硕特旗互通乃至联系内地的必走道路，史称“定(远营)达(来呼布)驼道”。

《忆西蒙》记录了范长江当时的境遇：

> 蒙古人又传出新消息，日本枪械到达之后，蒙古壮丁恐怕不能自由出境。如此，我雇妥的骆驼恐怕也要发生问题。环境急迫，乃托人说蒙人喇嘛，愿外加待遇，希望他能提前就道。幸而更多的白银，买动黄道吉日提前两天，二十三日午后，匆匆就道。土尔扈特的风光，慢慢和我分离，额济纳恶化的前途，我渐渐接近了报告国人的机会。我是那样的兴奋，那样的侥幸，侥幸我居然能成行。

为查清范长江乘驼从额济纳到定远营的行进线路，考察组一行于22日清晨离开达来呼布镇，先走G7高速到天鹅湖出口下高速，然后驶入居延泽景区，沿着碧波荡漾的天鹅湖东岸，朝东南50公里外的努德盖沙漠高大的沙丘行驶。现在人们的生活条件好了，沙漠里的牧民几乎家家都有越野车。由于312省道敖干德力格高速入口至天鹅湖段的道路改造工程尚未完工，沙漠深处的牧民们一般选择驾车从阿德格敖日勒根直接穿越沙漠到天鹅湖，这样去达来呼布镇可以节省100公里的路程。20世纪30年代与现代的交通条件不可同日而语，当年范长江从二里子河骑骆驼到定远营(今巴彦浩特镇)需16天,如今驾车沿G7高速公路经吉兰泰镇到巴彦浩特镇仅需六七个小时,即便沿范长江当年的路线穿沙越野,快一些一天时间也可到达。

我们驾车在松软的古居延泽湖盆中央行驶,地底下仿佛有一双有力的大手扯拽着汽车,脚板稍微松下油门,就有被拽入地底深渊的感觉,以至于不敢他顾湖盆中壮美的雅丹地貌。这是有别于他处的极致风景,却也是名副其实的死亡之海,方圆百余里没有人烟,没有水井,若无充分准备,极有可能走不出来。然而,这里却是现代越野一族的天堂,车尾拉起长长的灰尘激荡每个人的心灵。湖盆中间本有一条砂石路的,久未养护,路面变成了"搓板",抖得人身上的肌肉发酸,人们更愿意在松软却平坦的湖盆上肆意地冲锋,从而留下了一道道深深的车辙。享受踏浪冲锋的刺激,也感慨机车动力的强大,说不清楚这是在征服自然,还是对自然的破坏。现在看到的是汽车在浩瀚沙海中劈波斩浪的壮美,换一个角度来看,难道不是对自然平衡的打破吗?

终于驶出古居延泽湖盆,来到高大的努德盖沙峰北侧,与范长江当年所走的线路重叠。在沙漠里骑骆驼定然安稳,但是对汽车司机却是另一种挑战,汽车需在连绵起伏的沙漠中准确选择前进方向蜿蜒前行,稍有迟疑,就有可能陷入沙中,若车速过快,也有颠覆的可能。然而,沙丘阻挡,目力有限,沙丘断崖式的下沉是行车最大的危险。好在,有惊无险。阿德格敖日勒根在这座大沙漠的东端,住着温图高勒苏木格日勒图嘎查的一户牧民,主人名叫呼肯巴图。以前驼道上的老井在他家房屋西边的沙枣树林里,但是早已坍塌。显然,这里的历史并不年轻,阿拉善盟文保中心主任景学义在附近发现了古人的生活遗迹,捡拾到一枚新石器时代人工打磨的石核。阿拉善沙漠里这样的古人类文化遗址非常丰富,巴丹吉林沙漠、腾格里沙漠、乌兰布和沙漠里时有发现,出土大量的石器和陶器残片,最早可追溯至3万年前。

阿德格敖日勒根系蒙古语，“阿德格”汉语为“下面的”意思，“敖日勒根”意思是口子、入口，合起来就是“下方的入口”。盖因拐子湖是一个东西长南北窄的古湖泊，东西长达100余公里，两端都有驼道入口。为便于区分，蒙古族同胞将东边入口叫敖日勒根，西边入口叫阿德格敖日勒根。从二里子河到这里约100公里，范长江他们走了整整三天，直到9月26日下午才到达，在这里与绥新驼道大路会合。

拐子湖在巴丹吉林沙漠北端，曾是阿拉善地区第二大湖泊（最大的为古居延海），面积曾经达到600平方公里，靠巴丹吉林沙漠的地下水进行补给，由于生态恶化，于20世纪90年代初干涸。因为还未返青，我们一路所见是一望无际的金色草原，是箭杆朝天的芦苇。这里是动物的天堂，牛群、驼群散落其间，却少见羊群。大概数了一下，目力所及有十几户人家散居。温图高勒苏木政府在拐子湖中部，是额济纳旗最东边的一个苏木，也是拐子湖人居最集中的地方，我们所见也仅十来个苏木政府工作人员。我们本无意打扰人家的工作，但是这里有个苏木政府管理的加油站，是从达来呼布镇出来到乌力吉苏木300多公里间唯一的油料补给处，我们的汽车必须要在这里加油。

在拐子湖东北一座沙丘上有一自然泉水，水流不大，清冽甘醇，据说饮用该泉水可治疗某些疾病，蒙古族同胞视其为圣水，在泉水旁建一札干（梭梭）垒砌的敖包进行祭祀。“阿日善”意为圣泉。久而久之，人们称这里为“阿日善敖包”，在温图高勒苏木政府驻地以东20多公里。旧时拐子湖为阿拉善和硕特旗所辖，并在阿日善敖包设立防卡，派兵丁守卫。1936年9月27日午前，范长江一行从这里经过。驻守此地的卡兵听说范长江认识他们的达理札雅王爷时，立刻表现得非常恭敬。范长江此说并非吹嘘，1935年5月，范长江曾从银川翻越贺兰山到定远营，和阿拉善和硕特旗扎萨克达理札雅相识。

“登吉音呼都克”意为小高地上的苦水井，本是温图高勒苏木巴音高勒嘎查的一个牧点，只有一所院落，但主人并不在，我们到时有几个蒙古族牧民开着皮卡车在房屋的阴凉下休憩，他们是来这里挖苁蓉锁阳的。沙漠是个自然宝库，零星生长的苁蓉锁阳是大地馈赠人类的自然珍宝。李时珍《本草纲目》载：苁蓉"补而不峻，故有从容之号"。苁蓉补肾阳、益精血、润肠道，主肾阳虚衰，精血不足，对阳痿、遗精、尿频、腰痛脚弱、耳鸣目花、月经延期、宫寒不孕、肠燥便秘等有疗效。锁阳亦有补阴、益精血、利大便功效。每年4月至5月初，人们在沙漠里大量采挖，但未必就是本地居民，一些城镇闲散人员也开车进入牧区"盗采"。

这里是定达驼道上的一处取水点，老井在牧民家房子西侧100米处，如今已坍塌，只余镶嵌井口的几根粗大发黑的梭梭枝干。1936年9月27日深夜，范长江一行摸黑走到这里扎营休息。第二天早晨起来才发现拴在帐篷外面的五峰骆驼只剩下一峰，其余的骆驼拽脱缰绳不知去向。苏牧羊以为遇上盗匪惊恐得大声呼叫起来。翻译老杜与道尔济、苏牧羊弟兄沿着驼踪去追赶，只留下范长江一个人对空等待。所幸两三个小时之后，三个人终于骑着骆驼回来了。

登吉音呼都克井以东不到10公里，就是敖日勒根。这里是今天阿拉善右旗和额济纳旗的交界所在，也是拐子湖的东入口。当年9月28日，范长江一行从这里翻过一道沙岭向东行进，一直走到深夜，仍没有走到有井的地方，只好在巴拉巴日海井以东的戈壁上宿营。

拐子湖数百平方公里的湖盆里长满了芦苇和芨芨草，放眼望去，仿佛无边无际的金色麦浪。这样的地方，是隐匿的好去处。1949年冬，德穆楚克栋鲁普、李守信率1300多部众裹挟大量边民和牲畜从图克木来到拐子湖，企图继续与新生的人民政府和人民解放军作对顽抗，造成数百里无人区，宰杀牲畜无数，拐子湖里驼骨成山。当年12月底，德穆楚克栋鲁普、李守信及部分高级官员先后逃往蒙古国。驻酒泉中国人民解放军派出代表与德穆楚克栋鲁普、李守信余部谈判，阿拉善旗人民政府和额济纳旗人民政府也分别派代表与之谈判，其间，酒泉公署从额济纳旗派出的谈判代表苏斐然被敌匪杀害。在中国共产党的宽大政策感召下，1950年2月，以陶布新、孙明海为首的900多人选择缴械投诚，回归人民，韩沙嘎拉等400余人离开拐子湖继续与人民为敌，被解放军歼灭于马鬃山一带。

哈拉扎格——两家汉人商铺

我们追寻着范长江走过的线路，在空旷的戈壁上快速行进。在范长江眼里，戈壁上的黑褐色驼粪与森白的驼骨就是他们的路标。此为绥新驼道大道，数百年来，驼道从未停歇，从而遗留大量的驼粪，累死倒毙的骆驼不计其数，从而形成清晰可见的驼商大道。毫不夸张地说，古代和近代的商业贸易是建立在成千上万峰骆驼的血泪与生命的基础上的，这也是蒙古族同胞视骆驼为最亲密伙伴的原因，养驼、役驼，爱驼、护驼的传统传承至今。在这片戈壁上，范长江遇到一个驼队，数量达100多峰，驮运的货物主要是砖茶。范长江还遇到一个给当地蒙古人家放牧的镇番（今甘肃省民勤县）牧童，好奇地跑过来主动打招呼。听说范长江等人要去定远营，牧童忧虑地告诉他们："衙门上（定远营）听说进了日本，有人说到了共产，以后还不知道怎样呢！"驼道是传播消息的重要途径，听到这个消息，范长江忧心忡忡，若真的有军事行动，很有可能对自己离开阿拉善的计划有所限制。范长江的这段记述也给我们一个信息：这里的居民已经知道中国共产党这个词了，虽然对这一词所代表的内容一无所知，甚至为此忧虑，但从另一方面来说，中国共产党的影响已经传到了相对偏远闭塞的沙漠戈壁。

当时范长江他们一天所走的路程，如今车行用不了一个小时就可以走完。我们来到了苏因海日海山东南十几公里外的哈拉扎格井。"哈拉扎格井"汉语意思是黑梭梭井，位于塔木素布拉格苏木恩格日乌苏嘎查旧驻地东南4公里处，如今，去往塔木素木的一条小油路从这里经过。在范长江的记述中这里有两家汉族人商铺，他曾进去小憩。

> 午后出群山，到哈那峡刚（今译哈拉扎格——编者注），有商人土屋两家。此为离额旗后第一次所见之房屋。商人为绥远西部人（后套人），屋内有桌椅，有土炕，而且饮食方面似乎还可以买到别的东西，因此，我打算在此过夜，想从帐篷中解放一天。然而，蒙古人不愿意，因为我们刚到哈那峡刚时，宁夏磴口税局派到此地的分卡有人来查……今天来盘查，看他们来势汹汹的神气，要不是我拿些大话来唬他们，蒙古人也很难不吃亏。因此他们害怕，他们不愿意住，只好再走。走到深夜，住宿无名戈壁中，是夜风大，帐幕几不能搭成。

哈拉扎格井东、西两侧各有一处房屋遗址，相距不过两三百米，旧时驼道从这两个商号中间的水井边经过。从房屋遗址来看，这两家商号规模较大，但我们不能判断范长江究竟是在哪家商号歇的脚。这也是范长江离开二里子河后第一次看见土坯房屋，因而感觉十分亲切。

1927年9月8日，斯文·赫定率领的中瑞西北科学考察团中路分队，也曾经在这个河槽的水井边扎营。西北方向有座山峰较为特别，这座山峰孑然独立，其上有三个山头，当地牧民称之为古日班塞很，意为三座美丽的山峰，斯文·赫定则称之为“三个好汉山”，是绥新驼道上的一处重要标识。

次日中午，范长江等人在距离哈拉扎格井东约30公里的古日班呼都克（三个井——作者注）休息。如今这里是恩格日乌苏嘎查的一个牧点，当我们到达时，牧民额日登朝格图夫妇也正好在井边。水井的南边旧时也有几家商号，如今成了一处很不起眼的小土包，几无遗存。

哈拉木格台——遭遇敲诈勒索

天色渐晚，我们抓紧时间赶路，好在山沟里有车辙痕迹，行车较为轻松。这里的气候明显好于额济纳旗，地面上已经能看到朦胧的绿色，山沟里生长着的大量山榆树也隐显翠意。赶在太阳落山前，我们来到了当天考察的最后一站——哈拉木格台。和我们一样，范长江他们也是当年9月30日傍晚时分到达这里的。

哈拉木格台位于乌力吉苏木政府驻地西北约30公里，因这里生长着一种类似黑果枸杞的植被而得名。1927年9月6日，斯文·赫定率领的西北科学考察团中路分队经过这里，去往哈拉扎格井。

范长江来到哈拉木格台的时候恰逢1936年的中秋节，在这万家团圆的时刻，身在异乡的范长江却差点险遭不测。范长江记述：

我们搭帐幕在山边避风处，离我们不到半里，有两家商人，一家山西人，一家镇番人。我到山西商家去玩，他问我"宝号"？没有过惯商场应酬的人，我几乎很老实地答应他："宝号还没开！"

夜间我们正在做饭，两个蒙古青年骑快马而来，下马入帐，以狰狞面目，厉声问我"要票"，其对二喇嘛尤为凶恶可怕。我令老杜以严峻的词句答复之，我们既非商人，更无货物，何从"票起"？他们没得结果，恨恨而去。

今夜正是中秋，皓月当空，秋风肃厉。商人们中夜祭月，大放爆竹，令人顿生乡里之情。

夜中腹痛甚烈，腹泻频频，戈壁夜寒，冷彻心肺！

晨起，镇番商人突秘密来谈，昨夜一群蒙古人并非善类，这里根本没有卡子，他们并无丝毫的公事，完全是恶棍地痞之流，叫我们好好应付。说毕，匆匆而去，盖恐被蒙古人看见……

摸清了原委，范长江成竹在胸，他义正词严来到山西商人家，机智地拿出几份电报纸，上有“望兄速来，行前盼电示”等字句，让山西商人转告给十几个蒙古彪形大汉，说这是阿拉善旗王爷打给他的电报。这招果然奏效，威胁取得成功！于是他们赶紧收拾行李，逃离了这个凶险之地。

这次遭遇给范长江留下极为恶劣的印象，少有地用“恶棍”这样的极端词汇来称呼对方。所幸，那家民勤商人告知实情，范长江急中生智想出应对之策，从而得以安全脱身。

我们找到一户牧人家，和女主人萨仁图雅简单交流。萨仁图雅对这里曾经有商号的事一无所知，她是来替父母亲照看牧场的，她的父母年逾80岁，在巴彦浩特镇定居。大山里的黑夜来得突然，已经不可能去寻找商号遗址了，匆匆与萨仁图雅告别，驶往住宿地点乌力吉苏木。

沙日扎庙——遇到“凶狠”的喇嘛

沙日扎庙，汉语名称“吉祥法雨寺”，位于乌力吉苏木政府所在地以北8公里处的红色山岭下。据载，沙日扎庙始建于清朝，规模宏大，有房屋49间，鼎盛时喇嘛逾百人。20世纪60年代被毁。原阿拉善左旗人大常委会主任塔加布5岁时起就在沙日扎庙当小喇嘛。1958年，已经25岁的他离开寺庙参加工作并走上领导岗位。后在他的倡议下，重新修建了沙日扎庙。

1936年10月1日下午，范长江一行来到沙日扎庙。范长江想入庙歇息，但苏牧羊坚持不可。争执间，庙里走出来一个面貌凶狠的喇嘛上前盘问，道尔济和苏牧羊被吓得“手足无措，神色惨淡”。好在范长江沉着应对，没有引起事端，得以继续前行。沙日扎庙属大庙，在阿拉善、额济纳两旗蒙民中影响较广，“大庙”的喇嘛，哪怕只是一个普通的烧火喇嘛，对于苏牧羊、道尔济这样从边远地区小庙来的喇嘛来说,那都是高高在上的存在,稍有怠慢或不敬,必然会招来重责。两次"遇险",两个喇嘛已成惊弓之鸟,以至远离人居,不敢与人接触。范长江记述:

过庙天已黄昏……又十余里,有商家三家,他们再不敢和商家接近了。我的意思他们也不接受,又前行七八里,搭帐篷于道旁二三里之戈壁中。

当夜,范长江望着圆月沉思,将月亮中间的阴影想象为中国的地图,将阴影中一条隐约的黑线想象为我们的长城,将白云遮挡月亮想象为日本对中国的侵略,畅想中国人民全面抗日,将侵略者赶出中国,恢复朗朗晴天。

由于在戈壁滩上不间歇地长途跋涉,骆驼的蹄掌磨破,行走颇为艰难,一路血痕。第二日清晨第一件事,就是用牛皮给骆驼补驼掌。这样的做法,虽对驼掌有一定的保护,但丝毫不会减轻骆驼的疼痛。

范长江所不知道的是,沙日扎庙旁边就有一个阿拉善旗地方政府设立的驿站和防卡,专事信息传递和边境防务,也接纳旅众休憩。事实上范长江走到沙日扎庙就与从蒙古经班定陶勒盖到定远营的定(远营)库(伦)驼道重合了。前文中提到的邓小平、张浩、潘恩普等共产党人都曾在沙日扎庙休憩过。潘恩普在乌兰套尔盖被捕后即被押送到沙日扎庙看押,数日后才押送至定远营。

布雅图——范长江坠驼受伤

范长江提到的"有商家三家"地方,当时叫巴音毛都,即今天的乌力吉苏木政府所在地,因此地生长着许多高大的山榆树而得名。

1927年4月28日,结束对蒙古、苏联考察的马鹤天,与同行的文士及高级武官十几人，从库伦乘坐汽车，经班定陶勒盖、苏宏图、乌兰陶勒盖、沙日扎庙，抵达巴音毛都，在这里停留三天，就住在一家商号的院子里。在这里，看到商家一幼驼病死，母驼彻夜哀嚎，内心极为震撼，记录在《内外蒙古考察日记》中：

> 商人养骆驼数十头，有一儿驼，自初生即病不能起，但母驼每日必就之喂乳，见儿驼不食不起，则立而哭号，夜以继日。昨晚儿驼死去，竟哭号一夜，哀鸣之声，不忍入耳。清晨大家围观，见母驼依然悲号，两行眼泪，点点滴滴，驼之爱儿情切，可说是与人无异。

1936年10月1日，范长江等人在巴音毛都附近住宿。第二日深夜，至阿莫落斯（阿马乌苏井）宿营，水井北侧200米的地方，住着一户家境比较殷实的蒙古族人。据考证，这家蒙古族人主人名叫苏勒克，1997年去世。

1936年10月3日上午，范长江在驼背上思索，不想骆驼突然受惊，范长江没有防备，不慎坠驼，背着的照相机垫在底下把腰扭伤了。为了不影响行程，范长江告诉同伴说不碍事，忍痛骑上骆驼继续前行。当走到布雅图（在巴彦诺日公苏木政府所在地以北15公里处——编者注）时，实在疼痛难忍，借口午尖，下驼休息。从驼背上下来，却因腰痛影响行走，坐卧起立极为艰难。翻译老杜建议在此搭帐篷休息数日，等范长江腰好再走。范长江却坚决表示不能休息，日本人侵入额济纳旗的事实让他归心似箭，民族危亡之际，他急于回去将日本人的行径向世人报道，警醒国人正视侵略者狼子野心。范长江为证明自己身体无大碍，强忍着疼痛爬上了附近的一座小山，极目远眺。

那林苏海图——驼道兴衰的见证

额济纳旗的所见所闻使有着强烈民族危机感的范长江不得不强忍伤痛继续前行，经沙拉布鲁都（今巴彦诺日公苏木政府所在地北十余里）取水，再强行赶路，直到深夜才停下脚步，夜宿沙岗。

10月4日清晨开始，他们翻越巴音诺尔拉山（巴彦乌拉山），爬上山顶，逶迤的贺兰山已在眼前，白色的雪顶与日光反照，更显壮美，定远营就在贺兰山脚下，即将到达目的地，范长江异常高兴，和几位向导约定晚上赶路，计划在下一站点住宿。从范长江此时所在位置来看，他们当天目的地应该是那林苏海图。但是，由于天阴遮挡月光以至迷路，只好在戈壁上草草对付一夜。天亮才发现住处半里外就有一眼水井。我们无法得知范长江有没有到达那林苏海图，但还是去那里做了一些考察，因为那是定库驼道上的一处重要驿站。据说，当年经过这里的驼队络绎不绝，以至于那口老井里的水不够饮用，商队不得不排队等待汲干的水井再次渗满水。这口老井已经有一百多年的历史了，一直到21世纪初，一直是来往车辆加水补给的地方。如今高速公路绕过这里，牧民们也都享受了退牧还草的国家补助政策迁进城市生活，这口老井完成了它的历史使命，被当地牧民锁在一间小井房里保护起来。或许，未来这里还会繁华，但是这样的土井恐怕是永远地成为历史了。原先驿站遗址旁边还有几个羊粪板房，却和额济纳旗的草头税局遗址一样的结局，近年被夷为平地。

阿拉善盟政协副主席王秋才在这里接受了记者的采访。他说：

说到范长江，还得从驼道说起。1936年，他从呼和浩特出发，经过包头，走绥新汽车路到达额济纳旗。从额济纳旗返回到定远营即今巴彦浩特的时候，他是骑骆驼走的。因此说，他始终走在驼道上。他来时走的绥新汽车路，其实也是一条古驼道，叫绥新驼道中路北线。在我们阿拉善境内从银根经班定陶勒盖到额济纳旗的这条路,历史上就是草原丝绸之路的北道,如果还往前推,就是古代的玉石之路。这是一条贸易之路,也是一条文化之路,更是一条红色之路。这条路在我们阿拉善的革命史和近代史上有着重要意义。

我们今天重走这条路,一是要感受范长江当年走驼道时的那种艰辛。二是要感受范长江的爱国精神和爱国情怀。三是亲身体验今昔发生的巨大变化,特别是中华人民共和国成立以后,在中国共产党领导下,我国交通事业取得的伟大成就。四是深入了解驼道,了解范长江走过的路径,收集、挖掘、整理阿拉善的红色文化史料,把这些史料交给后人,教育后人,把红色文化代代传承下去。这就是我们重走这条路的目的,而我们也达到了这个目的。

定远营——“塞外小北京”

范长江一行翻越巴音乌鲁山(艾乃山),经查干苏布鲁格(白塔寺)、当铺、哈拉诺日公,于10月7日到达巴彦浩特。这段路程草场茂盛,牲畜众多,人民生活较为富庶。路遇的人也多了起来,蒙古族人把范长江当成日本人,汉族人则把他看成一样做买卖的商人,一律以“皇历”般的语言打招呼,询问“贵处年成可好?”“斗价大小?”“宝号买卖不坏?”等。

光明在望了! 定远营的树林、房屋,山上的兵营、城堞、飞机场,守机场的蒙古包。光明了,我们冒险的征程已渐入佳境了! 我赶着骆驼快步前进,从大库伦口子进入定远营市街。虽然是小小的街巷,有限的人家,然而这是绥远安北县以后的第一城,是我西蒙履行的终点,因为此后去宁夏回天津，有汽车有飞机，一切容易得多了。

终于来到这个熟悉的小城，尽管“脸烂得使熟人也不相识了”，范长江还以少有的欢快语调表达此时的心情。

1936年5月17日，范长江曾经坐汽车来过这座小城，停留3天，结识了达理札雅等阿拉善旗地方显贵。如今仅过去5个月，再一次安全踏上这片土地，范长江兴奋异常。更使他欣慰的是：

日本特务机关在定远营的情形，并不很顺利。达王不许任何蒙汉人和他们接近，有一个为他们找私娼的人，连私娼一齐重杖充军到拐子湖那面沙窝里。他们说达王限制他们的自由，而达王却说是自己管教百姓。他们曾雇汉人苦力为之修筑飞机场，为了六角一天的收入，无衣无食的穷苦同胞只好去了。但是他们在工作当中，亦知此事对于中国将来之不利，有人即谓：“最好暗藏地雷在内，等他们飞机来一碰就炸，好炸他一个光！”这话被监工的日本人听见，心里非常恐惧。中国人还是中国人，至少他应有此种感触。

日本飞机虽然常来，但是达王不借汽车马匹和大车给他们，民间亦无人愿受其雇用。所以飞机场与其特务机关间之联络，全恃徒步！遇有重物运输，则由他们抢抓牛车一用，有类“拉夫”。……

宁夏当时对于日本的态度，也很强硬，决不许日本人在宁夏停留。在关东军某参谋长飞定远营时，宁夏适亦派要员至定远营，与之强硬交涉，致其毫无结果而去。

达理札雅在抗日战争期间对待日本人的态度，后人评价略有偏颇，大概是因为达理札雅的夫人金允诚与皇帝溥仪为堂兄妹关系，且宁夏马鸿逵觊觎阿拉善，为达到目的给达理札雅罗列了一些罪名罢了。从范长江亲历亲访的记述来看，并不是那么回事，达理札雅是极不愿意日本人在自己的辖地内驻扎滋事的。至于日本人入驻定远营，则是当时政局所决定的，一己之力无以扭转乾坤，只好退而求其次。无力驱赶，但也不准部下、民众给他们实质的帮助。范长江在全面抗战爆发前两次来到阿拉善定远营采访，目睹了日本人在阿拉善、额济纳的活动，会见采访了大量的当地民众，对达理札雅的评论较为公允。

范长江在定远营休息5天，10月13日搭乘汽车前往银川，14日飞回包头。随后，在《大公报》第一次面向全国报道了日本特务已经潜入西蒙两旗建立了特务据点的消息，引起全国人民的强烈反响，全国民众抗日情绪高涨。范长江的报道也引起南京国民政府和中国共产党的高度重视，1936年冬，国民党二里子河专员王德淦与额济纳旗政府协理苏剑啸等人秘密策划炸毁了日本特务在额济纳旗老东庙的弹药库，粉碎了日本关东军欲在额济纳旗建立傀儡武装策应绥远战役、阻止中国开辟国际通道的阴谋。1937年7月7日，在八路军兰州办事处谢觉哉的建议下，国民政府派宁夏省民政厅厅长李翰园亲往额济纳旗逮捕了驻额济纳旗日本关东军特务机关长江崎寿夫等13名日本特务和5名蒙汉奸，捣毁了日本特务机关。

《中共阿右旗党史大事记》编纂过程的点滴回忆

章鸿钧

1987—1991年间，我在阿右旗旗委党史办工作，任党史办主任。这期间，党史办接受了编辑出版《中共阿右旗党史大事记》《中共阿右旗组织史资料》《阿拉善盟老干部回忆录·阿拉善右旗分册》等史志的编纂任务，由我担任主编。党史办认真按照上级部门“广征、精编、核准”的要求，克服人员少、资料少、经费少、交通不便等种种困难，深入走访各个时期历史见证人，广泛征集史料线索，查阅了大量散落的历史资料和文电档案，经过认真鉴别整理和不断的充实完善，终于成书，较好地完成了上级交办的任务。其中，编纂《中共阿右旗党史大事记》过程较为辛苦，至今记忆犹新。

《中共阿右旗党史大事记》这本史志，是要把阿拉善右旗建旗以来，在党的领导下政治、经济、文化、民生等发展建设过程中的重大历史事实搞清楚，保存基本史料，为后人留下一份红色文化遗产，为今后阿拉善右旗的发展提供历史经验教训，进一步探索阿拉善右旗在中国共产党领导下，社会主义革命和建设的发展规律，不断推动这一地区社会主义革命和建设的进程。

接到编纂任务后，我立刻召集党史办全体工作人员开会商讨工作方

作者简介：章鸿钧，阿拉善盟政协特聘文史专员，曾任阿拉善右旗党史办主任。

案。要先明确一点，这是盟委、旗委交给我们的重要任务，党史办工作人员必须坚持正确的政治方向，认真、准确、负责地完成这一重点任务。首先是资料的收集。要广泛收集阿拉善右旗建旗以来的各类文件史料，仔细甄别筛选，争取没有遗漏，严格做到没有差错。其次是编辑格式。由于阿拉善右旗建旗时间比较短，之前还没有出版过任何史志类文献，这项工作可以说是全旗史志类编纂的开门之作，既要符合史志类文献的编辑格式，也给未来此类工作提供格式参照。商议决定，采用编年和纪事本末体相结合的方式进行编辑，后附大事年表、简目索引等资料。最后是文字撰写。由我和办公室几位写作基础较好的同志执笔，以宜宽不宜窄、宜详不宜略、大事突出、要事不漏的原则，用准确的语言、简练的文字把各项事件说清楚，并请旗委召集相关部门和人士进行审核把关，将历史事件真实还原，逐字逐句反复推敲，最终形成定稿。

工作方案明确后，立刻进行分工落实。我们分组在旗内各部门、各单位、各苏木镇进行史料收集；向周边地区广泛搜集线索，寄出带有慰问性质的函调信120多封，征集到各种资料和信件50多份；派人远赴阿拉善盟、巴彦淖尔盟、呼和浩特市和甘肃省武威地区及南方部分城市，走访了曾经在阿拉善右旗工作过的40多位县处级离退休老同志，为老同志们撰写回忆录找资料、拟提纲、改文稿，不仅丰富了阿拉善右旗建旗以来的史料，也为这些老同志留下了珍贵的回忆。

由于阿拉善右旗是1961年1月从原阿拉善旗分设出来的，建旗后行政区划几经变更，历史文件档案因交接工作造成不同程度的混乱和遗失。加之“文化大革命”中对历史文件档案的重创和1969年、1978年曾销毁了一些文件档案，致使历史资料残缺不全的状况更加突出，给史料的收集、核实工作带来了一定的困难。我们内查外调，用3年多时间，在甘肃武威地区档案馆、巴盟档案馆、阿右旗档案馆等处查阅档案2100多卷，笔录800多卷，做卡片90多万字，撰写条目2400多条，精选条目1800余条，

《中共阿拉善右旗党史大事记》影印资料

复印资料300多张，手抄档案3282页(张)。我们对收集到的资料经过一系列去粗取精、去伪存真的编辑工序，如实记述了党在阿拉善右旗执政30年来，在政治、经济文化和自身发展建设中的大事。

在史料收集的过程中，阿拉善右旗两位烈士的光荣事迹给我们深深的触动，激励我们一定要把这部大事记做精、做好。

罗布僧同志时任旗委副书记。1964年6月25日下午，罗布僧陪同由中共巴彦淖尔盟委副书记郭全德率领的下乡工作组在努日盖地区视察工作，突遇冰雹，红枣大的冰雹瀑布般倾泻下来，继而转为暴雨，引发山洪，造成罕见的冰雹、洪涝灾害，严重威胁到当地牧民群众的生命财产安全。当时罗布僧与雅布赖公社党委副书记呼和等四位同志正在队部屋内研究工作。听到外面人、畜惊叫声，出门看到队部东边的一群骆驼被骤然而来的冰雹打蒙了，四散奔逃，几位牧民想挡也挡不住，急得大喊。罗布僧等人二话不说，立即冲进冰雹雨雾里帮助牧民收撵骆驼。这时候冰雹突然大了起来，几位拦截骆驼的牧民被冰雹打晕在地上，罗布僧等人不顾危险，来回奔跑在冰雹大雨中驱赶牲畜。就在他们收拢牲畜赶回队部时，山洪突然咆哮而下将他们几人冲倒。呼和等三人被洪水打晕后冲到岸边获救，党的好干部罗布僧不幸遇难。罗布僧同志牺牲后，中共巴彦淖尔盟委发来唁电:罗布僧同志不顾生命安危,英勇抢救公社牲畜,表现了一个共产党员为民服务的高贵品质和英雄行为,这种精神应在全盟全体干部、群众中学习,学习他全心全意为人民服务,为公英勇献身的高贵品德。《内蒙古日报》《巴彦淖尔报》等报纸相继报道了罗布僧同志的英雄事迹。

曹鲁木格日勒1964年10月出生在阿拉善右旗巴彦诺日公苏木(1969年12月划归阿拉善左旗)哈尔木格太嘎查一户牧民家中。1982年秋天应征入伍,分配到新疆某边防哨所。在远离家乡的边防哨所里,他严格要求自己,苦练杀敌本领,学习、工作两不误。参军不久就向连队提交了入党申请书。1983年春节期间,部队党支部给他家中寄来喜报:"曹鲁木格日勒同志到部队以来,听从首长指挥,苦练杀敌本领,各方面进步很大,特此报喜。"1984年4月16日下午,曹鲁木格日勒在哨所执勤的时候,发现一个人鬼鬼祟祟地企图越境,立刻前去阻拦。没想到那是个身上携带枪支的杀人犯,看到曹鲁木格日勒阻拦自己越境,立刻持械威胁。曹鲁木格日勒和杀人外逃犯进行了英勇顽强的战斗。穷凶极恶的歹徒先是用匕首攻击他,继而向他开枪,曹鲁木格日勒光荣牺牲。事后战友们发现,曹鲁木格日勒胸前中一弹,身上的皮大衣被凶犯用刺刀挑破一个窟窿,墙上有弹洞多处,地上有与凶犯激烈打斗的痕迹。昌吉军分区认为,曹鲁木格日勒是一名忠于祖国、忠于职守的优秀战士,他光荣地牺牲在保卫祖国的战斗岗位上,表现了一名革命战士应有的气节。中国人民解放军总政治部、国家民政部授予曹鲁木格日勒"革命烈士"的光荣称号,遗体安葬在今新疆奇台县烈士陵园。1990年1月,旗党史办公室派出干部前往烈士生前所在部队外调征访党史资料,受到了部队指战员的热情接待。在座谈会上,部队首长缅怀了曹鲁木格日勒烈士生前的英雄事迹,并代表广大指战员向阿拉善右旗党政领导和烈士亲属表示深切的问候。

哪有什么岁月静好,只是有人为你负重前行,甚至不惜牺牲生命。在编纂研讨会上,我们再一次回顾了两位烈士的英雄事迹,党史办全体工作人员纷纷表示，不忘先烈事迹，继承烈士遗志，以饱满的热情完成编纂《中共阿右旗党史大事记》这一伟大而光荣的任务。

在编纂过程中，我们尽量以科学的治学精神和严谨的工作态度开展工作，始终坚持把对党的事业的忠诚和严谨的科学态度、求实精神结合起来，发扬存真求实的治史精神，做到实事求是、一丝不苟。我们以凡事预则立的思想为指导，摸索总结出了“五个明确”“三个做到”和“四个必须”。“五个明确”：一是对党史大事记在阿右旗整个党史编纂工作中的地位和作用明确；二是对党史大事记的内容和收录标准明确；三是对党史大事记的编纂体例明确；四是对党史大事记编写中的具体方法和要求明确；五是对编写过程中遇到的一些特殊问题及其处理办法明确。“三个做到”：一是做到坚持运用辩证唯物主义和历史唯物主义史观，观察问题和处理问题，尊重历史，尊重事实，如实地反映事物的本来面貌，做到观点上无错误，与党的路线、方针、政策不相违背；二是做到严格选材，突出大事；三是做到对史料反复核实，严把文字关。“四个必须”：一是必须把核实工作贯穿编纂始终，把“核”作为中心环节来抓；二是必须搞好查漏补缺工作，避免遗漏大事，防止了断线缺门；三是必须注明资料出处，对精选出的一千多条“大中之大”，反复核对出处来源，做到检有实据、查有出处、不佞不妄；四是必须坚持逐级审核，做到主编人员编稿、领导小组审改、旗委主要领导审核、盟委党史办审定，最后形成定稿。由于采取以上几项较为得力的措施，做到底子清、方向明、方法准，不但避免了走弯路，而且在理论和实践上在旗内没有此类工作经验的情况下，摸索出了一套较为成功的编纂经验和方法，为下一步工作开展，打下了一定的基础。

经过近四年的辛苦工作，我们终于如期完成了《中共阿右旗党史大事记》的编纂工作，填补了阿拉善右旗未有史志的空白。此项工作受到了主管领导的肯定和表扬，旗党史办获得了全区党史工作先进集体称号，并受到了表彰奖励。

西路军战士杨自来的传奇人生

黄　聪

2021年12月初,我陪同盟政协文史委的同志赴额济纳旗考察红色革命历史,听说曾经有位名叫杨自来的红军西路军战士一直生活在额济纳旗,我们立即请额济纳旗政协的同志协调,去看望了杨自来老人的家属。接待我们的是他的大儿媳李秀兰。经过交流,我们对杨自来确系流落阿拉善地区的中国工农红军西路军战士的身份有了清晰的认识。

杨自来夫妻合照

作者简介:黄聪,阿拉善盟政协特聘文史专员,内蒙古作家协会会员,阿拉善盟行政公署办公室科员。

少年从军

李秀兰：老爷子很少说他参加红军的事，但是这件事却是事实。当年阿拉善右旗努日盖苏木的人都知道他是个红军娃子，被杨家收留的。后来我们小辈开玩笑地问他是怎么参军的，参加过哪些战斗，老人才给我们多少说一些。

杨自来是四川巴中人，出生在一户姓廖的贫苦农民家里。1932年12月，红四方面军从鄂豫皖根据地转战千里，越过大巴山进入通江、南江、巴中，在巴中建立了川陕省苏维埃政府。1933年，一支红军部队来到了杨自来的家乡廖家湾。当时杨自来还是个不到十岁的孩子，看到红军战士和以前的国民党士兵不一样，不但不欺负老百姓，还帮助老百姓干活，就经常跑去部队玩耍。每天准时响起的军号声深深地吸引了他，就缠着比他大不了几岁的司号兵学吹号，很快就把红军的各种号子学会了。

1935年5月，为迎接中央红军入川北上共同抗日，红四方面军撤离巴中。住在廖家湾的红军要走了，杨自来瞒着家里要跟着红军走，但是他年龄太小，部队不收，于是就偷偷地跟在红军队伍后面。部队打仗他就躲，部队开拔他就跟着，离家越来越远。等部队领导发现他这个“小尾巴”的时候，已经是很多天以后的事了，只好留他当了“红小鬼”，成为一名小司号兵，真正走上了革命道路。

我查阅有关史料，仅巴中地区，当年参加红军的优秀儿女达12万人。

临泽脱险

李秀兰：老爷子说那时候他年纪小，不记事，只说他们军长叫程世才，他当司号兵，跟着部队走过雪山草地，过了黄河，在临泽被打散了。

杨自来参加的红军部队是红四方面军第三十军，军长程世才，政治委员李先念。杨自来跟着部队爬雪山过草地，一路战斗不断，九死一生，终于在1936年10月到达甘肃会宁，与中央红军胜利会师。

红军会师后，三十军执行中央及军委宁夏战役计划部署，于10月24日在甘肃虎豹口强渡黄河。杨自来跟随军部转战景泰、山丹、永昌、临泽。1937年2月，临泽倪家营子一战，年仅十几岁的杨自来被敌人打散，躲藏中遇到两个同样被打散的战友。三个战友昼伏夜出，终于跑出了国民党马家军的包围圈，进入巴丹吉林沙漠。沙漠中人烟稀少，有时整天都见不到一处人烟。三个人中只有一个成年人，杨自来叫他老班长，杨自来年纪最小，只有十二三岁，另外一个比他大两三岁。杨自来年少力弱，又困又饿，实在走不动了，是两位战友搀扶着他走出绝境的，最终走到了今阿拉善右旗努日盖苏木的一户汉族牧民家里。

饱餐一顿之后，老班长和牧人家商量，能不能把杨自来暂时寄养在那里，等班长找到大部队完成任务后回来接他归队。这家主人姓杨，放牧骆驼。也是他和这户牧民家有缘，人家几乎没有考虑就答应了，老牧民认下他当孙子，担心被游走在沙漠的马家军骑兵发现，当即就给他改了名字，叫杨自来，意思是自己走来的孩子。从此，红三十军里少了一个姓廖的小红军战士，而在阿拉善巴丹吉林沙漠的牧人家里多了一个名叫杨自来的小驼倌。

落户西北

李秀兰：那个老班长后来真的找来了，我听老爷子说过，来的人叫于专员，让他回去部队上，因为那时候他已经结婚并且有了一个孩子，就是我们家那口子，所以就没有回去。

李秀兰说的这件事已经是在中华人民共和国成立后了。

跟着部队转战南北，颠沛流离三年多，一直处在极度危险高度紧张之中，如今有了新的家庭，杨自来难得地放松下来。杨家是父子两代人，儿子刚刚结婚，还没有孩子，对他这个意外得来的“儿子”很亲切，爷爷奶奶对他也非常疼爱，悉心地照料他恢复健康，没多久，杨自来便彻底地融入了这个家庭。后来，杨家的孩子都当他是家里的长子，兄弟姊妹和睦，对他这个大哥非常亲切，还经常来古日乃看望他。

中华人民共和国成立后，杨自来已经是一个大小伙子了，完全适应了牧区生活，成为放牧的一把好手。杨自来告诉爷爷奶奶和养父母想去沙漠外面看一看。老人家也明白，这个“捡来”的孩子是部队上的人，迟早是要离开的，尽管舍不得，还是准备了盘缠含泪送他离家，千叮咛万嘱咐，遇到难处了、想家了就回家来。

仿佛冥冥中的安排，杨自来漫无目的地走出沙漠，竟然直接就走到了当年激战突围后曾经待过几天的那个村庄，甘肃省临泽县板桥乡。当年的战场遗迹尚存，原野依旧荒凉，唯一不同的是再也看不见尊敬的首长和可亲可爱的战友们，迎接他的是村民们善意的目光。杨自来就在这个村子里住了下来，给人家打短工混个吃住的地方。人们知道他是当年被打散的红军战士，看他老实忠厚，就在村里给他介绍了一门亲事，成了人家的上门女婿。

1952年，杨自来的大儿子出生。1953年3月，突然有位自称于专员的陌生人找上门来，在详细询问杨自来的经历后，问他愿不愿意回自己的老部队，或者是到地方上工作。看到部队来人寻找自己归队，杨自来说不出的高兴，老班长没有忘记他，党和部队没有忘记他。但是，杨自来最终没有跟着于专员回去。他告诉于专员，以前做梦都想着回去部队继续干革命，盼星星盼月亮，总是不见人来。现在组织上来找了，可是已经革命胜利了，全国解放了，没有仗可打了，回部队也没必要了，反正去哪都是生产劳动，他就踏踏实实地在当年战友们牺牲的地方当个农民吧。于专员走时留下话，如果有困难就去兰州找他，或者找当地政府。杨自来点头答应了。但是，即使在后来生活最困难的时候，杨自来都没有向政府提出过任何要求，他领着家人勒紧腰带挺过了那段艰苦的岁月。

扎根大漠

李秀兰：老爷子在阿右旗的雅布赖盐场当过工人，后来到了额济纳旗的古日乃，把户口落在了古日乃，再也没有离开过，一直放牲口。

1958年开始的那场自然灾害，甘肃是重灾区，地里庄稼没收成，眼看生活难以为继，杨自来决定带着妻儿外出逃荒。可是，去哪里呢，杨自来没有方向。跟着部队长征那几年，辗转走过许多地方，只是那时候年少不记事，几乎每天打仗，对到过的地方没有留下啥印象。思来想去，还是到自己最熟悉的内蒙古去，沙漠里虽然荒凉，但是放牧人家的日子比农村好过。杨自来也想过回到杨家去，却又考虑到自己拖家带口地过去了会给养父母家里增添负担。特殊年月，对于恩人，不给他们增添麻烦就是最好的报答。

杨自来打听到阿拉善旗的雅布赖盐场招收工人，就带着妻儿去雅布赖盐场当了两年挖盐工。这段时间是新中国历史上最困难的时期，全国各地普遍缺粮，随着家里孩子的增多，杨自来的那点收入已经无法保证家人的生活了，即使有钱也买不到食物。杨自来决定再次出走。

这一次，杨自来一家来到了更为偏僻的额济纳旗古日乃公社。一家人顺利地在古日乃公社落了户。杨自来的工作主要是给人家帮忙放牧、干零活，后来大队成立了副业队，因为他当过兵又肯下苦，大队让他负责副业队的工作，领着队里的青壮年打井、种树、种菜、挖苁蓉。一直干到1984年，牧区落实包产到户政策才给他家分了一百多只羊和几头牛，他成了真正的牧民。后来因为年岁大了，儿女们不让父母亲继续在牧区放牧，把他们接到达来呼布镇安享晚年。杨自来生性豁达，遇事礼让，从未与人发生过摩擦，生育了十个儿女，没有一个因为父亲是革命老红军而享受政府的特殊照顾。1997年3月，老红军战士杨自来去世了。

身份之谜

李秀兰：老爷子临走的前几天，突然和我们说，我姓廖，巴中廖家湾的。直到这时候我们才知道自己的家乡和姓氏。2012年的春节，我们一家人商量着去四川看看吧，毕竟那里是我们的故乡，说不定能找着我们的根。我们去了巴中，到了红军纪念馆，可惜的是春节期间不开门。我们也没有证明老爷子身份的东西，到底是哪个村子也没法找。老爷子从小离家出走，一辈子没有回过家乡，我们那次回去一趟，算是给老爷子还个愿吧。

杨自来的儿女们对父亲从军的事了解不多。老人去世后，后人们才想到应该把老人家的那段历史弄清楚。为此，他们去了四川巴中，由于信息太少，未有结果。他们又数次去甘肃临泽，在那里找到了一点线索。在临泽县委1991年编印的《红军西征在临泽》一书"流落在临泽县的红军战士名册"中找到了杨自来的名字。备注显示："本名册产生于1958年、1983年分别从张掖、酒泉地区档案馆复制。上述人员除孟继传、熊翠兰、李维志三人健在外，其余均已先后逝世。"笔者设法找到了这本书，却发现和李秀兰的讲述有些出入。名册显示：杨自来，43岁，四川巴中人，1933年参加红军，现居板桥乡。按照这些信息推断，若杨自来的信息为1958年录入，那他出生应该是在1915年，1933年参军时已经18岁。可是杨自来对儿孙们讲的是，他属牛，参军是在红军离开巴中的时候，也就是1935年，当时只有10岁左右，是个小号兵。简单推算一下，那段时期牛年较近的年份是1913年和1925年，出生于1925年倒是符合杨自来自己说的"十岁左右的娃娃参加红军"的说法。两者出入较大，笔者一度怀疑这个杨自来和《红军西征在临泽》中的杨自来不是同一个人。然而，真实的情况是，

1950年到1958年间杨自来确实生活在临泽县板桥乡，板桥乡也确实是杨自来妻子的娘家，其儿孙也多次回去过，亲戚邻居们都能肯定板桥乡只有这一个杨自来曾经当过红军，他西北话里夹杂的四川音也是最好的证明。再者说，基于中华古老文化传统，就算不识字的普通农民，即便不清楚自己的出生年份，也不会忘记自己的生肖属相。遗憾的是，杨自来夫妇已经故去20多年，儿女们全都没有注意过老人家户口本上的记录。综合比对一下，我还是相信杨自来对儿孙们的讲述，他就是《红军西征在临泽》中收录的那位红军西路军战士"杨自来"。关于他的信息收录，应该就是1953年"于专员"突然来访采集的信息，只是因为当时笔误或口误，将他的出生时间误差了10年。至于"上述人员除孟继传、熊翠兰、李维志三人健在外，其余均已先后逝世"之语，当是因为杨自来自1958年携家逃荒至内蒙古沙漠地区后久未回去，故有此说。

永恒记忆

岁月深处

草原轻骑

大漠史记

政协情怀

口述故事

我眼中三十五年的阿拉善生态影像

王秋才

1985年,我大学毕业来到了阿拉善,告别山清水秀的呼伦贝尔,第一次乘车翻越贺兰山,迎面而来的是贺兰山以西的洪荒空旷和奔跑的骆驼群。阿拉善给了我强烈的视觉刺激,对它的第一印象是极其苍凉的,也是十分震撼的。

35年时空轮转,阿拉善城乡发生了巨大变化,包括生态的改变,从恶化到逐渐好转,以及人们对自然生态的认识和行为方式的转变,这些经历也在某种程度上改变了我的人生。

1993年5月5日的那一场沙尘暴在我记忆中最为深刻。记得那天沙尘暴来时是下午6点左右,原本明亮的天空瞬间变得伸手不见五指,空气中弥漫着呛人的土腥味,那时我住在巴彦浩特额鲁特第一村统建楼,我的同事那顺陶格陶正好下班回家,路上突然之间失去了方向,于是他沿着墙根扶着墙走,一步一步向前挪。后来我查到了有关1993年5月5日的那场沙尘暴的一些记录:下午3:40沙尘暴出现在河西走廊的甘肃金昌,4:30席卷宁夏中卫,大约5:30多抵达阿拉善左旗,沙尘暴席卷甘肃、宁夏和内蒙古部分地区,波及北京及韩国,沙暴形成一堵高约400米的沙墙,瞬间最大风速达到每秒34米,风力达12级,造成85人死亡,31失踪,264人

作者简介:王秋才(格尼),时任阿拉善盟政协副主席,现任盟政协一级巡视员、农工党阿拉善盟基层委员会主委。

干涸的东居延海

伤残,直接经济损失7.25亿元。之后不久,央视《焦点访谈》播出《沙起额济纳》,一时间,阿拉善成了全国瞩目的沙尘暴策源地。

有统计数据表明,从1993年到1999年,沙尘暴给阿拉善造成的间接经济损失达到24亿元,2000年春季沙尘暴出现19次,其中8次形成严重灾情。

时间回溯到1992年,这一年位于额济纳旗的东居延海彻底干涸。那一年夏季我刚好去了额济纳,东居延海真的"渴死了",死掉的大头鱼有一二尺长,有人把风干的死鱼堆成了鱼冢,一个一个的"坟头"立在那里,场面触目惊心!汽车直接开过裸露的湖底,扬起一道烟尘,居延海绝尘而去!一切都要归结为黑河上游无节制的农业开发,导致下游的生态生存用水被截留。2004年的一份研究报告显示:黑河额济纳段来水量从20世纪40年代的每年12亿立方米至13亿立方米降低到每年1.8亿立方米至2亿立方米,20世纪40年代,西居延海水深2.9米,水域面积190平方千米,东居延海水深4.1米,面积35.5平方千米,当时居延绿洲的胡杨林总面积为75万亩。大约2000年时,居延绿洲一带的胡杨林减少了53%,东居延海、西居延海均已干涸(西居延海1961年干涸),湖底变成了沙漠戈壁和盐碱滩。20世纪80年代的春天,沙尘天气极其频繁,印象中家里的窗玻璃永远都在不间歇地叫着。那时我和爱人都在盟党校做教师,有一年春天她去阿拉善右旗上课,晚上住在旗政府招待所,夜间因为风大窗子一直都在“怪叫”并伴着噼噼啪啪的声响,吓得一晚上都没敢睡觉,到现在她还常常回想起那一晚的恐怖记忆。20世纪60年代,全盟沙尘暴天气为14.8天,70年代为17.1天,80年代为13.1天,1961年至2000年平均为每年13天。

那时,遇到沙尘暴天气汽车白天有时也开着大灯,很多经常下乡的公务用车车窗被沙粒打成了“毛玻璃”,蓝色的车牌被打磨成灰白色,这也成了阿拉善的地域“特色”。

还有一起记忆深刻的生态事件是腾格里沙漠污染事件。2014年9月6日,北京一家媒体刊发了阿拉善腾格里沙漠遭到污染的报道。据说有当地牧民持续反映,有企业将未经处理的废水排入排污池,任其自然蒸发,然后将黏稠的沉淀物直接掩埋在沙漠里面。腾格里,在蒙古语中意为“天”,它在当地蒙古族牧民心里分量很重。

在内蒙古阿拉善左旗与宁夏中卫市接壤处的腾格里沙漠腹地,分布

浩淼的居延海湿地吸引了大批的水鸟栖息

着诸多第三纪残留湖,这里地下水资源丰富,湖盆草场是牧民赖以生存的资源,当然,湖盆里也有丰富的湖盐芒硝,这是一些化工企业在这里比较集中的原因之一。发生工业污染的工业园区与黄河的直线距离也仅有8千米。2014年12月,习近平总书记对腾格里沙漠污染事件作出重要批示,国务院专门成立督察组,敦促腾格里工业园区进行大规模整改。这次事件对阿拉善的“伤害”是持久的,阿拉善为此付出了惨痛的代价。

在野生动物方面,阿拉善虽然是戈壁沙漠占比较大的荒漠地区,但它特殊的地理生态条件也孕育了许多特有珍稀物种,野骆驼、鹅喉羚、北山羊、盘羊、黄羊、岩羊,甚至雪豹都曾经是这一地区的优势物种,阿拉善大地上一幅幅精美的岩画都镌刻着它们的影子。但人类一些生产生活活动,对生态系统造成了很大威胁。据全国人大民族委员会1957年调查形成的资料显示,20世纪50年代,阿拉善盟府巴彦浩特曾经有泉水43眼,涝坝31处,如今这些宝贵的城市水源地已消失殆尽。当年的阿拉善旗(地域包括今阿拉善左旗和阿拉善右旗)为消除狼害而大肆捕杀“害兽”(狼、狐狸、猞猁、雪豹等),1952年一年捕杀的雪豹达42只,杀灭狼690只,1952年至1956年五年间为了“维护群众利益”而被捕杀的“害兽”计有豹子65只,狼2443只。还记得阿拉善盟政协文化新闻界委员在中蒙边境线上的一次行走。我们去边境哨所走访,汽车沿边防路奔驰,边境线的铁丝网明显地分开了两国的土地,蒙古国一方是绿油油的草场,而铁丝网这边,却是光秃秃的一片褐黄,行驶中忽然有一只黄羊出现在车子前方,沿着铁丝网奔跑的黄羊在即将被汽车超越的一刻,纵身一跃,穿过铁丝网逃到蒙方,而后消失在植被茂密的灌木丛中,生命本能的逃离令我们十分汗颜!

持续的环境问题让阿拉善人开始审视自己的行为方式和发展理念。20世纪90年代,阿拉善盟委提出了“转移发展战略”,即工业向园区集中,农业向绿洲集中,人口向城镇集中,一改过去财力物力撒胡椒面的发展模式，实现“适度收缩，集中发展”，在阿拉善左旗东北部乌斯太地区建设阿拉善第一个工业园区，在阿拉善左旗南部水土条件较好的孪井滩（临近黄河）大搞农业开发，集中安置转移的“生态难民”。如今乌斯太阿拉善高新区已然成为阿拉善经济发展的重要窗口，生产总值占全盟总量的三分之一，孪井滩农业示范区安置来自阿拉善右旗、阿拉善左旗生态脆弱地区的牧民1000多人，该地区目前已发展成工农牧业并进、人口过万的综合开发区。

额济纳绿洲的生态恶化引起党中央和国务院高度重视，“小小居延海连着中南海”。2000年国家启动实施黑河流域水量统一调度（黑河分水）及绿洲抢救生态保护工程，通过黑河分水，断流近10年的黑河再次来水，干涸的居延大地重新得到滋润，绿洲生态开始恢复。2002年居延海重新蓄水，2017年9月末，东居延海水域面积达到近一百年来最大，达66.3平方千米，放眼那一泓蔚蓝，水波荡漾，鸥鸟翔集。这一年11月，我带领盟政协调研组到东居延海、西居延海考察成吉思汗遗迹，看到西居延海（嘎顺淖尔，苦海子之意）也出现了面积约10平方千米的水面，许多只白色大鸟在葳蕤的芦苇荡中翩翩起舞。媒体报道，2020年春季，居延海湿地集聚野生鸟类达到高峰，观测到的野生鸟类达到104种，总量近8万只，许多种多年不见的珍稀鸟类重新出现在这片蔚蓝的水域，凤头鹏鹛、赤嘴潜鸭、白鹭、灰雁，也包括

生态恢复后，居延海湿地的植被日渐繁茂

火烈鸟(红鹳)这类西北地区罕见的珍禽。胡杨林的恢复也是惊人的,目前额济纳旗胡杨林面积由过去的37万亩增加到45万亩,胡杨林保护区森林覆盖率达到74.4%,额济纳旗植被覆盖率由7%提高到10%,绿洲面积增加200平方千米。生态向好的胡杨林吸引了愈来愈多的游人,特别是摄影家、画家等。2019年,额济纳旗游客接待量突破800万人。2020年6月,《内蒙古自治区额济纳胡杨林保护条例》通过自治区人大审议颁布,阿拉善胡杨林生态保护开启法治时代。

1999年起,贺兰山实施退牧还林,封育保护,30万头(只)牲畜的退出,让贺兰山30多万亩天然次生林得到休养生息。2016年起,阿拉善盟开始实施贺兰山矿山环境整治,对保护区内62家洗煤厂全部予以拆除,封闭煤矿井口17处,政府累计投资1200余万元,共拆除各类建筑物4万余平方米,采挖坑回填300余万立方米,渣台覆土治理180万平方米,飞机和人工撒播草籽9500亩,保护区生态环境综合整治取得阶段性成效,经过不懈努力,生态修复效果显著,生态环境进一步改善。目前贺兰山国家级自然保护区森林面积由2001年的51.8万亩增加到58.2万亩,森林覆盖率提升6个百分点,林区马鹿种群由2001年的2000多头(只)增至7000多头(只),岩羊种群已达到5万只,山涧明流由禁牧前的13条增至21条,生态环境显著改善。

1984年,阿拉善左旗开始飞播造林试验,启动沙漠治理工程。截至2019年底,阿拉善盟重点在腾格里沙漠东缘、乌兰布和沙漠西南缘、巴丹吉林沙漠南缘连续35年实施了飞播造林治沙,累积飞播造林631.7万亩,覆盖率在30%以上的保存面积达367万亩,在腾格里沙漠东缘建成了长350千米、宽3千米至20千米的生物治沙林草带,在乌兰布和沙漠西南缘建成了间隔长110千米、宽3千米至10千米的生物治沙锁边带,使飞播区流动沙丘趋于固定,局部地区环境状况明显改善,呈现出"绿带锁黄龙"的壮丽景观,有效地遏制了腾格里沙漠和乌兰布和沙漠的前移扩展危害,飞播造林治沙已成为阿拉善生态建设的最大亮点和全国治沙示范。重要的是人们在认识上的改变，由“人进沙退”到“人退带动沙退”，生态的和谐来自人对自然的认识与尊重。

这期间，阿拉善也涌现了一大批生态治沙植树造林的典型人物，许多公益组织、知名企业家和公众人物奔赴阿拉善参与阿拉善的生态治理。

苏和，曾任阿拉善盟政协主席，黑河来水后的第二年，苏和主动请辞阿拉善盟政协主席职务，只身来到黑城脚下开始了他的沙漠植绿行动。自己在荒漠中搭建小屋，头裹围巾，脚穿胶鞋，风沙烈日，育苗浇水，在这片荒芜寂寥的大漠上，老人坚持了十几年，用顽强的意志在黑城西北边缘的沙漠里种出了一片新绿。每当西北风吹过，红柳和梭梭的柔枝摇曳，甚是养眼。2013年我去探访苏老，老人蹒跚着带领我们看那一排排整齐的绿树，看他自己开辟的梭梭苗圃，我们和他一起给幼树浇水培土，那是个阳光炽热的下午，梭梭和红柳的枝条编织出一片片柔和的绿荫，老人站在一棵胡杨树下给我们讲了一堂生动的生态教育课。末了他说，我已经70岁了，干不动了，本想再干两年回家养老了，但现在国家又给了我这么大的荣誉（老人已被授予“时代楷模”称号），他说，看来我还得坚持下去！老人坦诚朴实的话语深深打动了我，这一坚持又是五六年。2020年，老人不慎在劳动中失去了一只脚。有人给我讲事故的经过时，我的心着实疼了很久！他的一只脚永远地留在了黑城边的大漠里。听说老人最近安装了假肢，又回到了黑城，现如今他依旧坚守在大漠里，在黑城边的小屋里为实现他永不疲倦的绿色梦继续奋斗着。

图布巴图，额济纳旗古日乃苏木退休干部，也是提前退休，和老伴在巴丹吉林沙漠里植树造林，他用沙地摩托载着几十个大号塑料壶（大型矿泉水瓶）给梭梭树浇水的样子给我留下十分深刻的印象。18年里，他先后用坏了7辆沙地摩托，在2000亩沙地上种植梭梭5万多株。

阿拉善SEE生态协会2005年第一个民间环保生态奖同样令人印象

深刻，中国大陆首个NGO设置的环保奖在京诞生，引人瞩目的是这是一个牧民人工模拟飞播造林治沙项目。阿拉善左旗豪斯布尔都牧民张成元在腾格里沙漠东缘利用摩托车模拟飞机撒播，四年，“飞播”造林3万亩，在沙漠边缘形成长10千米，宽1.5千米至2.5千米的防风治沙林带，保护草丛18万亩，改善了局部小环境。这项工程10户牧民累计投入40万元。

2017年3月末，我陪同新华社内蒙古分社社长李仁虎去额济纳旗采访，以往这个季节正是大风漫天、沙尘肆虐的时候，那几天，北京再一次雾霾笼罩，大家说，其时沙尘暴是有“除霾”作用的，一场沙尘暴，可以荡涤多日的雾霾，但是今年偏偏就不见了沙尘暴。这立刻就触动了新华社记者敏感的神经，于是记者们开始查资料，采访，连夜赶稿，第二天，《新华每日电讯》即在头版头条刊发报道《内蒙古生态改善让沙尘暴“爽约”》：沙尘漫天、狂风怒吼是往年二三月间内蒙古常见的天气，然而记者近日在风沙源之一的腾格里沙漠和科尔沁沙地采访发现，今年以来，“大漠风尘日色昏”的景象不见踪影，生态环境的改善让沙尘暴“爽约”了。

特别是盟府巴彦浩特的城市绿化，2017年，全盟持续推进特色城镇和美丽乡村建设，逐步构筑“大城乡”格局，围绕将巴彦浩特建成疏朗大气、舒适宜居、独具特色的国际旅游目的地城市，加快推进6万亩城边草原和敖包婚庆公园、丁香生态园、营盘山城市公园等4个6000亩生态公园建设。公园绿地面积持续增大，城市公园城边草原成了市民休闲养生的好去处。2020年，阿拉善左旗获批国家园林城市，如今的巴彦浩特，街道宽阔，树影婆娑，处处呈现宜居宜人的生态美景！

爷爷的阿拉善岁月

张　莉

每当谈起佛教寺院，人们就会联想到怒目的金刚、笑面的弥勒、缭绕的香烟、虔诚的僧侣信众以及悠扬的钟声……那雄浑激越、深沉悠远的晨钟暮鼓之声，警醒世人，余韵无穷。对我来说，总是能从晨钟暮鼓之声中追寻到爷爷生活和工作的足迹，那是因为爷爷曾在阿拉善延福寺生活了十年，不是作为僧侣，而是巴彦浩特镇综合化工厂的一名技术专家。

我的爷爷张晓天，1918年出生在黑龙江哈尔滨，从小一直在东北长大，一生命运多舛，饱尝了人世间的艰辛。在那个吃不饱、穿不暖的年代，初中毕业的爷爷就背负起了家庭的重担。他曾在杂货铺里当过伙计，卖过报纸，拉过洋车，摆过小摊，还曾在哈尔滨一个区的国民政府当过文书。生活的艰辛，使他从小就养成了生活简朴的习惯和吃苦耐劳的精神，苦难的身世，造就了他坚韧独立的性格和善良朴实的品德。

1952年，北京一家私营化工厂面向全国招工，当时已经成家，并育有五个子女的爷爷为了改善生活，欣然前往应聘。在当时来说，爷爷文化水平还算比较高，因而顺利被这家化工厂录用，由此当上了这家私营化工厂的技术员。在工厂里，爷爷和全国各族人民一样以极大的热情投入到了建设社会主义新中国的热潮之中。他虚心向老师傅、工程技术人员及企

作者简介：张莉，阿拉善盟政协提案和社会法制委员会副主任。

业管理人员学习，仔细钻研各生产工序的关键技术，不久他就成为厂里的技术骨干。也是在这家企业，爷爷学到了以前不曾了解的很多知识，积累了丰富的工作经验和化工常识。

1958年初，爷爷所在的这家化工厂实行了公私合营。因户籍原因，爷爷被裁员而失业。正在一筹莫展时，内蒙古乌兰浩特市在全国招聘中学老师，爷爷再次前往应聘，通过笔试、面试、试讲，最终成为乌兰浩特二中一名化学老师。为能尽快适应教育教学工作，他一边教学，一边潜心钻研教材，大量订阅教学刊物，教学与研究相结合，很快就适应了新的工作岗位。他所带班级化学成绩在同年级中遥遥领先，他的许多理论文章也在全国创办的化学刊物上发表，教学工作得到了学校领导和学生的肯定，这是爷爷一段美好而宁静的日子。

然而，天有不测风云，1966年5月，爷爷短暂而美好的教学生涯因“文化大革命”戛然而止。1968年，我的爷爷奶奶来到了阿拉善，和已经毕业分配在阿拉善工作的父亲母亲一起生活。

20世纪70年代初，大多数工矿企业甚至农村的生产受到了极大干扰，有的企业生产陷于完全停顿状态。为贯彻落实中共中央《关于抓革命、促生产的十条规定》，巴彦浩特镇政府大力发展集体企业，巴彦浩特综合化工厂是当时筹建的集体企业之一。“文化大革命”时期提倡“破四旧”，寺庙的产业应用于民众或经济建设，厂子就设在了现在的延福寺院内。建厂初期急需化工专业人才，当时的巴彦浩特镇政府党委书记马国良同

志，听说了早已迁居巴彦浩特镇并有化工厂工作经验的爷爷的情况，极力推荐他到综合化工厂工作，负责车间所有原料成分的化验检测。爷爷奶奶因此搬进了延福寺，和厂里

的一些职工一起住在院内的职工宿舍（爷爷的住处就是现在寺庙最西北角的甘珠尔活佛府）。原来的僧侣住所改建成了木工车间、氧焊车间、铸工车间和职工宿舍等。在综合化工厂里，52岁的爷爷重新焕发了青春的活力，凭着自己干一行爱一行专一行的倔强和执着，一步一个脚印，伴随着化工厂的建立、发展、壮大，走过了一段人生中最辛劳也是最骄傲的岁月。

综合化工厂初建时，厂长是李发清（后任一中教师），还有其他钳工、木工、焊工、锻工、铸工等50多名职工。爷爷是化验员。当时没有机械设备，只有一些简单的生产工具，因陋就简投入生产，主要生产农牧业生产器具，如犁、耙、镐、锹铲、推车等，没有定型产品。1974年巴镇综合化工厂更名为“巴彦浩特农牧机具修配厂”，这时候的厂长是杜凯略。一年后，胡贵祥同志调入修配厂任厂长。胡厂长懂业务会管理，他支持爱学习肯钻研的爷爷大胆搞实验搞创新，还专门给爷爷化验室配备了较为先进的化验仪器，爷爷使用的那架天平在当时是非常先进的。厂里质量控制的难点在铸工车间，铸造的特点是工序多、连贯性强，每道工序变量多，这些变量检测难不易控制，最终可能都反映到产品缺陷的成因上，而化验工作则是厂里铸件熔炼生产过程中的把关工作，最具科技含量，是关系铸件能否符合质量要求的关键程序。爷爷一生所学和在北京化工厂工作的实践经验终于有了用武之地，那时的爷爷虽然到了知天命的年纪，但并不向命运低头，他在小小的实验室里不顾夏天的炎热、冬天的寒冷，严格按照化验分析规程进行操作。对相关化验数据、原始记录记载清晰，对铸造开炉炉前配料分析、配料方案记录详细，确保数据的准确、可靠。每当化验分析结果出现异常时，他立即向厂领导汇报，及时分析原因，及早找出处理办法予以解决。由于爷爷耐心细致工作，认真负责严把产品质量关，多年来，企业没有发生过质量事故。

随着企业的发展，生产规模在不断扩大，厂里车磨、铣、冲、压机械设备基本齐全,除了生产犁、耙、镐、锹铲、火筒、蒙古刀、羊毛剪子、铜火锅、洗澡盆、铁炉子等原有农牧业传统生产生活器具和小五金产品外,又增加了农用的手播水车、驴拉石磨等大中型农具。那时正是修配厂最红火最蓬勃的一段时光,也是爷爷一生中激情燃烧的一段岁月。爷爷在厂里除了搞化验检验,还承担技术工作,是厂里的技术员。他和工人师傅们大搞创造发明,在当时那种简陋的条件下,他们靠着大干生产的热情和聪明才智,从设计图纸、制定工艺、制作型腔、配箱、熔炼浇铸到冷却开箱、清理型砂、清除毛边,反复实验。爷爷和厂里的工人们共同研制出了"山地步犁",专供宁夏重工局农机公司,后来又研制出强度大、耐冲击、耐腐蚀、密封性好的球墨铸铁农用水车,供应宁夏及当地市场。爷爷也从一个普通的化验员变成了一位小有名气的技术专家,工人们都尊称他为"张工"。每次回想起来,爷爷都难掩激动的心情。也正是爷爷他们那一代人,让修配厂成为了当时阿左旗最主要的农牧业生产生活器具工厂,许多的生产队、许多的家庭都在使用爷爷他们生产的各种生产生活器具,有的生活器具甚至成了那个时代的流行物件。

20世纪70年代,是物资匮乏的年代。巴彦浩特居民谁家如果有一个带镜子的大衣柜,那就是家里贵重值钱的家具。当时本地还没有生产镜子的工厂,爷爷几经试验,镜子制成了,从此阿左旗市场有了自己生产的镜子。带镜子的大衣柜成为了那个时代人们家中很流行且时髦的家具。

张晓天曾居住过的办公楼

后来,爷爷又研究、试验,做出了肥皂,在当地也很畅销,老一辈人有认识爷爷的,遇到爷爷时都会聊起当年流行买镜子和肥皂的往事,那样的时刻,爷爷总是摆摆手,国字形的脸上绽开谦逊而满足的笑容,每一道皱纹都诉说着岁月的骄傲。

那时候,爷爷不仅是厂里的化验员、技术员,还兼着厂里的老师。因为胡厂长对工人们的文化学习很重视,厂里有文化的工人不多,就把这个重任交给了爷爷。爷爷性格豪爽,多才多艺,他不但文化高技术好,还擅长书法,喜欢下象棋,二胡也拉得非常好。在生产之余或是下班后,爷爷除了给工友们讲文化和专业知识,有时还教他们写毛笔字、下象棋,这个时候工友们都亲切地叫他“张爷爷”。一个生产各种农牧业生产生活器具的工厂,因为有了爷爷而变得充满了生活和文艺的气息。当时有个女工叫吴永霞,勤学好问,在爷爷的帮助下进步很快,是爷爷的第一个徒弟,不久就成了厂里的技术骨干。

随着综合修配厂的发展壮大,来厂里参观的,找爷爷请教化验分析、生产技术上问题的人也越来越多,爷爷总是乐此不疲,倾囊相授。1977年恢复高考后,来请爷爷辅导化学功课的社会青年学生、上山下乡知识青年非常多,这些人中后来爷爷能说上名字的有不少呢,如杨芳洲、张小玲、景永红、戴红旗等。

延福寺东南角是巴彦浩特镇二小,学校的课外活动时间,老师常常带着学生们来工厂参观实践,学生们在老师傅手把手地指导下,自己动手做一些简单的工具。附近学校的中小学生放学后也常来厂子玩,好奇地指着那些叫不上名的机器设备、生产工具问这问那,工人师傅有时也顺手给这些可爱的孩子们做个铁环滑车,打个小铲子、簸箕。爷爷记得最清楚的是一个十二三岁的中学生,名字叫侍明宏(后任中心医院院长),基本天天放学都来,别的孩子在玩,他却向爷爷讨教象棋技艺,学习化学常识,由于他聪明好学,不多时日,就棋艺大长,还学会了做含镁的发光焰火。夕阳透过大树的枝丫投下斑驳的光影,一老一小,一高一低,师者谆谆教诲,学生洗耳聆听,一幅多么美好的师生温情画面啊!

爷爷是汉族,但对蒙古族信奉的喇嘛教很尊重。厂子虽建在寺庙里,但爷爷和厂里的工人除了在车间厂房搞生产,宗教避讳之地绝不涉足。

爷爷还和延福寺中唯一的看庙喇嘛成了好朋友，尽管语言不通，却常来常往，喇嘛爷爷常去爷爷奶奶的住处吃饭，一杯清茶、一碟咸菜、一盘酸菜馅饺子，抽几支卷烟（卷烟是爷爷从东北带来的烟叶，自己用纸卷的），一坐几个小时。

1978年12月，党的十一届三中全会在北京召开，爷爷平反了。消息传来，家里和厂里的人都为爷爷高兴，爷爷更是激动万分，欣喜不已。

平反并落实了知识分子政策后，爷爷退休随我的姑姑在北京生活。北京和阿拉善虽遥距千里，但爷爷每年都会来阿拉善到他曾工作生活过的延福寺走一走、看一看，去看看那曾熟悉的院落，那曾经的厂房。每一次老人家都热泪纵横，他想陪伴他十几年的厂子，他想厂子里朝夕相处的工友。

爷爷常说他有四个故乡，哈尔滨、北京、乌兰浩特、阿拉善，而阿拉善则是他最难忘而又时刻魂牵梦萦的地方，因为在他落魄甚至绝望之时是纯朴的阿拉善人民收留了他，给了他做人的尊严，给了他生活的勇气和希望。阿拉善这片沃土滋养了他，综合修配厂成就了他，他怎能忘怀呢？

我自幼在爷爷奶奶身边长大，爷爷奶奶对我疼爱有加，忘不了爷爷背着我走过大街小巷，忘不了他那微驼的背影，忘不了昏暗的灯光下他耐心地手把手教我写字，教我打算盘，为我削好支支铅笔。虽然我只与爷爷相处了不到十年，但爷爷的善良、宽容、正直、乐善好施在潜移默化中深深地影响着我，教会了我如何做人，我将永远牢记爷爷的教诲，做个正直、善良、自强自立的人。

爷爷的背影已经走远，但阿拉善美丽的身影正向我们走来！在祖国西北大地上，一个雄浑、壮丽、欣欣向荣的阿拉善已然崛起。相信九泉之下的爷爷如果能感知这一切，也一定会无比欣慰的。

阿拉善会记得您的，爷爷。

一张老照片背后的故事

娜仁花

没有料想到，一张老照片，竟然牵出了一段悠长的回忆。

仁钦淖尔布家的老照片

那是2019年8月，我又一次到腾格里额里斯镇特莫乌拉嘎查下乡入户，在仁钦淖尔布家偶然看到这张老照片，照片上人物全部穿着民族服饰，而且前排人物佩戴的眼镜和钢笔引起了我的注意。在那个年代牧民家这样的装扮不多见，我想，这样年代久远的老照片背后，一定有着难以忘怀的故事。又过了一段时间，我抽空专程拜访了仁钦淖尔布老人，听他讲起一段久远的往事。

说它是一张老照片，确实恰如其分。因为这张照片拍摄于1955年正月的定远营。当时两家人一起从特莫乌拉嘎查骑骆驼走了两天的路程，要去赶南寺（阿拉善广宗寺）正月十五的庙会，从南寺到旗（定远营）里照的。照片上的人物：前排左一是仁钦淖尔布的妹妹，当时在兰州西北民族学院上学，放假回来在定远营，她毕业后在供销社工作，已经去世了；左二

作者简介：娜仁花，阿拉善盟政协教科卫体委员会副主任。

是当时通湖巴格的巴格达苏那木加木苏，已去世；左三是仁钦淖尔布，当时是通湖巴格的文书，左四是苏那木加木苏的女儿查干础鲁，现在在巴彦浩特；后排左一是仁钦淖尔布的妻子陶塔拉腾；左二是苏那木加木苏的妻子夏力其嘎尔，已去世。

时光穿越了六十五年，仁钦淖尔布老人回忆起了当时的一些事。他们家几代住在特莫乌拉嘎查，父亲巴图吉亚读过私塾，汉语好，曾经是南寺活佛的翻译。1940年左右在通湖巴格工作，解放前夕在查汉布拉格巴格盐务局工作。家里兄弟姊妹十一个，仁钦淖尔布排行老四，今年九十岁了。在他十二岁时，父亲从中卫请了个姓吴的秀才（记得吴秀才腿有残疾，家在中卫市区），给他哥哥和周边几个同龄人在他们家的一个蒙古包里上课，一起学《三字经》《百家姓》《弟子规》等。吴秀才连续两年担任他们的私塾先生。春暖花开了，吴秀才来给他们教书，一直到冬季天冷了，父亲骑骆驼送吴秀才回中卫，作为学费送他一些牛羊肉、羊皮、羊毛等。

从十四岁起，仁钦淖尔布就跟随父亲拉骆驼，从查汉布拉格往中卫驮盐。1946年，十六岁的仁钦淖尔布第一次离开家去定远营上学，当时阿拉善和硕特蒙古小学在现在的延福寺西边八爷府院里，学校有五六十个学生，六七个老师，主要教蒙语和数学。1948年春天，学校发生了瘟疫（斑疹伤寒），病死了几个学生，他也得病了，头发全掉光了，还是王爷府的大夫给医治好了，陆续好多家长来学校把孩子接走了，他也被家里人接回来了。这时候的仁钦淖尔布基本能读懂、会写汉文和蒙文了。

1950年秋天，阿拉善旗税务所招人，仁钦淖尔布参加工作了，税务所在阿拉善旗和宁夏中卫的边界阿宝王爷的军队哨所（有几间房子——当时的扎哈道劳旗卡），巴拉登道日格是所长，主要对宁夏、阿拉善两地过往商户进行征税，工作了两年，税务所又招了几个汉文比他好一些的人，就把他辞了。

1952年10月，通湖巴格人民政府成立，招收仁钦淖尔布做文书工作。通湖巴格人民政府成立时在伊克通格，现在的腾格里额里斯镇通往温都尔勒图镇的穿沙公路上叫哈沙图的地方，有三四间加工毡子的土房，使用一间做了办公室。阿拉善和硕特旗人民政府派来了叫乌力吉(他哥哥的同学，在衙门工作)的工作人员，带来了五星红旗和通湖巴格人民政府的章子，传达了会议精神，宣布通湖巴格人民政府成立，在办公室门前升起了五星红旗，宣布苏那木加木苏任巴格达，就是照片上前排左二的那位，毛特木尔岱任副职。

到了1958年成立人民公社，这时候就开始说家庭成分了，他们家最终给定的中农。1960年，一次意外事故中，仁钦淖尔布头部受伤，去兰州看病，治疗了两个多月。回来时通湖人民公社招了新的文书，也因家庭成分原因，仁钦淖尔布又回家放牧了。三年困难时期，阿左旗南部草场旱了，特莫乌拉嘎查几户养骆驼户联户赶着大集体上百峰骆驼往北部通草场。他家老少七口人，第三个孩子出生才几个月，拖家带口，艰辛地走了一年多，集体的牲畜一个都没有损失。到20世纪80年代初，他们家养殖集体的骆驼从几十峰发展到二百六十峰。

十一届三中全会后，仁钦淖尔布落实了政策，也恢复了公职，考虑到自己年龄大了，经申请安排了一个子女去工作。一直到2005年，七十五岁的仁钦淖尔布腿脚不灵活了，身体状况也一年不如一年，政府便批准享受了退休待遇。仁钦淖尔布的老伴陶塔拉腾，1933年出生于扎哈道兰巴格，现在的温都尔勒图镇，十九岁出嫁到特莫乌拉嘎查，在这儿生活近七十年了。

听着仁钦淖尔布老人的诉说，我思绪万千，还想抽空去拜访照片中的小女孩，了解她父母的情况，把封尘已久的阿拉善往事展现给大家。

几经电话联系，见到了照片里的当事人查干础鲁(照片里的小女孩)。查干础鲁手里拿着从仁钦淖尔布家翻拍的这张照片，说起了她父母的往事。她父亲苏那木加木苏，1919年出生在特莫乌拉嘎查，民国时期是阿拉善旗保安总队士兵(在阿左旗档案馆查到了1948年大队便衣队士兵花名册,)1948—1952年在通湖巴格担任巴格达职务,1953年回家放牧。2004年,阿拉善左旗人民政府给他颁发了印有中国人民解放军北京军区印章的起义人员证明书,享受了起义人员待遇。她父亲晚年经常说想去北京看一看。2007年,已是四代同堂的两位老人庆祝了结婚60年的纪念日。同年10月,她携着八十八岁高龄的老父亲坐飞机去了北京,瞻仰毛主席纪念堂、人民英雄纪念碑,缅怀革命先烈,圆了老人家的北京梦。

她母亲叫夏力其嘎尔,1928年出生在超格图呼热苏木乌兰泉吉嘎查,出嫁到特莫乌拉嘎查,一直在家放牧。父母勤劳持家,20世纪50年代末,成立人民公社的时候,把家里二百多只羊捐给国家,成为合作社的一名社员。母亲吃苦耐劳,是一名劳动模范,1964年5月1日国际劳动节,在北京人民大会堂参加了全国少数民族劳动模范代表大会,受到周恩来、刘少奇、邓小平等党和国家领导人的接见,还带回来了一张很大的合影,后来她去公社找木匠,做相框把照片裱起来了,"文化大革命"中不幸被毁。对这张照片她记忆犹新,清楚地记得她母亲站在二排右起第九个位置。她想托熟人在自治区文史资料馆找一找这张照片,有生之年翻拍一张留给后人。1980年,她母亲还参加了内蒙古自治区人民政府表彰大会,被授予全区"劳动模范"称号,还是政协阿拉善盟第一届委员会委员。1983年实行包产到户,父母承包了嘎查一百多只羊,每年都能接羔保育,丰衣足食,一直放牧到20世纪90年代末,她把两位老人接到巴彦浩特安度晚年,2008年,两位老人相继离世。

查干础鲁是共和国同龄人,从小听父母唱民歌长大的,尤其父亲是当地有名的长调歌手。她遗传了父母唱歌的基因,退休的这些年一直忙于民歌传承方面的工作,现在担任阿拉善左旗民歌协会名誉主席,阿拉善左旗非物质文化遗产传承保护协会常务理事,又是自治区非物质文化遗产项目和硕特民歌代表性传承人。在庆祝中华人民共和国成立七十周年之际，为弘扬优秀传统民族文化，阿拉善左旗文化馆和阿拉善左旗非物质文化遗产传承保护协会共同举办“和硕特民歌”比赛表彰大会，她个人捐赠了一万元赞助表彰活动。她激动地说：“现在国家政策这么好，非常重视民族文化，党和国家给了我这么多荣誉，我要把传统民族文化薪火传承给下一代。”

后来，听到了仁钦淖尔布老人在家安详离世的消息，这些文字也算是给予老人家心灵的慰藉。我把老照片及故事记录了下来，了解了他们奋斗的足迹，表达出那个时代默默无闻无私奉献老前辈们的心声。往事渐渐远去，前辈们奋斗的历程，感动着我，激励着我，时刻提醒我们珍惜今天的美好生活，展望未来，砥砺前行，共建美丽阿拉善。

我喜欢喝母亲熬的茶

呼　群

我喜欢喝母亲熬的茶。不仅仅是因为茶的味道，重要的是它能使我记忆童年，从中得到无限的快乐。尽管工作忙，我也时不时到母亲那里喝一口母亲亲手熬的茶，听她诉说我们兄弟姐妹们的童年“趣事”。

我家弟兄姊妹七个，我是我们这个家庭最困难的时期，在我母亲身边长大的一个孩子。我出生在阿拉善右旗额肯呼都格镇，一岁时随母亲搬迁到了老家巴彦诺尔公苏木。据说，那时“文化大革命”刚刚开始，父亲被打成“内人党”，母亲莫名其妙被停职。为了生存，母亲无奈带着姐姐、两个

呼群一家

作者简介：呼群，阿拉善盟政协特聘文史专员，阿拉善盟图书馆馆长。

哥哥和我回到了老家。后来，父亲下调到苏木，没了工作的母亲成了家属。

在我的印象里，从我记事起，我与母亲相依为命的日子比其他兄弟姐妹要更长一些。弟弟出生不久，二哥上学了。为了生计，母亲来到了离苏木不远处的奶奶家伊克布拉格。伊克布拉格当时有好几户人家，除三户住的土房子外，其余几户孤寡老人住的都是蒙古包。在我小的时候，没见过我的亲爷爷。据说，爷爷家过去是大牧主，娶有五妻，奶奶是其中的一个。中华人民共和国成立后，废除一夫多妻制，爷爷跟我大奶奶过，奶奶重新组合了家庭。父亲跟随奶奶和后爷爷留在伊克布拉格。奶奶除了我父亲外，还生有一男两女，也就是我父亲同母异父的弟妹，后来又领养了一个女儿。当时，奶奶身边除有一个患病在身的女儿和一个养女（我的两姑姑）外，其他子女们都工作在外，所以，我的弟弟就成了菩萨心肠奶奶的宝贝了。奶奶一家住在东屋，母亲和我住在西屋。我们住的这屋是奶奶1957年给我父亲盖的结婚用房（在这之前住蒙古包），是里外套间的房子，里屋算是卧室，外间是大炕大地的客厅兼做饭吃饭睡觉的大屋子。那时没有电灯，落日时分还不到点灯的时候，外屋黑暗空荡荡的，母亲有时候帮奶奶在圈里忙乎，我一个人在家时很害怕。我四五岁时的一个傍晚，母亲出去方便，煤油灯下外屋显得更加黑暗恐怖。突然，外屋传来叮零当啷的声音，我几乎闭着眼睛喊着“冲啊”跑了出来。母亲回来后，才发现那是挂在外屋墙上的毛主席铁制相框掉落下来吓着了我。这是母亲常给我们提起的“趣事”之一。

1973年，大妹生下来几个月的时候，母亲与姑姑到苏木附近的一个叫“梁爷”的老人家放了一个多月的羊。那时，畜群都是集体所有，哪户有事大队（嘎查）另外安排人放羊，替算工分。梁爷是解放前来此地的民勤汉族人，要回老家探亲，才有了母亲与姑姑拿点工钱的机会。在梁爷家旁边，还有一户蒙古族人家，有三个小孩，最小的与我年龄相仿，叫胜利。在这里，我每天与新认识的邻居小孩胜利玩，姑姑不在的时候，我跟着母亲放羊。我六岁时就已经能包饺子、拾柴火，而且每当中午时分，背着妹妹顺着公路先回畜群点歇息，再等母亲回来做饭吃。那时跟着母亲放羊最大的动力便是能吃上胡萝卜。因靠近苏木，偶尔附近的农户送来胡萝卜之类的，母亲大概一个人放羊也害怕，喜欢背着妹妹领着我去，作为条件我便索要几个晒干的黄萝卜。梁爷家的畜群里有附近农户的羊。有一次，他们杀猪送来一些猪肉表示感谢。母亲第一次用猪肉做饭，以为和羊肉一样，先煮肉然后在汤里揪面。那天，在苏木上学的哥哥姐姐都在。母亲做的那锅猪肉汤揪面，面片浮在油中看起来香甜可口，吃上几口却让人感觉怪异恶心，大家好长时间再不想吃揪面了。母亲第一次做的那锅猪肉汤揪面，成为我们童年记忆里又一个抹不掉的"趣事"。

七岁那年我还没上小学。因父亲在苏木上班，母亲购买日常用品也领我到苏木住上一两天，这是我心中的期盼。那时我很好奇苏木有那么多人、那么多房子，还有供销社里卖那么多东西。糖和小人书对我吸引力最大。如果母亲给上几毛钱让我买这些的话，那是让我欢天喜地的事。买了小人书钱不够买糖，于是向母亲讨要几分钱。那时的小人书几分到几毛钱不等，糖除了白糖、红糖之类的就是水果糖和牛奶糖。一毛钱九个水果糖或四个牛奶糖，常常让我两难选择。

偶有机会去苏木，让我认识了胜利和伊克布拉格艾里以外的小孩。我第一个认识的汉族小朋友叫李永青，小名李三，平日家里人叫他"三愣"。我那年八岁，一句汉语不懂。两人在一起多是在土堆上挖土玩，所以，我学的第一个汉语动词便是"挖"字。有一天，母亲叫我吃饭，我想给三愣说回家盛饭后再来却始终不会说"盛"字，于是照猫画虎比画着造了回家"挖饭"的词句。略知汉语的母亲听后笑得前仰后合。

还有我与三愣的一句玩笑话，惊动了全苏木。一天下午，我和三愣在房后的空蒙古包处玩，我突然想吓一下三愣，说蒙古包里有一个带马刀穿军服（类似电影里的国民党军人）的人，结果吓得三愣赶快跑去告诉了我的母亲。母亲信以为真赶紧告诉了邻居家,邻居又马上报告了苏木,苏木派了武装部长毛勒木带着枪来到了蒙古包处查看情况。苏木很多人闻讯后,也围观在房墙外不敢靠近。当听说里边的人带着马刀谁也不敢轻举妄动的时候,一个叫英嘎的酒鬼,一脚踢开了蒙古包的门,才发现里边什么也没有。那个年代,小孩的一句玩笑竟然使许多大人惊慌失措。

苏木平时没什么娱乐活动。五一劳动节、五四青年节,苏木各单位组织篮球赛能热闹两天。再就是六一儿童节,学校开运动会、搞文艺演出,大人小孩同乐几天。除此之外,十天半个月来个片子放电影,是全苏木的一大喜事。不管新旧片子,只要放电影大家都拿着凳子或羊皮袄子席地而坐,大人看电影,小孩看热闹,多数时候看一半睡一半。有一年秋天,母亲学着汉族人纳鞋底,给我做了一双新鞋。新鞋穿上没几天,有天晚上看电影睡在露天场地,把一只鞋子丢了。第二天,满地找没找到,又经过三天的打听,一个在苏木食堂做饭的老头交还了鞋子,害得我没鞋穿把父亲的大胶鞋后跟处缝上穿了几天。

母亲经历的辛酸苦辣,当时的我无法深刻地感受到。然而,母亲很少提起那个年代的不幸往事,总是愿意回顾我们孩童时候的"趣事"。她已经把最宝贵的青春年华无私奉献给我们兄弟姐妹们的童年时代了,现如今她仍在为我们操心,为我们续着儿时的记忆和未实现的梦想。所以,我喜欢喝母亲熬的茶,时不时到母亲那里喝一口母亲亲手熬的茶,倾听她诉说我们兄弟姐妹们的童年"趣事"。

沙漠深处扶贫路

马　芳

访谈背景：

2020年是“十三五”规划和脱贫攻坚收官之年，我国将全面建成小康社会，实现第一个百年奋斗目标。挖掘和整理阿拉善盟政协扶贫工作背后的故事，与脱贫攻坚一线的同志沟通、交谈，做一些口述史料的采访，是我的一项工作，也是一个夙愿，我想获取盟政协联系扶贫点的一些成果，听听驻村书记们聊聊他们对扶贫工作的认识，以及他们到扶贫点的建设构想和扶贫工作背后发生的感人故事……一次偶然的机会，有幸实地采访了阿拉善盟文旅广电局一级调研员、盟驻阿左旗额尔克哈什哈苏木工作队队长金杉同志，让我得偿所愿。我在挂着“驻村工作队”门牌的办公室与他交流，听他畅谈了他的扶贫历程以及他所在的苏木嘎查事业发展变迁，这些宝贵的工作经历，就是一帧脱贫攻坚的缩影。

马芳：金杉队长，你什么时候接到脱贫工作任务的？当时的心情怎样？

金杉：我记得那是2018年5月28日的上午，盟里开完动员会，下午我就到阿左旗党委组织部报到了。按照“硬抽人、抽硬人”的要求，我同其他5名队员一起被派驻阿左旗额尔克哈什哈苏木，开展为期3年的脱贫攻坚

作者简介：马芳，时任阿拉善盟政协文化文史学习委员会副主任，现任阿拉善盟政协文化文史学习委员会主任。

工作。起初我听到被分配到这个苏木时心情还是蛮激动的。说到这里，还真有一段故事。早在去年秋天，我陪自治区广电厅领导考察过阿左旗南部和额尔克哈什哈苏木广播电视覆盖情况。那时，越野车在沙海中的小路走了一天，穿过额尔克哈什哈苏木境内，苏木领导和文化站的同志还带路查看一个嘎查队部的广电设施和草原书屋。但是，事后回想，我依然想不起那些弯弯曲曲、在沙海中穿行的路是怎么走过的。平日里，我还算是个方向感很强的人，但在那次行程中，我真的失去了方向。印在我脑海中的，只是腾格里沙漠的浩瀚，沙海深处死一般的寂静，偶尔会出现一个海子，沿路也会出现几头牛或骆驼。一路上蓝天、黄沙、绿草、沙湖，相互交错，这是一条怎样的路呢？

马芳：初到额尔克哈什哈苏木，那里的状况怎么样？

金杉：初到哈什哈，不论是经济还是社会事业都很落后。在20世纪80年代，阿拉善盟刚刚成立，因地广人稀，发展欠账，投入不足，迫使全盟走上了一条"三三组合""转移发展"的路子。简单讲，就是"相对集中、适度收缩"，集中有限资源实现有效配置。

当时，哈什哈比较封闭，移民搬迁200多户，安置在巴彦浩特南边移民新村巴彦霍德嘎查。随着S315穿沙公路的修通，人们可以开车进入沙漠腹地，哈什哈苏木所在地就是当时的乔家窝棚。这里没有城市的喧嚣和繁华，寂静的沙漠湖沼中有几间民房和三处苏木四合院，一处是机关宿舍，一处是机关办公地，一处是还没建成的旅游驿站。没有搬走的牧民，散居在沙海深处。看起来，这里只是"额尔克哈什哈苏木"名称的所在地。

到了苏木，苏木领导交代的第一件事就是联系协调盟直帮扶团，积极争取建设项目，尽快改变这里基础设施落后，历史"欠账"的问题。

马芳：解决基础设施落后以及历史"欠账"问题可不是一件容易的事，你最初的设想是什么？帮扶工作进展如何？

金杉：我知道盟里向哈什哈苏木也派出了帮扶团，听说还是厅级领导带队。后来我到盟里对接工作才知道这位带队领导是盟政协副主席王秋才，心里暗自欣喜。秋才副主席我很熟悉，是我们盟里资深的老领导，综合能力强，而且还是文化人，有这样的领导带团心里有了底。早在2012年，他就代表盟里联系额尔克哈什哈苏木扶贫工作，2014年引种土豆品种“彩色土豆”，就是在他的带动下取得的成果。这次为完成扶贫任务，还确定了盟文化旅游广电局、文体广电执法局、中国石油阿盟分公司、中国移动阿盟分公司等作为成员单位全力协助。2018年秋天，秋才主席带领盟直帮扶团成员单位的主要负责人来到了哈什哈苏木，我作为联系人跑前跑后，沟通对接项目，拉开了帮扶工作的序幕。

秋才副主席第一时间来到苏木，实地听取了苏木领导的汇报，随即便组织相关部门就哈什哈道路交通、通信传输等诸多问题召开协调会，亲自与扶贫成员单位的主要负责人商谈，在最短的时间里用最低的费用解决当前急需解决的问题。

如何解决现实问题，还需要成员单位具体部署安排。中国石油阿盟分公司党委书记总经理侍明强年轻、干练，对扶贫事业充满热情。他走访牧民，沿途察看，看到沙漠中绵延200多公里的S315线，中途居然没有一座加油站。牧民生产用油极为不便，家家储油，油贩子把一小桶汽油卖到100元以上。苏木机关也靠油贩子送油，院里建有一个简易汽油库，安全隐患显而易见。穿沙公路贯通过后，到大漠深处自驾游览的车辆明显增多，对油的需求越来越迫切。

侍经理了解到这里的情况，很着急。多次往返、选址协调、特事特办。终于在2019年春天，投资110万元，在苏木驻地建成一座撬装加油站。从此，结束了苏木没有加油站的历史，解除了苏木机关和牧民家家储油的安全隐患，也为这一地区经济社会发展增添了动力。

为解决哈什哈苏木的通信问题，秋才副主席与中国移动阿盟分公司副总经理赵建东见面。说得多不如行动快，在秋才副主席的亲自协调下，赵经理带领技术人员深入沙漠腹地，亲自踏查，选点规划，积极协调自治区通信管理局，一次性争取国家移动通信普遍服务项目资金550万元，2019年建成5座发射基站，改善了哈什哈地区移动信号差的情况。

盟文旅广电局的领导也按照秋才主席的指示，积极作为，投资160万元建设了广播电视发射塔，使周边牧民和外地游客第一次看到阿拉善广播电视台的节目。

接下来，各部门通力协作，投资110万元拉通了九湖源景区高压电，使景区如期营业；投资6000多万元修通了连接4个嘎查的乡村油路，牧民出行大为方便，发展的步伐正在加快，历史欠账问题逐步得到解决。

马芳：秋才副主席带领的帮扶团为扶贫工作助力，协调解决了大难题，接下来，你们的劲头更足了吧？具体有什么想法和举措？

金杉：是的，哈什哈苏木距离巴彦浩特几百公里，秋才副主席不辞辛苦，多次亲自协调相关事宜，进一步推动工作落实。但当时我总想，外部的环境创造好了，内力还是得靠我们。如今要兴旺起来路子在哪里？特色、优势是什么呢？

2018年6月，工作队了解到，发展旅游业对于苏木至关重要。于是，就把苏木驻地到九湖源景区"5公里拉电工程"，作为农网改造项目，积极争取自治区投资，如愿解决。从此，我们与景区老板结下了不解之缘。

石培国，这个苏木土生土长的牧民之子，初中毕业在外打拼挣了钱。2016年，他在自家草场上投资3亿元开发建设了九湖源景区，带着对家乡的热爱和一份社会扶贫的使命，同苏木政府一起走上了一条"旅游扶贫、产业帮困"之路。

经过3年多的建设，苏木与九湖源景区、阿荣德吉合作社合作带动苏木8个嘎查136户385人，累计分红94.1万元，141户建档立卡贫困户及嘎查集体受益。2020年，克服疫情影响，九湖源景区目前已接待6万多游客，成为当地旅游业龙头企业。

九湖源景区的兴起，带动当地农畜产品就地上桌消化，带动当地劳动力就近就业，带动便民超市进驻景区，既方便了游客，又便利了当地牧民采购必需品，也带动苏木其他产业抱团发展。扶持龙头，龙头带动，是苏木党委、政府脱贫攻坚的重要战略举措。

2019年，苏木争取到专项扶贫资金200万元，嘎查自筹49.8万元，10月图兰太嘎查在盟府巴彦浩特落成“哈什哈直营店”，形成了“飞地经济”模式。经营产品主打当地特色品牌哈什哈“小黄牛”，一靠店内火锅自销一部分，二靠柜台销售一部分，三靠社会合作外销一部分，其中就与九湖源景区形成“小黄牛”销售与景区优惠的利益合作机制。短短9个月，哈什哈直营店解决了5个嘎查“小黄牛”销售难的问题。

2020年入夏，苏木扶贫产业基地工程作为脱贫攻坚成效巩固提升项目，正在加紧施工。这个项目以旅店为主体，配套游客服务、探险救助、汽车修理等服务项目，苏木争取到扶贫资金300万元，建成占地1300平方米的扶贫产业基地，九湖源景区和各嘎查自筹120万元，并委托九湖源景区经营旅店。苏木通过项目收益设立“扶贫基金”，适时帮扶或救助全苏木个别出现返贫致贫风险的牧户，扛起巩固提升脱贫攻坚成效的重任。

2020年春，盟旗脱贫工作队与哈什哈苏木干部职工大干一个月，植树3000多棵

这些年，在扶持生态产业发展中，牧民退牧后种草种树的积极性很高。自2018年以来，苏木在壮大嘎查集体经济方面，大力争取生态建设项目，利用嘎查集体闲置草原植树种草，共有3个嘎查治理沙漠的同时获取有偿使用土地资金300万元。其中，争取人工造林项目10万亩、飞播造林7.3万亩、生态基金造林8.3万亩、草原植被恢复20万亩，不仅增加了牧民收入，也解决了生态保护和可持续发展问题。

马芳：在秋才副主席的带领下，在苏木领导和你们工作队的共同努力下，扶贫工作取得了成绩。我想，脱贫攻坚的路上一定有许多感人的故事，不妨分享一下。

金杉：扶贫路上，到处都能看到听到感人的故事。刚到苏木，首先见到的领导就是苏木党委书记许巴特尔。这位蒙古族汉子，个儿不高但敦实厚重，黝黑粗糙的脸上始终绽满真诚自信的微笑。几年下来，不知有多少次，我跟随他遍访苏木的贫困户。随他穿越沙海，一户一户调研、走访、排查，一个嘎查一个嘎查落实任务、查看效果、解决问题、推进工作。也不知有多少次我们为解决一些棘手问题，开会开到深夜……印象最深刻的一次，是一个嘎查因为个别牧民想在草原确权中多分草场，纠结宗族成员在嘎查牧民大会上"闹事""捣乱"，导致大会选举无法进行下去。当时，我真的急出一身冷汗，但他却异常冷静、果断处置，坚持原则和立场，在充分民主的气氛中选出了多数牧民期待的嘎查领导班子。

扶持龙头企业，大力发展旅游业，带动生态产业，壮大嘎查集体经济，健全产业脱贫机制，巩固提高脱贫成效，这是他带领苏木党委班子，因地制宜，闯出的一条扶贫开发的新路子。

同他搭班子的是梁来柁，俩人的情缘咋看都是一对"谁也离不开谁"的好兄弟。他心胸开阔、视野宽广，工作细心又周密，儒雅中带一点"文气"，而梁来柁则刚直忠厚，工作雷厉风行，是个地地道道的"牧区通"，也是始终冲锋在前的一员"猛将"。

脱贫攻坚中的督查很严格。中央的巡视、自治区的巡察、盟里的督查、旗里的检查、苏木的自查，经常还有暗访踏查……层层反馈或指出问题，全部要由苏木、嘎查整改落实。目的就是落实“六个精准”，保证脱贫成效的质量和成色，做到“机账实”一致。梁来柁是出了名的“死磕”，在整改问题上从不手软，全苏木168户建档立卡贫困户，户户过关、人人过筛，真可谓“帮扶到无能为力，精准到感动自己”。

马芳：你们的脱贫成果得到了组织的认可，获得了老百姓的赞许，这些故事的确很感人。“哈什哈已经不再遥远”，成为大家的共识。接下来，你们还有什么“大文章”要谱写？

金杉：说到“大文章”，那一定是美丽乡村建设这个话题。蜿蜒曲折的穿沙公路，横穿腾格里沙漠腹地，是哈什哈牧民通往外界、外地游客进入哈什哈的唯一通道。许巴特尔常说：“自从有了这条路，哈什哈不再遥远，但哈什哈依然神秘。”梁来柁把这条路比作美国的66号公路，人们以为他在开玩笑，没想到他真让人在公路醒目的路段，竖起了“哈什哈66号公路”的牌子。从此，保持这条公路的清洁和荣誉，成为苏木干部职工、盟旗工作队、各站所每个人的神圣责任。

随着通行车辆的不断增加和游客的进入，穿沙公路两边的垃圾污染日益严重。苏木党委、政府每年都要组织几次大规模的清理，分成若干个清理小组，每组负责10公里公路定期清理。我带领的这个组，负责946公里处到956公里处的定期清理任务。一天下来，提着沉重的尿素袋，平均每行走一公里就能捡到五六袋垃圾。这些垃圾没有集中回收设施，只能就地焚烧就地掩埋。

随着禁牧政策和草畜平衡政策的落实，牧民对生存环境的保护意识也明显增强。在美丽乡村建设中，各嘎查都有新的村规民约，其中对生态环境保护做了专门的约定。牧民家家爱护草场环境，不但生活垃圾定点管理，而且适度绿化房前屋后、种植草库伦。苏木每年都会开展绿化周边环境行动,仅2020年就种植各类果树、葡萄、河北杨、丁香等树种3000多棵。

梁存新是造林治沙积极分子。他为解决哈什哈沙漠地带造林挖苗坑难题,在不断试验创新下,他发明了一种适用于沙漠造林的带扇叶的打坑机钻头,这一发明还成功申请了专利。目前,梁存新家庭状况得到明显改善,家庭收入也持续递增。所以说,要想建设生态文明,要想生活富裕,我们就要从美丽乡村做起。

马芳:非常感谢您能接受我的采访。从您的讲述中,我也深刻体会到了脱贫工作队为全盟脱贫攻坚做出的贡献,你们的功绩将铭刻在阿拉善建设的史册上。

金杉:感谢你对我的信任。的确,扶贫工作很艰辛,但成果斐然。农牧民的生活日益改善,城乡建设旧貌换新颜。这些成就,是盟委行署领导的重视,基层干部的辛勤劳作,与我一样的扶贫工作团队共同努力的结果。这段经历对我也是一次历练,让我和农牧民成为朋友,一起见证美丽乡村建设。扶贫工作任重道远,但我坚信,阿拉善一定还有更加美好的未来。

(王秋才,盟直帮扶团团长;金杉,盟文旅广电局一级调研员,盟驻阿左旗额尔克哈什哈苏木工作队队长。)

情系大漠 余热生辉

——阿拉善盟政协退休干部苏和同志先进事迹

吴奕男

阿拉善，蒙古语意为“五彩斑斓的地方”，象征着吉祥与富饶，梦想与希望！这里历史厚重、文化多彩、资源丰富，这里神奇美丽，充满生机与活力。如果说，阿拉善的悠远和风华让我们畅游在历史长河的波澜壮阔中，那么，她的执着与伟岸，却让我们在阿拉善崇尚卓越、奋然复兴中，领悟着“顾全大局、无私奉献、坚韧不拔、艰苦奋斗”的阿拉善精神。她吸引着我们走向戈壁怀抱的经济大格局，昭示着我们去分享大漠边陲的新生活。

阿拉善盟位于内蒙古自治区最西部，这里边境线长735公里，现辖阿左旗、阿右旗、额济纳旗和两个自治区级开发区，共有24个苏木镇、191个嘎查村。盟府所在地巴彦浩特镇。这里地广人稀，全盟总面积27万平方公里，总人口22.39万人，是内蒙古面积最大、人口最少的盟市。阿拉善自然条件艰苦，干旱少雨，沙漠、戈壁、荒漠草原各占总面积的1/3，但这里资源丰富，旅游资源独特，巴丹吉林沙漠、胡杨林、黑城遗址等享誉全球，是唯一以沙漠为主题的世界地质公园，被誉为“中国秘境——阿拉善”。这里的国防地位也非常重要。境内有空军试验训练基地和东风航天城，多颗卫星、“神舟”号系列飞船均在这里成功发射。

作者简介：吴奕男，时任阿拉善盟政协办公室信息科副科长，现任阿拉善盟政协办公室秘书科科长。

在中蒙两国边境的额济纳旗荒漠中，有一位现年73岁的正厅级退休干部，他主动提前从领导岗位上退下来，为的不是休闲舒适的生活，也不是兼职的高薪收入，而是怀着对家乡的挚爱之情，对沙海绿洲的深切期盼，对改善生态环境的美好愿望，来到条件艰苦、一片荒芜的黑城脚下植树造林。16年来，他植根大漠，顶风沙、冒酷暑，栽种了9万多株梭梭苗，营造了3500亩梭梭林，形成了一道长3公里、宽500米的绿色屏障，阻挡了风沙对黑城的侵袭。他在花甲之年以超乎常人的顽强毅力，诠释了一名退休干部情系大漠、播种绿色、心系家乡、奉献余热的奋斗情怀。他就是"黑城植树治沙老愚公"——阿拉善盟政协原主席苏和同志。

2013年底，国家林业局专题调研组带着国务院副总理汪洋同志"要大力宣扬额济纳旗防沙治沙先进个人苏和同志精神"的重要批示到阿拉善盟调研并在巴彦浩特召开座谈会，高度评价苏和同志防沙治沙事迹。2014年4月，《内蒙古日报》编发《模范践行社会主义核心价值观的党员领导干部——苏和》特刊，宣传大漠胡杨苏和同志。年近70、坚守黑城植树11年的苏和同志，作为模范践行社会主义核心价值观的党员领导干部，被中宣部授予"时代楷模"荣誉称号，成为全国广大干部群众学习的榜样，短短几个月的时间，他的名字传遍了祖国的大江南北，响彻了阿拉善27万平方公里的大地，他的事迹家喻户晓。

为保护家乡生态环境尽份力

始建于西夏时期的黑城（黑水城），是古丝绸之路上现存最完整、规模最宏大的一座古城遗址。自治区政府于1964年将黑城列为重点文物保护单位，2001年，又将黑城列为第五批国家级重点文物保护单位，并划入居延遗址保护区，使之成为额济纳旗的一大特色旅游景区。到额济纳观光旅游或生态考察，黑城是必到之处，当人们走近黑城时，首先吸引他们目光的就是城外西北部的一片绿色。"这里黄沙漫漫，居然还能种出树来?”人们不禁会有这样的疑问。

1992年,苏和在额济纳旗当旗长时,就曾想在黑城种树。但是,由于当时条件不成熟,这件事只好暂时搁置。2000年,他在北京开会时见到了日本治沙绿化协会会长远山正雄。苏和向远山正雄介绍了黑城悠久的历史以及沙漠对黑城遗址的威胁,并邀请远山正雄来额济纳旗考察。远山正雄听完苏和的讲述后,很是震撼,当即表示要为治理黑城遗址沙害做点事。

苏和老人忙着指挥青年志愿者给梭梭浇水

2001年春天,远山正雄带着一批日本友好人士来到黑城脚下的沙漠,种下了1000棵梭梭苗,第二年又种下3000棵。但是,由于缺乏管护,补水不及时,梭梭苗大部分都枯死了,效果不理想。苏和看了之后,很痛心。他知道,要想种活这些梭梭苗,就得有人在这里待下来,照看它们。可是,这里荒无人烟,四处都是漫漫戈壁黄沙,谁愿意来这里呢?这个刚毅的老人脑子里冒出一个令人惊讶的决定——来这里种树,看护这些梭梭苗。

为埋藏心中的夙愿毅然选择在黑城植树

2004年初,苏和同志向自治区党委申请:提前两年从领导岗位上退下来去黑城种树。黑城位于额济纳旗境内,地处沙漠戈壁腹地,干旱少雨,自然环境十分恶劣,年降水量不足50毫米,蒸发量达4000多毫米,夏天气温高达40℃以上,在这儿种树生活太难了。身边的同事、朋友都觉得不可思议,纷纷劝阻,但苏和同志的老伴儿听到他的决定却沉默了,反对的话到嘴边却一个字也说不出。她心里清楚:这是埋在丈夫心底的夙愿。

看到老伴儿欲言又止的样子，苏和同志只说了一句话："心愿不了，这辈子不安心。"听了这话，一辈子夫唱妇随的老伴儿对丈夫说："我和你一起去，好歹是个伴儿。" 做了几十年行政工作的苏和，对造林技术及树种特性知之甚少。为了掌握相关造林技术、熟知树种特性，苏和不耻下问，虚心向专业技术人员请教，并查阅大量资料，学习理论知识。同时，进行多种实验，总结出了一套行之有效的抗旱栽植技术，并最终选择抗旱性非常强的梭梭作为主要栽植树种。苏和同志曾说过："当年我当生产队长的时候，为了增加社员的收入，用骆驼驮了不少梭梭。这么多年过去了，我心里总有一种对大自然的负罪感。我想在有生之年，多种点梭梭，多给大自然补偿一点绿色，造福额济纳人民。"接到自治区党委的批准后，他带着十几个农民工来到黑城脚下的沙漠里种植梭梭。这里荒无人烟，四处是戈壁黄沙，没有树、没有路、没有电，更没有一间房子，条件异常艰苦。一年一场风，从春刮到冬，特别是春天的沙尘暴，刮起来天昏地暗、飞沙走石，使得最平常的做饭都成了大问题，常常是盛一碗饭，有半碗底的沙子。有时风太大，做不了饭，就只能熬点茶水，吃点干饼子。有的农民工一来就被这里的艰苦和沙尘暴吓住了，背起行李掉头就走。苏和重新到30公里外的镇子上找，看见他来，民工们都摆手："黑城我们不去，那里风沙太大了。"刚开头就没路了，面对常人难以想象的困难，苏和反倒平静了：已经来了，就必须待下去，种梭梭的决心更加坚定。

为梭梭苗能够成活在沙漠中挑战生命极限

开弓没有回头箭，为节省时间和精力，保证把第一批新绿插在黑城，他和老伴儿商量着拿出3万元积蓄，在黑城脚下盖起了一排小平房，在沙漠中安营扎寨。每天5点钟起床下地干活，晚上10点才收工，常常累得直不起腰，遇到强沙尘天气无法出门，就把梭梭苗浸到水里，等风沙小了，抢时间再种，常常忙得吃不上饭，但1万株梭梭苗终于栽种完了。为使新栽种的梭梭苗不被骆驼啃食掉，他在沙漠里拉起了一道16公里长的围栏，将2.3平方公里范围内新栽的梭梭和残存的天然梭梭围住。但是，事与愿违，时间不长，辛苦种植的梭梭苗90%却死了，一向坚毅的苏和有些灰心，不禁自问：黑城真无法种树吗？ 老人沉思一段时间后，决定从头再来，要想树活，必须解决水的问题，凭着早年的记忆，找到了多年前打下的一眼井，可井已被风沙埋住了，他花了十几天工夫把井挖了出来。有了水就有了希望，又一番苦干，1万株梭梭苗补种进去，这次树苗活了很多，苏和又挺过了一关，而这样的难关似乎没有尽头。

在沙漠中种植梭梭，困难是常人难以想象的。苏和夫妇的居住地距额济纳旗旗府所在地达来呼布镇有30多公里，而且只有一条简易的石子路，路况极差，他们只能每个月开车去镇上一次，顺便买一些生活必需品。沙漠中没有电，照明要靠蜡烛，也无法存放蔬菜和肉食，他们大多数时间只能用白开水煮面条充饥。不说别的，每年春天进黑城就是一番生死考验。进黑城要经过一座漫水桥，3月是开河期，河水太大根本过不去。2005年，苏和夫妇开着装满树苗的车，从一处未融化的冰面上强行过河，当车驶到河中央时，冰面突然塌陷，河水漫进驾驶室，情况十分危急。老人硬着头皮往前开，一路伴随着身后“咔嚓、咔嚓”的冰块塌陷声冲出了冰河。来年，不敢冒险，取道巴丹吉林沙漠进入黑城。沙漠没有路，地形又不熟，结果车坏在沙漠里，手机又没信号，无法求援，老两口在车里挨了一夜，第二天朋友才把他们解救了出来。

黑河水过去曾流经黑城，但600年前黑河改道后，黑城就变成了一座死城，这里也越来越干旱，地下十几米以内基本上都是干沙层。其他地方种梭梭一年只需浇一次水，这里一年得给梭梭苗浇三次水。苏和用顺六轮车拉水给梭梭浇水，费时费力不说，还浪费了不少水。为节约用水，他反复琢磨，自己动手制作了一种水枪，把水枪直接插到梭梭根部注水，这样不但节约了用水，还提高了效率，采用这种方式种植的梭梭苗，成活率在80%以上,现在有的梭梭已有1米多高。随着梭梭林种植面积的逐年扩大,一眼井已经不能满足需要。苏和找来额旗机井队退休的龚殿成师傅,再加上老伴儿组成一个老年打井队。没想到,钻机一转就打到了硬土层上,怎么也打不下去。龚师傅找来装潢工给墙上打洞用的钻头,焊在钻杆上面,结果效果出奇得好。他们一连打了6眼20米深的塑管井,苏和给每一眼塑管井配了一个小水泵,安个管子,就能浇一大片梭梭。但困难总是伴随着喜悦接踵而至,沙漠中人迹罕见,嫩绿的梭梭不仅吸引了骆驼的频繁光顾,同时又遭到老鼠的侵害,这又给终日辛苦劳作的苏和增添了巡逻和灭鼠两项任务。额济纳年降水量仅几十毫米,沙漠中夏季气温常常高达40多摄氏度,沙地上轻易就能烤熟一个鸡蛋,坚持每天巡逻对于年轻人来说都是一件很困难的事,但苏和硬是做到了。诸多考验不能阻挡他扎根大漠播种绿色的信心和决心。

为农牧民过上富裕生活勇做治沙探路人

“只想着把树种好、种活。”当年,怀抱这个意念的苏和不事张扬来到黑城。但没过多久消息还是传开了,或许一个大领导放着好好的官儿不当,非要拿镢头干苦力的事太过离奇,流言随之纷起。“是来种梭梭挣钱的?”“是来挖黑城地下宝藏的?”“是想出个风头赚名声的?”……苏和听到这些后付之一笑,仍然继续做着该做的事。

为了降低成本,2005年,苏和又在沙漠中搞了一个梭梭苗圃,当年培育了6万多株梭梭苗。当梭梭苗培育成功后,苏和成了远近闻名的种梭梭专家,很多农牧民找他询问种梭梭的事。苏和特别高兴,亲自示范,把自己的种植经验毫无保留地传授给他们。牧民敖登其其格第一次来想买梭梭苗,但手头紧拿不出钱,不好意思地问苏和:“能先赊点儿吗?”老人慷慨地说:“不要钱,拿去种就是了。”往后苏和每年都无偿给她提供苗子,如今她家已经种下2万株梭梭苗。受到苏和扶持的贫困户很多,老人每年都要无偿给周围的农牧民提供3万株树苗。老人对他们只有一个要求：梭梭长成后，每人再带动3户农牧民进行种植。这样既能保护生态，又能使更多农牧民致富。额济纳旗扶贫办称之为“一带三”模式，苏和被确定为带头人。只要有贫困农牧民想种梭梭，扶贫办就带他们到黑城，苏和一律热情接待，又送梭梭又送技术。老人说这是他梦寐以求的事：“我个人力量有限，只有带动更多的人参与进来，生态才会发生根本性好转，百姓才能过上好日子。”如今的黑城不再那么清寂了，到了植树造林的季节，隔三岔五就有单位组织职工或者家庭自发组团义务帮老人种树。在苏和同志的感召下，额济纳旗越来越多的人走入了治沙造林的行列。仅先进造林企业和造林大户就有60多户，全旗个体、企业造林面积达到27.8万亩。一点一滴汗水的浇灌，换来一行行象征希望的梭梭苗在风中挺立，一条“黑城防护林带”已然形成。

额济纳旗政府为扶持老人，除给他的种植投入资金，还通了电，修了路，配备了小四轮车、风力发电机等工具，生活、种树的条件得到了明显改善。黑城变样了！家人都劝老人：“你的心愿基本上实现了，该功成身退了。”苏和神色凝重地说：“这只是个开头，生态治理的路还很长很长。”新的蓝图在心中升腾：梭梭林规模要发展到5000亩；把黑城的沙害防治住；搞沙产业开发，形成治沙产业链，给农牧民沙产业致富探探路。他要在这个特殊的“岗位”上一直坚守到走不动的那一天。

2018年9月，那天苏和正在林地边干活，旁边一辆带着割草机的拖拉机干完活之后忘记了熄火，还在转动中的割草机绞伤了老人的腿。这次事故给苏和造成了无法挽回的伤痛，多次手术后，他因多年患有糖尿病，伤口久久不能愈合，最终腿没能保住，做了截肢手术。无法想象已经73岁的老人遭受了多大的罪，这是常人所无法承受的。可当他装上了假肢，能够站起来行走时，他又回到了黑城，回到了他心爱的梭梭林中间。

10多年来，苦干在额济纳大漠中的苏和老人，用他那双粗糙宽厚、布满老茧的双手，捧出了一份率先垂范、治沙造林、改善生态的答卷，真可谓“余晖映白发，绿洲照丹心”！

“时代是出卷人，党员干部是答卷人，人民是阅卷人。”“时代楷模”苏和交出的这份答卷，党和人民群众给的是——满分！

16年的汗水滋润了黑城的土地，16年的大爱唤醒了黑城的生机。已年过古稀的苏和，仍坚守绿色的夙愿：“我是一名共产党员，在我的有生之年多栽几棵树，给额济纳的后人留下个好环境，是我最大的愿望。作为额济纳人，我有义务在治沙方面扑倒身子带一个好头，只要我还干得动，我就要留在沙漠里继续种梭梭，还要把以前种的管护好，不能让黑城在我们这辈人的手上消失，‘沙起额济纳’的帽子一定要摘掉！建设美丽家园，需要我们每一个人用心去呵护。”

是啊，阿拉善广阔无边、地广人稀，就算能忍艰苦，却也难忍寂寞。可阿拉善人用艰苦卓绝的奋斗，在这里发展经济、恢复生态、守土安边、默默守望，比别人付出了更多的代价。回望他们的身影吧，沙漠中阿拉善人活得那么认真，过得那么有品位，干得那么有理想，办得那么有意义。他们是骆驼，在风沙中昂首云天，驼峰耸立，风度是那般从容而高贵；他们是胡杨，用旺盛的生命力，挡住了风沙，奉献的是美丽和品质！

苏和，男，蒙古族，1947年1月出生，额济纳旗人。1966年6月加入中国共产党，1971年5月参加工作，全国第四届人民代表大会代表（主席团成员）。曾任额济纳旗亚布图生产队队长，苏泊淖尔苏木党委副书记；额济纳旗党委常委、党委副书记、政府旗长、书记；阿拉善盟委委员、盟纪委书记，阿拉善盟行署副盟长，阿拉善盟政协党组书记、主席等职。2013年，被评为首届“感动阿拉善人物”；2014年，被中宣部授予“时代楷模”荣誉称号；2015年，被评为全国离退休干部先进个人、全区离退休干部先进个人。

驼商父亲的蒙古族情缘

口　　述:吴成仁

文字整理:吴奕男

时　　间:2017年5月

地　　点:巴彦浩特

吴成仁,现年88岁,阿拉善盟离休老干部。中华人民共和国成立前曾在阿拉善旗保安总队服役,1949年和平起义后,先后在盟公安局、乌达煤矿、盟国税局任职。

记得小的时候,家里经常有蒙古族朋友来做客,一来就是一群人,吃住都在我家,炕上住不下就打地铺,一待就是好几天。每当这时,我看到父亲特别兴奋,与他们一起喝酒吃肉,高兴时还唱歌,有说不完的话,一宿一宿拉家常。他们聊天唱歌都是蒙古语,我听不懂,很好奇他们是什么人,就询问母亲,母亲告诉我,这都是父亲当驼商做买卖在牧区结交的蒙古族朋友,他们来城里办事转街,就投奔父亲住在这里。有时候来的人太频繁,母亲难免有怨言,父亲就很严肃地批评母亲:"我们吃的喝的都是蒙古族人的,他们对我们是有恩的,住几天算什么,感谢他们还来不及呢!"父亲绝不允许家人慢待他的蒙古族朋友。

我的父亲吴兴朝是甘肃民勤县人,祖父吴兆旋是清朝的武秀才。父

作者简介:吴奕男,时任阿拉善盟政协办公室信息科副科长,现任盟政协办公室秘书科科长。

亲读过私塾,有一定的文化,刚成家就在永盛和当了账房先生。由于他勤快好学,干活机灵有眼色,很得永盛和老板的赏识。在永盛和工作期间父亲经常接触牧民,为了方便工作就开始学习蒙古语,时间长了就能够用蒙古语和顾客交流。永盛和老板允许账房先生3年回一次家,就是现在的休假。大概是1933年,父亲回民勤老家探亲,不幸被国民党抓了壮丁,关押在庙里,双手都被绑住,解手要通知守卫带去。人抓到一定的数量之后就到城里去验兵,然后再送到部队当兵。一天晚上父亲和几个一起被抓的壮丁悄悄合计,互相之间偷偷地把绳子解松,趁着去解手的时候,连衣服带绳子一起脱掉,光着膀子逃跑了。跑了二十多里路,跑到我的姨娘家,姨娘家是地主,有一定的权势,抓壮丁的人不敢继续追赶了,这才逃脱了服兵役。在姨娘家里住了些日子,不便再待下去,父亲就带着全家老小和家中财物搬迁到阿拉善了。

来到巴彦浩特,我们一家租房子住,租的是陈财旺家的房子,一租就是十多年。陈财旺的父亲是陈额尔登巴图,曾任阿左旗的章京、副主席。时间久了他们对父亲的为人有了了解,对他挺信任,比如逢年过节牧区送给陈家的驼羊,陈额尔登巴图经常让父亲帮忙去处理,两家关系处得不错,和睦融洽。租好房子安排停当家眷,父亲认为如果继续留在永盛和当账房先生,收入微薄,没办法养活一家五口,所以决定自己当个货郎干一点小买卖。父亲在城里买一些食品、烟酒、茶糖、布匹、衣服等日常生活用品,背到牧区去出售,由此开始了他的驼商生涯。到牧区和牧民们做买卖,大部分是以物换物,用日常生活用品换回羊、羊毛或牧区奶食品等物资,再到城里卖,以此养家糊口。记得母亲常常做鞋,让父亲拿到牧区交换,一双鞋能换到一只羊。阿拉善地域辽阔,路途遥远,到牧区做买卖很不容易,刚开始父亲是靠肩扛步行,常常是风餐露宿,买卖很艰辛。时间久了,慢慢地和牧民们熟悉起来,加之父亲会说蒙古语,人也活套(灵活),生意越做越顺当。父亲做买卖实诚,信誉很好,牧民们待他很好也信任他。他们经常委托父亲把要卖的牲口、皮毛等物品带到城里出售，卖了以后把钱或所需的生活用品给他们送过来，多年来没有发生过钱财得失计较等不愉快之事。父亲常常挂在嘴边的一句话是：蒙古族人心眼好，好打交道。他给我们讲，在他最困难的时候，牧民们看他来回奔波跑买卖太辛苦，主动把毛驴赊给父亲用来拉运货物，不仅减轻了负担也便利他做买卖，这一举动让他感动不已，铭记在心。牧民们的善良热情和信任激励着父亲，买卖干得更起劲，跑牧区也更勤快了。

父亲的经营范围覆盖了巴彦浩特和阿拉善旗三十六个巴格（苏木镇）。长年累月忙碌奔波辛苦劳作，父亲终于拥有了六七峰自己的骆驼，真正成为名副其实的“驼商”了。有了骆驼，父亲谋划扩大经营，在为牧区牧民售卖生活用品的同时，开始驮盐运煤拉货了。从吉兰泰拉盐运往河套磴口出售，从古拉本驮煤运到巴彦浩特卖，就这样维持了一家人的生计。记得有一年，不知王府因何事得罪了马鸿逵，马鸿逵下令在贺兰山拦路设卡，禁止粮食运往阿拉善。阿拉善旗人吃粮食主要是靠宁夏供应，禁止运粮致使阿拉善旗粮食紧缺，百姓只好宰杀牲口吃肉食度日。我的老父亲看到这种情况，冒着被马鸿逵查封的危险，偷偷赶着骆驼到河套去拉粮食，缓解周围邻居的粮食饥荒。

父亲是个健谈的人，每次从牧区回来总会在饭桌上给我们讲述他的经历，有两件事我记得比较清楚。一件是他遇到野狼的故事。有次父亲去阿左旗北部跑买卖，在经过山沟时看到了一只野狼与他相距几十米，父亲非常紧张，立刻翻身下马停止前进。野狼也很狡猾站立不动，双方对峙着。父亲暗自思忖：四处荒无人烟，不可能有救险之人，只能靠自己。他环顾周围没有护身之物，只有石头，就迅速弯腰捡起石头猛敲马镫。野狼被敲击声吓愣了，不知是何状况，看没有机会最终还是悻悻跑了，父亲这才安全脱险。另外一件事是，有一年冬天父亲去呼鲁斯太做买卖，走到半路下起了大雪。走的时候父亲身体就有点不适，遭遇恶劣的冰雪天气后，他发起烧来,头晕脑涨浑身发抖。傍晚时分终于挨到了一户牧民家。牧民看到父亲病得不轻,赶忙给他找药吃,还熬了热乎乎的奶茶给他喝,吃完饭后又拿出棉被安顿他睡下。父亲一觉睡到第二天晌午,起来感觉身子轻松了许多。雪未停,父亲病未好,牧民就劝其安心养病,夫妻俩一直照料父亲病愈。外出生病遇到好心人出手相助,令父亲万分感激。三天后父亲辞谢了这家好心的牧民,他就是巴图叔叔。巴图叔叔和父亲因此结下了深厚的情谊。我们两家经常走动,巴图叔叔只要到城里肯定来我家,父亲也带我去巴图叔叔家做客。去巴图叔叔家是我最开心的事,每次去巴图叔叔家,他都会给我们煮手抓肉吃,巴图叔叔煮的手抓肉特别香,而我最喜欢的是他家的酸奶,那是我此生喝过最好喝的酸奶,至今记忆犹新。我们两家一直往来了好几十年,直到父亲过世。类似这样的事情父亲给我们讲了许多。父亲去牧区做买卖经常遇到风沙、暴雨、大雪等恶劣天气,就只能到牧民家躲避。不论到谁家都会热情接待他,无偿为他提供食宿。蒙古族人禀性豪爽,胸襟开阔,大气包容,从不斤斤计较,与他们做买卖令父亲舒心愉快。父亲这辈子喜欢与蒙古族人交往,这是他三十多年驼商生涯中,历经的一件件一桩桩感人之事融入灵魂的结果,是他发自内心对蒙古族人的敬意!

父亲是个勤快人,也很聪明,到了谁家遇到接羔、打草、剪羊毛等,也会主动帮忙,而且一学就会,从不怕吃苦受累,大家团结协作、互帮互助,亲如一家人。父亲做买卖途中,基本都是在牧民家吃住,由此结交了许多蒙古族朋友,也才有了父亲去牧区住牧民家,牧民来城里就住父亲家的惯例。三十多年的驼商生涯,父亲的生活习惯完全“牧区化”,喝茶、吃肉、抽烟、饮酒已经成为生活必须。每天早晨起来一茶缸子酽茶,一玻璃杯白酒,一袋旱烟是不可或缺的。父亲的性格也与蒙古族人一样,勤劳好客,开朗爽快,喜交朋友。父亲在宗别立有个干儿子就是蒙古族,我们两家来往非常密切,逢年过节干儿子就来给父亲拜年,还送羊肉奶食品等。父亲也会买烟酒、糖果、茶叶等，带上我们兄弟姐妹一起去宗别立干亲家玩耍，这是儿时记忆中美好且难忘的牧家游。

老父亲年纪大了，母亲看他整天跑买卖太操劳，儿女也都成家立业就不必太辛苦，多次劝父亲闲息别干了。而他闲不住，大概也惦记牧区朋友，一直干到快六十岁干不动了才停息。即便赋闲在家，也整天不消停，每天清早起来打扫院落，把周围环境打扫得干干净净。没事就上街捡树枝、拾柴火、看孙子，从早忙到晚。家人上班忙，父亲就给大家做饭洗碗，煮肉、炒菜、烙饼样样都会，手艺好味道香。最让母亲哭笑不得的是，老父亲晚年常在街上瞎逛，只要遇到牧区的熟人，总要把人家拉到家里来，拿出好酒好肉招待，喝大酒唱蒙古歌，兴奋无比，不醉不罢休。街坊邻居都以为他是蒙古族，有时也叫他“蒙古老汉”。老父亲有时在城里待得时间久了，会不辞而别，过个十天半月回来，才知道他去牧区了。母亲担心父亲年纪大了怕有个好歹，埋怨他太随性，他总是哈哈一笑：“我去牧区呼吸新鲜空气，闻闻牧草香味儿，享受美好景色，舒心快活才能健康长寿呢！”其实我们都知道父亲是想他的蒙古族朋友了。

永恒记忆

岁月深处

草原轻骑

大漠史记

政协情怀

口述故事

一家两代乌兰牧骑队员：永做草原红色文艺轻骑兵

雷奇毅

2017年11月21日，习近平总书记给苏尼特右旗乌兰牧骑队员们回信，勉励他们“永做草原上的‘红色文艺轻骑兵’”。乌兰牧骑，这一成长于内蒙古广袤大草原的“红色嫩芽”，再次受到万众瞩目。今天，就让我们一同走进成立于1958年的阿左旗乌兰牧骑，听队员讲述他们的故事……

在草原上载歌载舞的乌兰牧骑队员们

作者简介：雷奇毅，作者系原阿拉善左旗乌兰牧骑队员。

我的父亲母亲

1971 年 7 月 1 日，对于阿左旗乌兰牧骑队员娜仁其其格来说，极其特殊。这一天大儿子雷奇毅的降生为家庭带来新的希望，身体虚弱的她托人给远在牧区的丈夫，也是阿左旗乌兰牧骑队员的雷斯琴巴图发了一封电报，只有简短的两个字：生了。

在雷奇毅幼小的心灵中，父亲总是那么忙碌，一年有八个月的时间不在家，每逢节假日的时候只有自己和母亲守着家，等待着父亲的归来。“为什么我的爸爸这么忙？”“他又去哪儿了？”这样的问题他经常都要追问母亲，母亲每次总是笑着说，你的爸爸在干一件平凡又伟大的事。

1978年，父亲依旧忙碌，没能见证小女儿的出生。上学后的雷奇毅终于知道了，原来父亲和母亲都是在乌兰牧骑工作，而父亲每年都这么忙，是为了农牧区的大爷大妈、叔叔阿姨、哥哥姐姐们，为了丰富他们的文化生活。从1960年进入乌兰牧骑工作，父亲就是这样到处忙碌着。

牧区的工作与生活，让父亲充满了创作音乐作品的灵感，他搜集整理阿拉善民歌，写出了大量具有地区民族特色的音乐作品，《阿拉善民歌集》(蒙，汉)、《沙漠深处有人家》《树叶绿了，沙漠绿了》《北京飞来金翅鸟》《阿拉善你有多少传奇》《请到阿拉善来》等许多歌曲，这些年在阿拉善地区到处传唱着。

雷奇毅的父母——阿左旗乌兰牧骑老队员

父亲每年到农牧区演出两百多次，因为

工作忙而对家庭和孩子深感愧疚，但母亲没有一句怨言，她总是教育着孩子，父亲所在的乌兰牧骑是农牧区人民最热爱的一支文艺队伍，足迹已踏遍阿左旗八万平方公里的土地，把丰富的精神文化食粮送到田间地头、牧场毡房，把欢声笑语送到农牧民的心里。

父辈们的精神

每逢父亲回家，是雷奇毅兄妹三人最开心的时候，因为能看到父亲演奏乐器，听他讲述关于乌兰牧骑的故事。

“20世纪50年代，为了响应国家号召，全国各地纷纷建立起了文化馆，但是草原地广人稀，文化馆并不适合牧区。为此，内蒙古自治区有了一个‘在牧区丰富牧民文化生活’的设想。1958年，阿左旗乌兰牧骑成立了，这也是内蒙古自治区成立的第十支乌兰牧骑。”父亲说，最初成立时只有七个人，两年后队伍壮大了，但仍需要一人多能，吹拉弹唱都要会。“我们演出的时候只有一些简单的乐器、道具，带着队旗，十几个人一路唱着歌就出发了。”父亲回忆道，“牧民居住较为分散，相邻的两户牧民往往相距几公里甚至十几公里，为了一场演出我们往往要在戈壁、沙漠走上几天几夜，走到嘎查，走到牧民和牲畜的饮水点，早早化好妆等着他们来。

坐在一旁的母亲接着说：“表演没有舞台，大家都是走哪儿跳哪儿，松软的沙地让女舞蹈演员时常崴脚，没关系，爬起来继续跳。到了晚上，看到还有陆续赶来的牧民，但沙漠里没有电，怎么办？大家用煤油点着棉花团表演。”母亲说：“虽然大家表演完鼻子都被煤油熏黑了，但那一闪一闪的火光和牧民们的笑脸却是大家见过的最美的景色。”

有一次傍晚遇到下雨，没有避雨的地方，为了按约定时间到达，大家拿出行李，用几根木棍搭起了简易的帐篷，抱团取暖熬过雨夜，天亮继续前行。“女同志从来不说辛苦，想着能为基层的牧民群众演出，宣传党和国家的方针政策，大家心里就特别高兴。”母亲骄傲地说。乌兰牧骑不仅为

乌兰牧骑的演出带给基层群众丰富的精神文化食粮

牧民演出带去精神食粮，劳作、挑水、剪羊毛等活儿对乌兰牧骑人来说都不在话下，表演之余帮牧民干活已经成为大家的习惯。乌兰牧骑人就是这样获得了广大农牧区群众的热爱与尊敬。

两代人的情怀

从小受到父母的耳濡目染，雷奇毅和大妹妹百灵在音乐上显示出超越同龄人的天赋，先后进入阿左旗乌兰牧骑工作，沿着父辈的路前行。

时间到了20世纪八九十年代，对雷奇毅而言下乡演出的条件好了很多，演出服不再只有单一的一套，器乐种类也不断增加，演员出行方式更加便利，但演出质量丝毫不敢懈怠。日常排练，父亲对雷奇毅和百灵特别严格，兄妹俩没少被父亲教育。

虽然工作上要求很严格，但在家中父亲对孩子们和颜悦色，他总对雷奇毅说："乌兰牧骑队员都是从马背上来的，创作一定要回归马背，经历了风风雨雨的几代乌兰牧骑人始终坚持着‘扎根生活沃土、服务牧民群众’这一宗旨，你们不能忘。”作为共产党员的父亲，总是用道理鞭策着雷奇毅，“就算只有一个牧民家、只有一户蒙古包，也要给人家演出，因为我们就是要让草原上所有的农牧民都能看到乌兰牧骑的演出。”

有一年冬天，雷奇毅和队友们来到牧区演出，没有任何遮挡物，沙漠里寒风像刀一样刮着大家的脸，几个小时演出完，女队员们穿着薄纱演出服早已瑟瑟发抖。在大家准备离去时，一位五保户老大爷颤颤巍巍抱来了一大堆柴，点燃了柴火，对着雷奇毅和他的队友说：“孩子们，快来暖和暖和，这些年你们辛苦了，乌兰牧骑好样的！”大爷的一句感谢，让在场所有人流下了眼泪，大家围坐在篝火旁笑着聊着。寒风依旧，但所有的寒冷在那一刻都化成了暖流，雷奇毅在那一刻突然领悟了父亲的话，明白父辈人所有的付出都是值得的。

妹妹百灵是阿左旗乌兰牧骑第一个用电贝司弹奏音乐的人，也是在乌兰牧骑，让她与同事结缘，找到了人生归宿。两代五位乌兰牧骑人，见证着六十年来乌兰牧骑的点滴变化，继承和发扬着乌兰牧骑优良的传统。

2017年11月21日，习近平总书记给苏尼特右旗乌兰牧骑队员的回信，让雷奇毅全家人激动不已，他们专门找到有相关内容的报纸，全家人一起传阅。年事已高的父亲激动地连声说话，老伴儿和孩子们也一脸喜色，大家就如同过节一样。雷奇毅说：“我们一定牢记总书记的嘱托，做好草原‘红色文艺轻骑兵’，为人民群众演出更好的节目，让乌兰牧骑精神代代相传。”

手记

雷奇毅家的故事，只是阿左旗乌兰牧骑队员们众多感人故事中的一个。记者还采访到了很多故事，每个都那么感人。

20世纪五六十年代，阿左旗乌兰牧骑部分老队员代表内蒙古自治区赴首都北京慰问演出，得到了毛泽东、周恩来、乌兰夫等老一辈国家领导人的亲切接见。后来他们还多次受到国家文化部、国家民委、内蒙古自治区党委宣传部、内蒙古自治区民委、内蒙古自治区文化厅的表彰奖励。

阿左旗乌兰牧骑人先后创作并演出《苍天般的阿拉善》《萨吾尔登》《北京飞来的金翅鸟》《公社放驼员》等在国内外颇具影响的优秀作品和千余个群众喜闻乐见的文艺作品，荣获国家级奖 180 项，盟市级以上奖 600 项。

“为人民抒写、为人民抒情、为人民抒怀”是阿左旗乌兰牧骑人的坚定信念和不懈追求。他们不仅承担着宣传党和政府各项政策的重任，也为蒙古族文化的传承发挥了巨大作用。这支草原“红色文艺轻骑兵”将永远扎根在阿拉善大地。

记忆永恒

采访时间:2018年7月30日

采访地点:阿拉善右旗宣传部315办公室

口　　述:达巴格那

文字整理:马 芳

采访背景:为深入了解阿拉善各级乌兰牧骑背后的故事,本人专程到阿右旗联系到了旗委宣传部副部长达巴格那。部长饶有兴致地与我聊起他1979年走进乌兰牧骑的经历、担任队长取得的辉煌成绩以及难以忘怀的一次演出。与部长的交流过程中,我感觉他的记忆力很好,对过往近四十年的人和事都记忆犹新。

1979年,我刚上初中一年级。10月的一天,听同学说,旗里的乌兰牧骑来招演员了,选上的还要参加内蒙古直属乌兰牧骑的演出,我是班里的文艺班长,经常参加学校组织的一些活动,唱歌、跳舞方面表现很突出,于是就和几个同学一起参加了这次演员招考,当时报名的人很多,有三百多人,包括周边苏木嘎查,第一轮考试后剩下一百多人,第二轮过后只剩三十人了,我一直没被刷下来,后来通知包括我在内的十人体检,这大概就是第三轮选拔后的人选了。我被招考到了阿右旗乌兰牧骑。过了几天,

作者简介:马芳,时任阿拉善盟政协文化文史学习委员会副主任,现任盟政协文化文史学习委员会主任。

通知我去内蒙古首府呼和浩特参加排练，我听说要去首府，心里想着辽阔的大草原、飞奔的黑骏马，很神往也很兴奋。没想到，呼和浩特原来是座大城市，到处是宽阔的马路和林立的高楼，与我的想象相差甚远。我在呼和浩特参加了十天冬训，三个月后，我参与到了节目的排练当中。1979年底到1980年初，我作为队员开始参加演出了。当时演出没有音响也没有灯光，就在现在旗里的老电影院演出，每天演出八到九场。那个时候人们的业余生活很贫乏，没有电视，电影也很少，所以乌兰牧骑的演出很受群众欢迎，可以说场场爆满。1980年5月，我们开始巡回演出，从旗里先到河西堡，再到兰州，然后到银川，绕一大圈子才能到左旗，从北部几个苏木开始下乡一路演出到边防三连、边防五团。阿拉腾敖包、笋布尔、塔木素三个苏木一起开牧民大会，当时一个苏木差不多十几个嘎查，我们就坐拖拉机去给农牧民演出，他们很期待我们的到来。那时候我们几乎一年的时间都在下乡。当时条件很艰苦，交通不便，像笋布尔苏木、阿拉腾敖包苏木都要走十几天，沙漠地带，汽车走不过去，我们就步行，乐器和行李都各自背着，到了演出场地，没有灯光，就用棉花包着盐，浇上柴油，点着就算是灯光了。没有音响，都是现场伴奏。服装也就两三套，那时候，乌兰牧骑队长要求我们都是一专多能，跳完舞就伴奏，伴奏完了就唱歌。手风琴、笛子、马头琴、小四胡、扬琴、二胡是主要的乐器。我们经常住在戈壁沙漠，遇到大风雨天就住在苏木的仓库。可以说，乌兰牧骑培养了一代人的毅力，什么样的困难我们都能克服，共同的感受就是不怕苦、接地气。我们演出结束后帮助牧民挖井、剪羊毛、饮骆驼、打草，牧区的活我们几乎都干过。乌兰牧骑也是培养艺术人才的地方，20世纪70年代开始，像哈斯巴特尔、秀仁其木格、阿拉腾其其格、恩克巴雅尔、乔宝、刚嘎牧仁、暴培民等都非常优秀，现在都成了阿拉善、自治区乃至国家级的艺术界领军人物了。

记忆中印象深刻的是，1981年冬天我第一次到巴丹吉林沙漠演出的事。当时旗里给了一辆卡车,能从萨尔台苏木一直开到沙漠边上,我们去了二十一个演员,第一天要住到包力套力海子。当时巴丹吉林的交通工具就是骆驼,第二天、第三天我们骑着骆驼翻越沙漠,晚上就睡在沙子上,走了三天住了两晚才到了巴丹吉林嘎查,当时嘎查有发报机,我们接到通知提前出发,在牧民大会召开的当天要为牧民演出节目。我们晚上演出,白天帮牧民捡柴火,帮忙做饭、打扫卫生,大家很自觉,和牧民的关系处得特别好,抽空还给喜欢器乐、唱歌的牧民教一些技巧和方法。记得王玉蒙给学校校长金宝教手风琴和二胡,恩克哈达给学生教吹笛子,于发忠给学生教二胡,我教孩子们唱歌。那个时候我们还和新华书店经常合作,去演出的时候给嘎查牧民带些书,有画报、小人书,牧民喜欢得不得了。乌兰牧骑还配了小药箱,给当地牧民打针吃药,治疗一些小毛病。我们男的还必须学会理发,当然技术也不是很好,头发能理短就行,牧民也很高兴。我们那个时候的乌兰牧骑就是个"百宝箱",演员就是牧民的贴心人、服务员,可以说极大地促进了民族团结。

还有一件事至今我记忆犹新。1989年国庆节晚上,我们赶到一个叫沙枣海子的地方给挖碱工人和当地牧民演出。我们是9月27日出发的,当时随行的还有新华社蒙古语记者、内蒙古自治区文化厅邀请各媒体记者以及其他媒体记者,他们要做关于乌兰牧骑的专题片。我们坐链轨拖拉机整整走了一天才到沙子边,那个时候也没手机、没信号,只是和拉碱车的司机说好时间接我们进巴丹吉林沙漠,可是我们等了两天,一直等到29日晚上,拉碱的车才来,为了赶在国庆演出,我们晚上4点装好车便连夜出发了。走了几个小时,鼻腔里闻到的都是土腥气,到了白天,太阳一出来,除了眼睛,所有人的头发、脸上都是白色的灰土,我们彼此都不认识了,一晚上一车人差点被路上的塘土、碱土活埋了,但大家相互调侃着,没有一句怨言。我们又走了整整一天,下午5点才到达目的地,挖碱的工人和附近的牧民都来了,大概一百多人。我们迅速地点起棉花包盐巴的柴油灯做好演出准备。因为是国庆节，所以演出前大家一起升国旗、唱国歌，那一瞬间，在浩瀚寂静的沙漠深处，演员、工人、牧民，包括记者，感觉祖国就是一个大家庭，我们真的就是一家人，大家齐声高唱国歌，心情特别激动。第二天，我们要到另外一个海子去演出，车开不进去了，我们只好骑骆驼。记得海子附近就两户人家，一户是蒙古族牧民叫阿西加布，老两口都七十多岁，另一户是汉族牧民，相对年轻些，平常都是他们照顾蒙古族老两口。他们一直生活在沙漠深处，就连旗里都没有去过，可以说半辈子没有走出过沙漠，从来没有看过乌兰牧骑的演出，我们专场给他们四个人演了一场。阿西加布大爷瘫痪着，我们就扶起他看演出，当时，他们都非常高兴，不停抹泪，一直在哭，我们演员也是边演边哭，感觉大家亲如家人。"不漏掉一个蒙古包，不落下一个农牧民"，是我们一直坚守的诺言。就是这次专程赴巴丹吉林演出的素材被媒体记者制作成了电视专题片，并在1992年庆祝自治区成立三十五周年乌兰牧骑汇报演出现场播放，当时我被借调到左旗乌兰牧骑参加这次汇演，观看演出时，文化部的领导坐在我的座位前面，他看完片子也很感动。这部片子播完后，文化部就发出让文艺团体向阿右旗乌兰牧骑学习的号召。

乌兰牧骑培养了我，造就了我，给了我很多荣誉，让我备受鼓舞。有一个场景永远留在了我的记忆当中。1987年6月，阿右旗乌兰牧骑代表阿拉善盟参加了内蒙古乌兰牧骑成立三十周年庆典。之后，精挑细选三十名在本次汇演中表现突出的优秀演员组成内蒙古艺术团，代表全区各族人民参加中国首届艺术节演出，艺术节的节目很丰富，有杂技、戏剧等。我和队员秀仁其木格被选入内蒙古艺术团，在赤峰排练了两个月，9月21日我们到了北京，9月22日晚在北京文化宫演出很成功，赢得了全国人民的好评。我当时22岁，参加了《围猎》和《金色的沙嘎》等舞蹈演出，并担任好来宝《银白色的骆驼》主演，表现的是冬天那达慕会上赛驼的情形。9月23日上午9点左右，时任国家副主席乌兰夫亲自接见艺术团的全体演员，大约四十多人。当时八十七岁的乌兰夫主席一走进大厅，音乐就停了下来，全体演员起立清唱《迎宾曲》，我的同伴斯琴图拉起了马头琴《回乡曲》。之后，乌兰夫主席用蒙古语问候大家，后来用汉语讲话，能够感受到，乌兰夫副主席对乌兰牧骑的性质职能很熟悉。他鼓励在座的演员，继续发扬乌兰牧骑精神，繁荣民族文化，坚持乌兰牧骑的方向不能变，要为基层服务，为牧民群众服务。他亲切地与我们一一握手，并合影留念。这张照片我一直保存着，每当想起当时的场景我都非常荣幸、非常激动。到了20世纪90年代后期，面对全国下海热潮，乌兰牧骑何去何从，前途很迷茫。一方面是旗财政困难，乌兰牧骑经费严重不足；另一方面演员队伍不稳定，思想波动大，有的自愿三人五人组成小组合下海挣钱，一下子走了八九个演员，有的投奔自治区、盟歌舞团，还有的办了停薪留职，仅存的演员也都忙于接待，每次有演出任务，都是拼凑演员。社会上也流传一个说法，乌兰牧骑要解散或转制企业，我作为乌兰牧骑队长心里很焦虑，很恐慌。当时我们也下乡演出，演完了就给农牧民举办舞会，因为有音响，有了平台，大家自娱自乐，迪斯科、交谊舞玩一晚上，以此丰富他们的业余文化生活。那时候农牧民还非常喜欢乌兰牧骑。2002年开始，乌兰牧骑的条件有了改善，配备了卧铺车，演员晚上都在车上睡觉。进入新世纪，特别是十八大以后，乌兰牧骑的地位有了质的提升，找到了方向，加强了演员队伍建设，排练创作常态化，设备投入加大，自治区提出“文化强区”的口号，进一步明确了乌兰牧骑演出、宣传、辅导和服务四个方面的主要职责。尤其是2006年，时任旗委书记的魏国权重视乌兰牧骑建设，核拨专项经费二百多万元建成乌兰牧骑办公与排练一体的面积约1400平方米的综合大楼，曹格图设计了钢琴的大楼造型。演员的面貌焕然一新，到2011年以后，乌兰牧骑通过招聘舞蹈演员、实施同工同酬、聘用文化志愿者、政府购买服务等方式加强队伍建设，实现演员“大换血”。创作也进入一个新阶段：首创蒙古剧《巴丹吉林传说》荣获全盟第二届优秀文艺作品暨第四届阿拉善文化节舞台剧类优秀作品奖；歌舞《阿拉善剪发仪式赞》、好来宝《巴丹吉林赞》、陶布秀尔弹唱《戈壁主人——骆驼》等多部作品获自治区和盟级优秀创作及表演奖项。与此同时，马头琴、陶布秀尔、四胡、扬琴等蒙古族传统乐器和呼麦、长调等独具风韵的演唱方式也得到国内外专家的肯定。旗委政府对乌兰牧骑的经费投入加大，陆续投资修建了上千平方米的敖包山演艺大厅，配备了录音室等功能用房，购置了灯光音响设备及下乡演出车辆。可以说，新时代乌兰牧骑必然要担负起新的历史使命，面向基层、面向农牧区，薪火相传，以实际行动践行“红色文艺轻骑兵”的职责使命。

2017年，习近平总书记给苏尼特右旗乌兰牧骑队员们的回信中说，“乌兰牧骑是全国文艺战线的一面旗帜”，这是党中央对我们乌兰牧骑多年来取得成绩的肯定，也是对我们今后工作的鞭策。乌兰牧骑是我成长的摇篮，虽然现在不在这支队伍里，但我依旧会有存在感，依旧会关注支持乌兰牧骑事业的发展。我相信，乌兰牧骑一定会牢记嘱托，编排出更多更好的、传播正能量、接地气的节目，将党的声音传递到每一位农牧民心中。

我与乌兰牧骑的不解之缘

王 敏

2018年是阿左旗乌兰牧骑建队六十周年,六十年的流金岁月,六十年的风雨历程,凝聚了一代又一代乌兰牧骑人的心血和汗水,铸就了新时代草原文化的辉煌成就。对我这样一位曾经的乌兰牧骑人来说,更是一个特殊的节日,是青春岁月的珍贵回忆,是美好往事的甜蜜回首,是对曾经朝夕相处的乌兰牧骑人深深的牵挂和眷恋。

六十耳顺,我已走过一个甲子的轮回。记忆中的一些经历,一些缘分,如同轻烟一般,被微风吹走,但久久不能忘怀的是我与乌兰牧骑的情缘。

缘分之一:回顾

人因为有了回忆,心灵才会富足。

20世纪70年代的一天,十四岁的我得知,阿左旗乌兰牧骑来吉兰泰招队员,让我去面试。面试时,要求我模仿老师跳了《红色娘子军》中几个舞蹈动作,还要求我用普通话念了一段报纸,后来通知我被录取了。当听到这个消息时,爱跳舞的我高兴得又蹦又跳,那种激动的心情无以言表,至今历历在目。

作者简介:王敏,原阿拉善左旗乌兰牧骑队员。

1971年6月的一天，十四岁的我从中国第一座机械化湖盐场的所在地吉兰泰出发，背着简单的行囊，第一次离开家，第一次离开父母，带着孩提时代的梦想，走进了这个大家庭——阿左旗乌兰牧骑。当时的乌兰牧骑在阿左旗党校大院内。

接下来大部分的日子，都是穿着那条深蓝色的纯棉吊裆灯笼练功裤，在老师的带领指导下练功，压腿、踢腿、下腰、劈叉、小跳、大跳、旋转、翻跟头，还要练芭蕾足尖、学跳舞、唱蒙古语小合唱、朗诵……辛苦、汗水、泪水，成就了我们的十八般武艺。那时的我们，天真无邪、幼稚可爱，一双双眼睛清澈透明不掺一丝杂质。一群小小伙、小姑娘，一起练功，一起排练、一起演出，一起割麦子，一起吃饭，一起疯玩。每每回想起那些时光，都会使我回归到人性中最简单、最质朴的美好记忆当中。然而，我只在乌兰牧骑工作了七个月，父母就让我回去继续念书，不得已我只好离开了这个大家庭。

离开后，我常常想起在乌兰牧骑的日子，每当想起那一张张熟悉的面孔，总有一种眷恋荡漾在心头。

缘分之二：温暖

乌兰牧骑这个大家庭给了我太多的呵护和温暖。比起从牧区来的小伙伴，我有些娇气、任性，独立生活的能力很差。但在恩师、师哥、师姐的关爱、帮助下，我逐一克服了这些毛病，学到了很多东西。记得有一次练功踢后腿，我偷懒，踢的时候，趁老师不注意时，腿一直弯着，自以为老师没看见。没想到，下课后，代英翠老师找到我，指出了我的错，并苦口婆心告诉了我很多道理。她没有当着大家的面批评我，我很感激，后来再没有偷过懒。当时我们的生活用水，是在阿左旗党校大门外的一口井里打的，一个木制的推车上放着一个汽油桶改的水箱，就是我们的水车。我们要一小桶一小桶地将水从井里打上来，再倒进水箱，满了拉回来。我力气小，不会打水，师哥、师姐就帮我打水。师姐赛其木格，是2月来到乌兰牧骑的，来时穿着一件红棉袄，天热了没有换的衣服，苏布德老师就买来布料为她做衣服，为她换下了棉衣。那个年代，每个人的粮食都是定量供应的，由于训练、演出活动量大，经常是刚吃完一会儿就饿了。这时，无论是谁家带来吃的东西，都会无私奉献出来，被大家一抢而光……这个大家庭有很多很多这样的故事，给了我们父母、兄弟、姐妹般的关爱，更像家一样温暖。那时候，我们没有华丽的服装，没有精美的舞台，蒙古包和农舍中间的一块空地就是我们的舞台；没有灯光，也没有音响，演员们就点着煤油“火把灯”为农牧民演出。这种艰辛、欢乐、温暖，留在了我深深的记忆中，永生难忘。

缘分之三：情谊

几经辗转，六年后，我又回到巴彦浩特。记得那一天，我拿着调令去阿左旗党校报到。站在党校大门口，我热泪盈眶、思绪万千……六年前，我就是从这个大门走进乌兰牧骑，如今又一次走进这里，这难道不是一种机缘巧合吗？或许冥冥之中自有安排吧。

党校大院成全了我一生截然不同的两种职业选择。虽然前者仅仅度过了短短七个月的时光，但在乌兰牧骑工作的短暂经历，却成就了我。在党校工作期间，我根据自己的特长，组织了许多文艺活动，创作、编排了大量的舞蹈、朗诵作品。其间和乌兰牧骑的情谊缘分一直不曾间断。一些大型活动都是和乌兰牧骑合作共同完成的，在节目的编排、服装、道具、音响等方面，乌兰牧骑也无偿给予全方位的支持。特别是2010年阿左旗党校建校三十周年大庆，我负责文艺小组，整个节目的策划、编排得到了时任乌兰牧骑队长贾尚勤的大力支持，他还亲自担任大合唱指挥。

缘分之四：圆梦

灯光绚丽的舞台，音乐响起，我在变幻的灯光和音乐中翩翩起舞，行云流水的肢体语言、丰富的表情，赢得了台下雷动般的掌声，忙碌的后场，去更衣，去换妆，去候场……这样的情景经常出现在我的遐想和梦里。

在每个人的一生中我想恐怕没有比梦想更重要的东西了吧？托尔斯泰曾说过，理想是指路明灯。没有理想，就没有坚定的方向；没有方向，就没有生活。

2012年9月，五十五岁的我从党校教师的岗位上退了下来。退休后，我有了时间去完成四十多年来心中未尽的“乌兰牧骑梦”（舞蹈梦）。

我决定组建一个舞蹈团。我用一年的时间，跑单位、找领导，跑社区、找场地，招兵买马。2013年12月16日，以我为团长的千羽艺术团终于成立了。当时，我们没有一件服装，没有一件道具，但成立十二天后，十二位姐妹就登上了欢乐那达慕的舞台。

我们仅仅用了四年半的时间，就从队伍建设、节目创新、服装道具等方面一跃成为全旗群众文化业余团队的佼佼者。如今千羽艺术团已经成了一支活跃在阿拉善群众文化舞台上的优秀团队。在社区、军营、消夏、敬老院、福利院、春晚、定远营、比赛现场都留下了我们的身影，我们用舞蹈向阿拉善群众传递了爱心与快乐。其间，我们还多次和乌兰牧骑同台演出，展示了极具民族特色的歌舞节目，为阿左旗文化旅游事业发展做出了自己的贡献。

千羽艺术团白手起家，靠的就是众姐妹的奉献精神。我们是一支自愿组成的群众性的非营利性社会组织，在这里没有一分钱的经费，没有一分钱的报酬，演出时，大家还常要自己掏腰包。我们排练时间都在晚上，大家白天的工作和家务已经很累了，晚上还要一遍又一遍地排练，但没有一个姐妹叫苦叫累。每次演出，我们都风雨无阻按时参加，有时道具被风吹到了台下，台下观众也不多，但姐妹们依旧认认真真完成演出任务。有一次，有个临时演出任务，七点半才接到通知，但八点我们全部到位，没有一个姐妹迟到。我时常在想，这是一种什么样的精神在支撑我们？乌兰牧骑面对的观众是农牧民，千羽艺术团面对的观众是巴彦浩特的老百姓和外来打工者。今天想来，这难道不是乌兰牧骑精神的一种传承吗？这种共同的精神实质就是植根于我们内心的理想信念。

我用自己的方式，圆了我的“乌兰牧骑梦”。但在圆梦的路上，我要感恩乌兰牧骑的朋友们，感恩千羽艺术团的姐妹们。追根溯源，能让我不忘初心，一直坚持实现梦想的动力就是乌兰牧骑精神和这段不解之缘。

在乌兰牧骑六十岁生日之时，我和乌兰牧骑的缘分仍在持续着。

合影背后的故事

马 芳

年轻的时候，我喜欢打篮球，个头高，球技也还不错，于是结交了很多兴趣相投的朋友。记得那是1965年的一天，我和几个球友一起打比赛，比赛结束后大家结伴去了其中一个球友家，洗洗脸顺便休息聊聊天。闲聊一会儿后，来了一位中年男人，朋友的父亲介绍说是“锡书记”，于是我们几个又和锡书记坐下来聊天，锡书记问我是做什么工作的，我说在内蒙古地质队，单位面临解散，正在找工作呢。他又问我，会干什么？我说，会开车，会打球，还会拉二胡。锡书记饶有兴致地听我说完，当即就说：“你来我们乌兰牧骑开车吧，反正你的单位也面临解散。”当时我还不知道乌兰牧骑是干什么的，就想赶紧找个工作，所以连想都没想就答应了。锡林书记当时写了一张字条，让我拿着这张字条，第二天去内蒙古党校找一个叫图门的人。直到现在我还记得纸条的内容：“现介绍马玉林同志到旗乌兰牧骑任司机，请接收。”第二天，我就拿着这张纸条去了内蒙古党校找到了图门，原来图门是阿右旗乌兰牧骑指导员，他看了锡林书记的纸条后，就让我一起参加演员培训，就这样，我加入了乌兰牧骑队伍中。

我来的时候乌兰牧骑还没有配车，只是听说要配。尚中武是队长，他

作者简介：马芳，时任阿拉善盟政协文化文史学习委员会副主任，现任盟政协文化文史学习委员会主任。

让我跟着队员们排练，说等车来了就让我开车。在乐器中我只会拉二胡，在乌兰牧骑队伍里算是个初学者，好在队里的老师多，我跟着也学会了演奏其他的一些乐器。那个时候，乌兰牧骑一共就十二个人，一台节目的入场式往往要求演员都上场，我很快就加入了乐器合奏队当中，至今还记得那个合奏曲叫《草原晨曲》。遇到伴舞的入场式，我也能舞几下了，至少可以帮着撑起大一些的场面。乌兰牧骑的条件不好，蒙古袍就那么几件，女的红色，男的蓝色，也没有什么花边、亮片，但我们还是觉得很珍贵。后来我越跳越起劲，乐器也会好几样了，乌兰牧骑配的车还没到，我就成了乌兰牧骑一专多能的一名正式演员了。

我们经常下乡到公社、大队给牧民演出节目，第一次参加下乡演出时，队长尚中武和图门指导员分别找我们谈了话，大概的意思就是下乡演出要注意和牧民搞好关系，不能有不良行为，要尊重蒙古族群众的生活习惯，还警告我不准谈恋爱。其实当时我知道队里已经有人在悄悄地搞“地下恋”了，队员们都知道，就是队长、指导员不知道。那次谈话后，我才明白乌兰牧骑的性质和演出的真正意义，也就是那个时候，我才知道“乌兰牧骑是草原上的红色轻骑兵”的说法。

1965年，阿左旗、阿右旗都属巴彦淖尔盟，当年巴盟各个旗县要选拔一批优秀队员到各盟演出，还要到军区慰问演出，我也被选拔上了，不是我的演技高，而是篮球打得好。到军区除了演出还有篮球比赛。记得我们到一个军区演出，结束后还和部队的战士打了一场篮球比赛，部队领导给我们颁了奖，场面很热闹。我们在乌达公演了一场，还到河西堡给铁路工人演了一场节目。

我在乌兰牧骑的时间只有一年多，但这一年里绝大部分时间都在下乡，几乎走遍了阿右旗北部、南部的公社大队。去北部公社要从河西堡坐火车到兰州，换车再到乌达，到巴彦诺尔公社、笋布尔公社演出的都是骑骆驼。到了牧民家除了演节目，我们还给牧民打井、背刺马、垒羊圈，我年轻力气大，干活没说的。有时住牧民家，绝大部分是住在外面，饭自己做，三块石头垒起来支口锅，一般就是一把盐，一锅厚厚的揪面片，遇到刮风，碗底一层沙子，就这样也没觉得苦，反而觉得很开心。

阿右旗第一代乌兰牧骑队员合影（一排左起额仁钦、刚嘎牧仁、马玉林、尚中武、占继林；二排左旗吉鲁、王秀花、大金花、格日勒；三排左起李桂霜、姚梅花、色勒吉）

记得还去过两个边防站，一个叫哈站，一个叫后站，我们给边防战士演出，很受欢迎。

1965年的这张合影，是阿右旗乌兰牧骑第一代队员的合影。那时我们一行在内蒙古党校培训结束返回时，经银川再到兰州倒车，在银川停留的时候，有人提议在银川照相馆合个影。在去照相馆的路上，我买了几斤橘子，队员姚梅花抢着吃了一个，连说不好吃，原来她是连皮一起吃了。后来我们把皮扒了，递给她，她才说橘子真好吃。那个时候，演员都是来自基层、来自牧区，没见过橘子的人真的不少，现在回想起来依然唏嘘不已。这张照片一直保存着，成了我永远的记忆。至今我都清楚记得照片上每一个人的名字。

后来我离开了乌兰牧骑，我这个专职司机直到最后离开也没见到乌兰牧骑的汽车。五十多年过去了，我们也都七八十岁了，在有生之年真想见见他们，聊聊我们照片背后的故事，聊聊我们的乌兰牧骑。

父亲与乌兰牧骑的情缘

张　莉

一个周末的闲暇，与父亲整理他的相册，看见相册里面有一张泛黄的演出剧照，照片上年轻英俊的父亲拉着手风琴，一个身穿蒙古袍的美丽姑娘站在旁边唱歌。我好奇地问起了父亲这张照片的来历，他给我娓娓道来。原来这是五十多年前，父亲应阿拉善左旗乌兰牧骑之邀，与他们一起去银川市参加全区文艺汇演（当时阿左旗隶属宁夏回族自治区管辖），照片是演出期间到市郊慰问当地群众的演出照。

放下照片，父亲兴致勃勃给我讲起了他与阿左旗乌兰牧骑那段难以割舍的情缘。

1964年，我的父亲从内蒙古农牧学院（今内蒙古农业大学）毕业，分配到了阿左旗兽医站工作。当时，正赶上阿左旗文化馆为庆祝国庆节举办全旗文艺汇演，兽医站也参加了这次汇演，共参演了三个节目，一个是男声小合唱《我们走在大路上》，第二个是二胡齐奏《十送红军》，最后一个是手风琴独奏《胜利进行曲》。从小爱好文艺，在大学期间还是乐队指挥兼手风琴手的父亲自然成了兽医站演出队里的骨干，他担任小合唱伴奏和手风琴独奏。当时演出用的手风琴是从乌兰牧骑借的，从此开始，父亲和阿左旗乌兰牧骑结下了深厚的友谊。

作者简介：张莉，阿拉善盟政协提案和社会法制委员会副主任。

父亲在工作之余或者闲暇时间总是爱往乌兰牧骑跑，看队员们排练，休息时还会和他们一起演奏乐器，谱写乐曲，交流经验。一来二去，父亲与队员们熟悉了，并与几位成了知音好友。他们是宝勒德（手风琴演奏员）、吉呼楞（扬琴演奏员）、布音（舞蹈演员），这几位队员与父亲特别能谈得来，一有空就来家与父亲玩乐器、聊天，有时也会在家里喝酒，喝到兴头上，家里就成了演出现场，唱歌、跳舞、拉琴，好不热闹。

乌兰牧骑的好多情况父亲也是从这几个朋友处一点点了解的。有一次，父亲跟着乌兰牧骑的朋友去服装道具室，其实就是一间宿舍，地方不大，里面放着一台缝纫机，地上堆着些木工工具和电器。当时，有一位中年男子正在给队员量尺寸，准备做舞蹈演出用的服装。靠墙还放着几把做好的木枪，那是为新排的舞蹈《草原女民兵》做的道具。父亲这才知道队里因为经费紧张，好多演出服装、道具都是这位名叫安中的心灵手巧的服装道具师自己动手做的。乌兰牧骑多年来也没添什么乐器，就有一支竹笛、一把三弦、一把四胡、一架扬琴、一架手风琴，而且没有一个像样的排练室，只有一间大平房，冬天冷，夏天热，就是在这样的艰苦条件下，乌兰牧骑队员们仍以满腔的热情投入到训练之中。而且，队员们都是一专多能，报幕员能唱歌，唱歌的会拉琴，演奏员放下乐器还能跳舞。

父亲真正参与到乌兰牧骑队伍中是在1968年。有一次，乌兰牧骑参加旗里演出，拉手风琴的队员生病了，没人顶替，他们就想到了父亲，和父亲所在单位领导联系后，把父亲借调过去临时顶替，父亲的演奏得到了观众的热烈欢迎，出色地完成了那次演出任务。从那以后，父亲就成了一名乌兰牧骑的编外队员，多次和乌兰牧骑队员们一起演出。

牧区地域辽阔，牧民居住分散，蒙古包间的距离都在数十公里以上。乌兰牧骑到牧区演出，一走一两个月是常事，迎风雪、冒寒暑，在戈壁、草原上辗转跋涉，路途中经常遇到种种困难。记得有一次去一个牧民点演出，从公社出发时，由于公社当时骑乘少，就让女演员和体弱的队员骑骆驼，其他人步行。中间要经过一片沙漠，7月酷暑，烈日当头，队员们和骆驼在沙漠里深一脚浅一脚走得十分艰难，又晒又渴又累，二十多里的路整整走了四个小时，等到牧民点时，队员们已经筋疲力尽，但是大家不顾这些，随便吃了点东西，稍事休整，就开始演出。这个牧民点只有六七个人，但每个演员都像在大舞台上演出一样认真投入。第二天，父亲他们要离开时，牧民都依依不舍，送了一程又一程，当时一位牧民老妈妈含着泪水，往队员的包里一个劲地塞吃的，还不停地说："孩子们，一定要再来啊！"

有一次，父亲和演出队一起到一个牧民集居点演出，周围的牧民听说乌兰牧骑要来演出，喜出望外，纷纷奔走相告，牧民们从十几里甚至几十里外，早早赶到演出现场，像欢度盛大的节日一样。没有演出台，就找一块相对平整的地方，观众围成半圆，演员们在中间表演。有一个节目是女子群舞，领舞的女演员叫苏布德，当时患重感冒，发烧到39度，脸烧得通红，全身发抖，队领导见此情况，准备取消这个节目。苏布德听到后说："牧民从大老远赶来看我们的演出，怎么能说不演就不演呢。请放心，我没问题，能坚持下来。"就这样，她带病把节目演完，演出结束后，她已经站不起来了。

还有一次，乌兰牧骑到木仁高勒苏木演出，因为是苏木所在地，演出条件相对好一些，但也仅是有一个用土坯搭起来的简易舞台，观众也多，四面八方来了一百多人。晚上演出照明用的是铁丝挂上一团团棉花，蘸上煤油，点着挂起来。当时是夏季，又是露天，由于有光亮，引来了成群的蚊虫。有一个节目是郝永生的笛子独奏，演出中蚊虫落了他满脸，他不顾叮咬，坚持把节目演完。

虽然牧区条件艰苦，但牧民热情、豪爽、乐观、真诚，他们对乌兰牧骑和乌兰牧骑队员们由衷的喜爱和对文化生活的渴望，感动着乌兰牧骑的队员们。演出之余，乌兰牧骑的队员们还向牧民宣传党的方针政策、法律法规、卫生常识、养畜知识，每到一处总是想方设法地帮助牧民干活，挤奶、拾柴、剪羊毛、给牲畜饮水、搓驼毛缰绳等，队员们个个都是行家里手，真正做到了既是宣传队，又是服务队。

五十多年过去了，这些乌兰牧骑老队友的名字父亲记忆犹新，一口气能说出来好多人，有孟和那生、普日布、潘生宪、郝永生、安是、苏布德、吉呼楞、丢岱、孟根、惠秀英、李淑英、李秀英、格日勒等。听父亲说这些老朋友中有些还经常能见面，每次见面后总有说不完的话，但说的最多的还是过去一起下乡演出的点点滴滴。老朋友中还有几位已经永远离开了他们所挚爱的事业和爱着他们的牧民朋友。

父亲和乌兰牧骑队员们共同相处、共同演出的几年，让他深深感受到了乌兰牧骑队员们那种全心全意为农牧民群众服务的满腔热情和对艺术的执着追求，正如习近平总书记给苏尼特右旗乌兰牧骑回信中所说的一样:感受到了你们对事业的那份热爱，对党和人民的那份深情。他们以天为幕布，以地为舞台，为广大农牧民送去了欢乐和文明，传递了党的声音和关怀。

愿阿拉善的乌兰牧骑继续弘扬优良传统，扎根生活沃土，把最好的歌舞带给农牧民，把欢乐和文明的种子带到农牧区。服务农牧民群众，推动文艺创新，努力创作更多接地气、传得开、留得下的优秀作品，永远做草原上的红色文艺轻骑兵。

乌兰牧骑的故事

马　芳

采访背景：习近平总书记给苏尼特右旗乌兰牧骑队员写信一周年之际，为深入了解阿拉善各级乌兰牧骑背后的故事，我特意在阿右旗乌兰牧骑排练厅采访了现任队长红旗。红旗队长担任乌兰牧骑队长时间不算长，但他带领队员发扬老一辈乌兰牧骑精神，扎根基层，服务农牧民，每年百余场演出，走遍了阿右旗的沙漠戈壁，谱写了一曲新时代乌兰牧骑赞歌。红旗队长很高兴接受我的采访，一边与我交流，一边翻着几本厚厚的影集，一页一页，记录着队员下乡演出、编排节目、上台获奖的林林总总。红旗队长取出其中几张照片，和我聊起照片背后的故事。

乌兰牧骑故事之一：沙漠深处的一场演出

2018年1月22日，阿右旗文化旅游局的王宏已局长带着我们乌兰牧骑到塔木素布拉格苏木的格日勒图嘎查进行慰问演出。演出结束后，王局长说让我们再去一个地方给一个叫斯琴别立格的老人再演一场，他说的这个地方在沙漠深处，距离苏木有两百多公里。我们乌兰牧骑的班车走不过去，只好借了一辆越野车加了油出发了。路上，王局长给我们讲了

作者简介：马芳，时任阿拉善盟政协文化文史学习委员会副主任，现任盟政协文化文史学习委员会主任。

为什么要给这个老人单独演一场节目的缘由。他说，这个老人七十多岁了，早些年妻子离家出走了，到现在也没有音信，儿子正在服刑，现在只有他自己孤身一人住在苏木西南及其偏远的沙漠中为他人放牧。2017年，他下乡路过看望过这个老人，现在也不知道生活得怎么样了。

一个观众的演出

我们一路冲过沙梁，几次车轮子陷进沙窝里，又是挖又是推，好不容易找到了这位老人的家。车子还没到屋子跟前，或许是老人听到了汽车声，早早地站到了屋前，像是迎接我们的到来。到了跟前，我们见到了这位老人，他穿着朴素整洁，看上去很慈祥。等我们下车，老人赶紧拉着让我们进屋，忙着为我们烧茶倒水。老人的屋子摆设很简单，桌子、床、凳子，虽然是一个人，但收拾得干干净净，东西摆放得整整齐齐。我们让老人坐了下来，很快换好了服装，化了妆，就在屋里开始了演出。第一个节目刚开始，老人就站了起来，一直坐不下来，一边拍手鼓掌一边抹起了眼泪，看得出他很激动，有时也跟着演员唱，边唱边哭，老人激动的样子也感染了演员，演员也跟着哭了起来。我们就一直站着演了十个节目，是按照整台节目的顺序为老人正式演出的，当时每个演员心里都很难受，我们看得出来，老人心里还是很高兴的，泪水是激动的泪水、高兴的泪水。在寂寞的沙漠深处，这位老人或许用他的执着和爱等待着他妻子和儿子的归来，看得出他对生活的向往与热爱。演出结束后，老人高兴地拿出了自己的日记给我们看，高高的几大摞日记本，有笔记本、小孩的作业本，还有日历本，密密麻麻的蒙古文记得满满的。只有小学文化程度的他，三十多年来不仅每天坚持听收音机了解国家大事，还在笔记本上记下党和政府的各项富民政策以及社会的发展与变迁，他还将所有帮助过他的人的名字都记了下来，苏木、嘎查的哪位领导或者旗上哪个单位的领导看望过他，带了什么慰问品，嘎查给他分了几只羊，苏木给他盖了房子，边防派出所警察给他剪了羊毛，卫生院的护士给他打针送药，几月几日他都记下来，每件事情后面都写一句感恩的话，大概的意思是，“跟着太阳走不受冻，跟着党走不会错”，都是蒙古谚语。这样的笔记他一直在记，满满的都是老人的记忆和感恩之情。他说要把我们演出的事也记下来。就是这样一位老人的所作所为，让我们乌兰牧骑孩子深受教育，一方面学习老人几十年如一日的学习态度，另一方面学习老人乐观豁达的精神。老人亲人都不在身边，常年很少见到人烟，就是在这样一种环境中，他没有沮丧、没有灰心，在孤独寂寞中还能保持积极乐观的心态。他的行为给我们的演员上了生动的一堂课，对我们每个人都是一种教育和启迪。去之前，王局长知道老人的情况，带给老人一包衣服，有他自己的衣服，还有一些新买的衣服。临走的时候，老人与我们告别，边走边用蒙古语给我们唱了一首歌，歌词大意是：“苍天赐给我好心人，帮我的人，我遇到的人都是好人，是苍天赐给我的人，我遇见的人都是上天赐给我的好心人。”老人反复唱着这首歌，当时演员和随行的同事都哭得一塌糊涂。

回到队里，我们把这位老人的故事编排成了一个小戏，小戏的名字叫《乌兰牧骑的故事》。后来，阿拉善盟电视台专门安排记者采访了斯琴别立格老人，他的故事也在阿拉善大地上流传开来。

乌兰牧骑故事之二：他们需要我们

2017年1月8日，我们从右旗巴丹吉林镇出发，行程中走走停停，主要是给沿途的交警慰问演出。那天我们到了雅布赖镇新呼都格嘎查,也是我曾经工作过的地方,我突然想起这里有个岁数很大的老人叫敖德布,已经九十多岁了,他的腿摔坏了,就连下床都很困难,家里就老两口。我们的晚会即便是在家门口演出,像他这样的老人由于身体有病或者其他原因,还是出不了门。于是,我就安排主要演员完成晚上的大型演出,其他的演员组成小分队,或器乐,或舞蹈,也有组合型的,到残疾人家里或者行动不便的老人家里演出。我带着小分队的演员来到了敖德布老人家里为他和老伴进行专场演出。我们进了屋子,老人的精神状态还不错,但只能躺在炕上,无法下地,我们就将老人扶着坐起来,后背垫了被子和枕头,我们就在他家的炕头前演了一场节目。记得第一首歌唱的是《父亲的歌》,歌声刚响起,老人便开始抹泪,边哭边听,时而泣不成声。我们本打算演出六七个节目,可是看到老人一直很激动,一直不停地哭,考虑到老人这么大岁数,我们都不忍心,就减了两个节目,只演了四个节目。演出结束后,老人激动地说,这辈子从来没有看过这么好的节目,更没想到乌兰牧骑到他家里面对面给他演出,年关将至,他感到有人惦记、有人关心就是一种幸福。看得出老人非常感动。这张照片拍摄的就是当时的场景,我记得特别清楚。其实,这种场景我们在牧区见得特别多,只要有人的地方就有我们的演出。有时沙漠深处就一两户或者一两个老人,我们都要专程演一场节目,行动不便或者上了年纪的老人看我们演出,都很激动、很高兴,临走的时候还约好下次去的时间。只要我们去过的人家,他们都很热情,见了我们像见到亲人一样。我们常常是演出结束了还力所能及地帮他们干些活,垒羊圈、打扫卫生等。我们演员年轻有力气,一方面是帮忙,另一方面对孩子们也是锻炼,对牧区生活的体验,或许对节目的编排还有启发,可以说一举两得。真的应验了那句话,"人民需要艺术,艺术也需要人民"。

乌兰牧骑故事之三:额日布盖的雪

2015年春节后上班的第二天,我们乌兰牧骑组织文化下基层到额日布盖苏木和巴音高勒苏木,沿路到敖龙布拉格嘎查的几户牧民家演出。我们下乡演出,都没有补助,因为我们几乎全年都在下乡,一走就是二三十个人,遇到大型演出全部演员都有任务,再加上车的费用就更高了,所以,我们下乡演出都是在家里准备好食材,到了目的地自己动手做,时间紧的时候我们就带些方便面、火腿肠、馍馍、面包,算是快餐吧。要是时间宽松的话,我们就带米面、肉和一些菜,我们车上有发电机,可以用电饭煲做饭。我觉得这样也好,现在的孩子都是独生子女,会做饭的没几个,到了乌兰牧骑,不仅学会了做饭,还懂得了艰苦朴素,对孩子们的成长有好处。当时我们走一路演一路,走的时候,天气很好,为第一户牧民家演出完刚好是中午,天公不作美,天阴了下来,很快下起了雪,进了山,雪越下越大,差不多一尺多厚的雪,车子打滑,我们只好步行,乐器、音响、服装、

雪中赶赴演出

道具都背着走。我们一边迎着雪，一边赶赴另外一户牧民家。每个人身上大概背负着三五十斤重的装备，吃的喝的都分摊着背。尽管每个人身上的负担很重，但我们的演员一路兴致很高，因为我们这里几乎没有下过这么大的雪，这些演员还是一群孩子，他们边玩边走，见到雪很新奇，打雪仗的、接雪花的，都特别高兴。走了大概十几里地，我们到了一户牧民家。大家迅速换服装、安音响，演出的时候很认真，刚才顽皮的样子都不见了。农牧民看演出很高兴，掌声不断，对我们都是鼓励。演出结束，演员们就开始自己做饭，我们到牧民家一般不会吃牧民家的饭，都是自备食材自己动手。当时考虑到大家都走了路，也累了，就做了好几盆菜而且是大盆，主食也准备了很多，当时我看到准备了这么多饭，就对嘎查书记和嘎查达说，这些饭和菜估计把你们全嘎查的人叫来都吃不完。饭做好后，演员们招呼着吃饭，我当时在屋子外面抽烟，想着，抽完烟再进去吃饭，可当我抽完一根烟走进屋子，眼前的情景简直让我哭笑不得，几大盆菜、所有的主食，都被他们一扫而光。演员们看到我进了屋子，有点不好意思了，吐着舌头说，的确是太饿了，忘了谦让我这个队长了。他们都说这顿饭吃得很香，有几个女孩子说，这是她们有生以来吃得最多的一次。通过这次下乡演出，看得出，我们的演员在工作中寻找着快乐，遇到困难从来都是笑着面对，乌兰牧骑的生活锻炼了他们，也教会了他们不怕苦、不怕累的吃苦耐劳的品德，这是一辈子受用的精神财富。

乌兰牧骑故事之四：为边防六连演出

2018年7月18日晚上8点30分，我们要在巴丹湖为旅游团演出一场，之前搭建舞台音响的人已经走了，其他的演员下午2点做好了出发的准备。当时乌兰牧骑的车旗里有活动借走了，我们就从旗国资公司借了一辆老式大巴车，没有空调，走了一会儿，车里的温度就达到四十多摄氏度，车子不行就又借了机场的大巴车，大巴车又出了故障，后来雇了运输公司的车，折腾了几次，8点才抵达演出地点。大家迅速行动，大概9点30分演出结束。之后我们要赶到边防六连完成另一场演出，因为之前已经约好了时间。车子一路行驶，差不多晚上10点左右起了沙尘暴，风越刮越大，能见度非常低，大概凌晨5点我们到了一个嘎查，就在嘎查稍作休息。当时四十多人，自带的帐篷也没办法支起来，大家就在车里休息了一会儿，早上8点又出发了，因为考虑到和部队约定的时间，我们决心克服一切困难。中午11点多到了边防六连，吃过饭，开始装舞台和音响设备，刚装好，天气又骤变，不仅刮风还下起了暴雨，雨点特别大，我们的设备是不能淋水的，否则就会损坏，部队战士帮助我们一起把舞台音响设备从操场搬到楼房里，没想到，由于风大，部队停电了。为了完成演出任务，我们将自备的发电机从楼里又搬到部队的展览室，以最快的速度重新搭建了舞台，安装了音响设备，演出正式开始，所有的节目都达到了要求，效果特别好，边防官兵都非常满意，我们为他们带去的是一场文艺节目，但节目的背后却是乌兰牧骑队员不服输、不气馁，团结协作、克服困难，努力完成任务的团队精神。演出结束大概下午6点，我们就整理行装，赶赴苏宏图。上了高速行驶了一会儿，又开始刮风，风特别大，司机说风可以叼住方向盘了，能见度也低，路中间扬沙飞起，道路都难以看清。没办法，我们就下了高速，应该是向西走，但由于风太大，司机也迷路了，走了四五公里，我和司机都觉得方向不对，就停了下来，半个小时后遇到了另外一辆阿盟的小车，问了一下，才知道我们的确是方向弄反了，我们应向东行驶。于是我们又掉头，到苏宏图已经晚上11点多了。

在我们演出的路上经常会遇到类似这样的恶劣天气，但是我们没有因天气或者其他原因放弃或者停止演出，有困难想办法克服，为基层服务永远是我们乌兰牧骑的行动所向。

乌兰牧骑故事之五：扶贫路上有我们

我们乌兰牧骑有两户帮扶对象，一个叫敖云格日勒，一个叫在娜仁图雅。2016年夏天，我们到阿拉腾朝克苏木那仁布拉格嘎查敖云格日勒家进行帮扶工作，每次到苏木演出完，我们都要去她家里看看，她家原来三口人，现在只有她一人。丈夫2013年心肌梗死去世了，儿子在蒙古国读博士，是个优秀的孩子。她家住在山沟里，棚圈和羊圈一半都塌了，伙房的防水也不行，井口也陷下去了，棚圈的柱子年久失修也存在安全隐患。我们去了以后，女演员做饭，男演员利用车上带的发电机开始干活，我们乌兰牧骑队伍中有个叫宝山的，是司机也是舞美，他可是个多面手，心细手快，为了更换羊圈柱子，他先把钢管按照尺寸焊接好，然后把木头的柱子顶起来换成了钢管柱子，这样就结实了。其他队员一起和泥将屋顶做了防水，别看演员在舞台上蹦蹦跳跳，干起力气活都没问题。后来修棚圈的时候遇到了一个问题，我们的演员不会垒石头，我们就从附近雇了一个牧民指导演员搬石头，给棚圈、羊圈垒了个结实的石头墙。演员都年轻，干这些活他们都很愿意，没有丝毫怨言，干得挺欢实的，一边锻炼了身体，一边也学了技术活，就这样我们利用演出闲暇时间为敖云格日勒家修好了羊圈，给她家的伙房做了防水，井口也抹了水泥，修理得有模有样。我们一年差不多要去两三次敖云格日勒家，帮助她剪

在帮扶对象家换羊圈柱子

羊毛、抓羊绒，帮了不少忙。我们好多演员学得特别快，体验了生活，对他们编排舞蹈动作和创作剧目也有一定启发。别看这些小事，农牧民欢喜得很，他们看了节目，我们也照顾了他们的生活，一举两得的事。干活的男演员除了宝山，还有苏和巴特尔、毛楚鲁、双龙，女演员有钢花、图雅和斯琴其木格等，每次提起这些经历，他们也很受教育，感触颇深。

修整棚圈

乌兰牧骑故事之六：带着孩子去演出

从2014开始，也就是我担任乌兰牧骑队长后，每次乌兰牧骑下乡演出允许带一两个演员自己的学前孩子，因为有的演员家里的父母在牧区或者外地，没人带孩子。年龄相当或者稍差几岁，孩子是个伴也可以相互照顾。这样演员下乡也放心。那一次正好是我们参加第十二届草原文化节优秀剧目巡演，演员图雅的儿子阿比雅苏没人照顾，我们就带上一起巡演，从右旗出发，一直走到赤峰宁城县、巴林右旗、锡林浩特和二连浩特，走了六千多公里。早上走的时候，阿比雅苏特别乖，觉得坐车很好奇，一路上说说唱唱的。到了下午大概太阳落山的时候，就有点坐不住了，开始不停地问我们，到了没有，什么时候到啊？孩子坐车坐得时间太长了。但就是这样，孩子不哭也不闹，后来和大家熟悉了，哥哥姐姐叫着，还亲得很。别看这个男孩子年龄小，演出之余也跟着我们学，帮着提道具、递服装，跑前跑后的，特别勤快。阿比雅苏到了六岁，演员斯琴其木格的姑娘朵兰刚满五岁，开始跟着我们下乡演出，这些孩子跟着乌兰牧骑走，和演员一样不怕苦，克服种种困难，培养了坚强的意志，对孩子是个锻炼，另外台前幕后耳濡目染，不论是情感方面还是艺术方面，不知不觉接受了良好的艺术教育和熏陶。乌兰牧骑指导员钢花的儿子高雅恒四岁开始，跟着我们演出，跟着演员学跳舞、唱歌，还学拉琴，小家伙表演起来有模有样的。我们的演员本身年龄也不大，大家在一起时间长了，都有了感情，现在独生子女都孤独，但乌兰牧骑不存在这个问题，大家都是一家人，都是兄弟姐妹，不管是工作还是生活，都相互照顾相互支持，将来长大了，这份感情也是他们一生的财富。因为乌兰牧骑舞蹈演员受年龄限制，结婚演员怀孕就不跳了，但歌唱演员还是要演出的，在这个方面我们的演员付出也很多，一个二十八岁演员怀孕两个月的时候，在一次下乡演出时流产了，所以乌兰牧骑的演员有时背后的付出别人是体会不到的。即便有这样那样的困难和挫折，乌兰牧骑始终发扬优良传统，扎根基层，服务群众，将党的声音传递给每一位农牧民。

习近平总书记给苏尼特右旗乌兰牧骑队员的回信为乌兰牧骑的发展指明了方向，我们要不忘初心，牢记使命，继续以灵活多变和喜闻乐见的演出方式活跃在阿拉善的广袤大地上，在继承和发展民族传统文化、丰富民族艺术宝库、培养优秀民族艺术人才方面取得更加优异的成绩。

口述故事
政协情怀
大漠史记
草原轻骑
岁月深处
永恒记忆

履印迹痕

——访京新高速公路临白段工程建设管理办公室主任杜子义

马 芳

挖掘和整理阿拉善公路交通事业背后的故事，能够与交通人沟通、交谈是我多年的愿望，我想听他们聊阿拉善公路交通事业的变迁，和他们聊当年银巴路的建设构想、聊当年打通孟根和阿拉腾敖包苏木断头路的林林总总，更想聆听京新高速临白段工程建设背后发生的感人故事……有幸实地采访了京新高速公路临白段工程建设管理办公室主任杜子义，让我得偿所愿。我在杜子义主任的办公室与他交流，聆听了他38年公路交通战线的成长历程以及阿拉善盟公路交通事业的发展变迁，这些珍珠般的成长历程，就是一部厚重的交通史料，将激励年轻一代的交通人不忘初心、勇于奉献，取得更加辉煌的业绩。

马芳：首先感谢您能在百忙之中安排这次访谈，您不仅是阿拉善公路交通建设者的代表，也是交通行业的佼佼者，能够在这个行业坚守近40年，一定有很多值得回味的经历。因此，我想以您为什么来到阿拉善？怎么开始从事公路交通行业为切入点开始我们的访谈。

杜子义：我是1977年恢复高考的第一届考生，第一志愿就选择了交

作者简介：马芳，时任阿拉善盟政协文化文史学习委员会副主任，现任盟政协文化文史学习委员会主任。

通部呼和浩特交通学校。当时认为交通就是汽车，那个时候汽车正是很吃香的时候。到了学校以后，我才知道我被路桥专业录取，刚进校我还想换到汽修专业。当时一位老师对我讲："其实路桥这个专业相当不错，出去修路架桥、造福人民，那有多好啊！这个学校有很多毕业的学生现在都成了全国有名的工程师。"我也就打消了调换专业的想法，并暗下决心，一定要学好这个专业，将来自己也要成为一名人民需要的工程师。

1980年8月，我从交通学校毕业后被分配到阿拉善盟，当时一起分来9个学生，有的分到左旗，有的留在了盟里，我和另外2个学生被分配到了距离盟府所在地600多公里的阿右旗，到了旗里履行了相关手续，我才知道我要到公路段工作。当时也没有什么别的想法，就是想着有了工作就要好好干，没想到这一干就是近40个年头。

回想当年一路行程至今记忆犹新。我是从包头坐的火车，一路到银川，再坐汽车到盟府所在地巴彦浩特，当时银巴公路银川段正在修建，阿盟段还未开始修建。1979年西三旗划归内蒙古，1980年3月成立了阿拉善盟。银巴公路阿盟段是1979年至1981年三年间修通的，按三级标准修建的，这也是当时全盟唯一一条完整的油路。看到阿拉善盟落后的交通状况，我当时就有了扎根大漠，奉献交通，立志改变阿拉善盟落后交通状况的想法。

马芳：您和我聊聊银巴路过去和现在的情况吧。

杜子义：当时我来阿拉善的时候，听说阿拉善右旗跟盟府所在地巴彦浩特不通公路，额济纳旗公路虽然已通，但当时基本上是草原自然路，中间偶然有几段等级路，也是砂石路。一趟班车需要4天才能到达，而且颠簸难行。阿拉善右旗当时只有20公里的油路，还是阿右旗归(隶属)甘肃的时候修的。

1979年以前，银巴路也还是砂石公路，也就是自然路。1979年开始修建油路，1981年建成通车，这是当时阿拉善盟史上的第一条油路，共计

61公里的三级公路。1994年至1996年,对这条路进行了翻修改造,对油面进行了补修。2004年采用BOT方式,进行升级改造,升级为二级公路。当年3月开工,10月建成通车。2005年2月开始收费,这是我盟首条采用BOT方式建设的公路。2006年,银巴高速公路的建设再次提上议事日程。开工调研、初步设计,于2008年9月开工,2010年建成通车。从此,银川到巴彦浩特有了一条高速公路和一条二级公路并行。

马芳:请您介绍一下当时巴银高速公路的修建情况。

杜子义: 2010年10月正式通车的巴银高速公路,作为内蒙古与宁夏之间的重要省际通道,是内蒙古自治区"三横九纵十二出口"公路网规划的重要出口之一 。当时提出来两套路线走线的方案,一套是穿山(贺兰山)方案,一套是并行原来旧路的方案。针对这两套路线方案,我们进行了认真地比选,组织专门的技术人员翻山越岭、现场踏勘、反复比选,最后确定按原来三级老路的方向修建,理由很明确,一个是成本低、好修建,再一个就是考虑到生态问题,对贺兰山破坏小。

马芳:那您再谈一谈当年是如何打通孟根至阿拉腾敖包断头路的。

杜子义:说到孟根到阿拉腾敖包的路还真有点激动呢。1980年8月,我开始在阿盟交通行业工作,虽然在阿右旗公路段工作,但那时每半年就要对全盟的公路养护进行一次大检查。所有养护单位都要出3个代表参加。每年的检查,我绝大多数都参加了。因此,对全盟的公路状况比较清楚。1981年全盟只有80多公里的三级油路,其中巴银61公里,右旗额周公路20公里,其余都是砂石路,而且大部分都是草原自然路。行车时速能达到30公里以上,就算是畅通路,也就是好路了。行车时速15公里以下为难行路,时速15~30公里为可通路。那时,盟府巴彦浩特和阿右旗之间还不通公路。主要是在右旗境内的孟根至阿拉腾敖包之间,有30多公里的大沙漠阻隔。从右旗到巴彦浩特需要绕道兰州,一趟需要4天时间,往返就是8天。当时,盟旗领导都迫切希望能够打通这段被沙漠阻隔的断头路，哪怕是212越野吉普车能通行也行。1984年，盟交通局批准建设孟阿公路。总投资为60万元，按四级砂石公路标准修建，总长27公里。建设任务交给了右旗政府，政府下达到经委，经委又把任务下达给了公路段。公路段成立了孟阿公路施工领导小组，我担任了组长。这是组织对我的信任，也是考验。我组织相关人员于1984年5月进场，仅仅3个月的时间，8月20日便建成通车，比原计划提前了40天完工。当时，全盟各族人民无不欢欣鼓舞，多年的夙愿得以实现。原来4天都过不去的路程，孟阿公路上丹段修通后，212吉普车一天就可以从盟府巴彦浩特到右旗，从此结束了盟旗不通公路的历史。这是阿拉善盟交通史上一个极具意义的里程碑。之后，1985年到1987年三年又将上丹至阿拉腾敖包的51公里路段按四级砂石公路建设完成，通上了真正的公路。

马芳：盟交通展览馆的老照片中也有许多您当年参与修路的影子，看到这么多老照片，一定勾起了您对过去的一些回忆，您给我们讲讲您记忆最深刻的一段历史或者当年发生的最难忘的一段故事。

杜子义：阿拉善盟交通展览馆建得不错，能搜集到那么多老照片，真是不容易。的确，今天看到了这么多老照片，过去的一些事情可以说历历在目。记得那是1981年，是我来到阿拉善的第二年，这一年银川至巴彦浩特公路建成通车，也是这一年，结束了阿拉善盟没有柏油路的历史。如今再站到银巴路边眺望这条宽阔的柏油路时，我思绪万千，从当时全盟只有20多公里的油路，发展到今天，阿拉善盟已经有1万多公里的公路，遍布在阿拉善27万平方公里的大地上。油路里程也达到8345公里。现在想想，真是不可思议。

那我就简单地讲讲在阿拉腾敖包巴音套海嘎查工地上，无床睡地上，没有桌子用案板绘图的故事。1980年9月17日，我被分到公路段，9月21日下工地。由于路途远，我坐班车走了两天才到工地。工地上刚搭起了帐篷，没有床，只有自带的一卷简单的行李。晚上，我们就只能打开行李直接睡在地上，当时也没有办公桌、办公椅。第二天上工地让我操平，中午就得把填挖高度算出来。我说得先拉设计线，得有桌子、绘图板。工地领导告诉我说，这里就这么个条件，没有桌子，只有做饭用的案板，那就在案板上绘图吧。没办法，我只有取过案板凑合着绘图，可那个案板高低不平，缝子有一指多宽，我就来回挪动找较平的地方绘，总算完成了一项任务。吃过午饭也没有午休，绘了草图，算出了填挖高度，又给领导抄在小笔记本上。当时就是10 cm×15 cm的小笔记本，装在衣服兜里，装根红蓝铅笔、一把钢尺，这样我们就开始现场施工了。当时，我们是边测量边施工。工地上只有一台水准仪、一台经纬仪。没有任何的技术标准、规范，曲线表等参考书。遇到问题，只能从学校带回来的课本上找。比如打个曲线，也得自己计算出来。抄在本子上，再到现场放样。当时，我就是靠学校学到的知识，自己计算动手放样，解决工程中遇到的实际困难和问题。现在想起来过去条件虽然艰苦，但工作热情很高，遇到困难没有个"怕"字。绘图、测量中的一些难点、疑点都是从书本上现找现学，有时也和老同志请教，就是这段经历对我以后的成长起到了非常大的作用，也是对我人生的一次历练。

我再讲讲修建孟阿公路上丹段的故事。1984年，盟交通局下达了修建孟阿公路上丹段的任务。我当时被任命为施工领导小组组长。这段路是阻车最严重的一段路。如果这段路通了，那么当时212吉普车一天就可以从盟府到阿右旗了，这也是当时盟旗领导和干部群众最迫切希望能够打通的一条断头路。当时的筑路条件可不像现在，没有一台装载机、挖掘机和大型运输车。我们当时仅有的3台60推土机、2台汽车和1台拖拉机是主要运输工具。沙漠中没有路，也没有施工便道，只能从两头分段推进，装卸全凭人工。当时正式的技术人员只有我一个。我们施工组包括领工员一共才6个人。早上6点我和工人一起出工，天黑了，一起收工。晚上，我还要登记工人出工情况，记录丈量的土方，安排第二天的工作，睡觉一般都到晚上11点多。1984年正好我妻子怀孕,但我很少能回去,眼看预产期到了,可工地上又忙得走不开,我想等到预产期的前三天再回,谁知孩子提前十天出生了,单位派车到工地接我。小孩中午11点就降生了,可接我的车下午5点才到工地,等我把工地的工作安排好,从工地回到旗里已经凌晨1点多了。我一辈子就这一个孩子,孩子出生时作为爸爸却不在跟前,感觉很愧疚。但是话又说回来,怕苦怕累就当不了交通人。其实像我这样的人在交通战线上有很多,常年奋战在基层一线,回不了家是常事,就这点来说,交通人真是愧对父母、孩子啊！但是看着如今阿拉善盟四通八达的交通路网,更多的是欣慰和自豪。那个时候,家里的事都是小事,满脑子装的都是修路的事,就觉得能够早日把路修通,早点解决盟旗之间的通行问题,就是我的事业。为了修好路,我感觉浑身有使不完的劲,一方面是工作有激情,另一方面也是对交通事业充满感情,对这份职业的责任感和荣誉感。

马芳:您经历了全盟交通事业的发展变迁,可以将现在和过去做个对比吗?

杜子义:1980年,我毕业刚到阿盟,正是建盟初期。那时,全盟除了阿右旗有20公里三级油路,全盟没有一条完整的油路,除几条修建过的三、四级砂石公路以外,其余大部分都是草原自然路。阿右旗旗府只有一条进出的道路,唯一的出口是额周砂石公路;额旗旗府有两个出口,东出口S312线,西出口达酒线。阿左旗有三个出口:银巴线、乌巴线、巴吉公路。现在三旗东、南、西、北都有出口,与乌海、宁夏、甘肃、新疆,甚至蒙古国等都互通了公路,可谓是四通八达。回顾建盟40年,公路从无到有,从自然路到等级路,由低等级到高等级,而且现在总里程是建盟时的4倍多(4.17倍)。干线公路主骨架网基本形成,支线公路通及27万平方公里大地,形成了四通八达的交通网络。不仅铁路建设加速,三旗都实现了通航,现代化的立体交通网络已经形成。

古人将通达五方的大路谓之康,通达六方的大路谓之庄。康庄大道,也就是四通八达的道路。走上康庄大道自古就是交通文明的理想境界，也是我们交通人奋斗的理想目标。

马芳：近年来，阿拉善交通进入了快速发展期。路网建设步入了快车道，尤其是2017年建成通车的京新高速公路临白段，更是成为了阿拉善盟交通事业发展的一座新的丰碑。您作为京新高速公路临白段(阿拉善盟境内)工程建设管理办公室主任，感触一定很深。

杜子义：是的，814公里的主线高速公路，两年半就建成通车了，速度之快、质量之好、安全便捷、绿色环保，无不证明了祖国实力增强、科技进步之快。如今，看着一辆辆满载货物的车辆，在京新高速上川流不息，曾经流过的汗、受过的苦立刻就烟消云散了。这是时代赋予的机遇，也是盟委行署围绕“向北开放”“一带一路”互联互通思路，全力构建“大网络”，加速完善“主骨架”等战略决策的新成就。从目前来看，京新高速公路的车流量还可以，每天基本上5000辆至10000辆大货车和小车通过。这条路是全国公路大动脉，全国各地的车都要从这儿过。未来交通量还会更大。京新高速公路临河至白疙瘩段，全长930公里，是亚洲最大的公路交通单体工程项目，也是世界上穿越戈壁沙漠最长的高速公路，被称为“中国的世纪超级工程”。

京新高速临白段是国家高速公路网第七条放射线的一部分，内蒙古自治区高速公路网“8横9纵8支8环线”第八横的重要组成部分，阿拉善盟“两横两纵”交通路网格局中等级最高的“一横”，更是北京连接内蒙古自治区西部、甘肃北部和新疆最为便捷的公路通道。京新高速临白段全长930.56公里。其中，阿拉善盟境内主线长814.37公里，连接线长188公里。阿拉善盟境内起点为敖伦布拉格，经乌力吉、苏宏图、雅干、达来呼布、路井，终点止于白疙瘩，也就是内蒙古和甘肃的交界处。项目总投资302亿元，建设工期30个月。项目全线设大桥61座、中桥88座、小桥142座，另有涵洞及通道1147道。全线设服务区10处、停车区7处、养护工区

13处、收费站13处、治超站2处、检测站1处。

这条路于2015年4月正式开工建设，2016年9月实现了主线的贯通，2017年6月25日进行了交工验收，2017年7月15日正式通车。当时三省区即内蒙古、新疆、甘肃同一天通车。历经两年半的施工建设，终于建成通车，可以说几代人的百年梦想终成现实。

马芳：京新高速临白段穿越了浩瀚的戈壁沙漠，一定遇到了很多困难。在推进这项浩大的工程建设中，你们是怎么协调施工企业和当地苏木镇以及沿线农牧民的关系的？

杜子义：京新高速临白段工程项目开创了内蒙古交通建设史上大标段施工总承包管理的先河，由中国建筑股份有限公司、中国中铁股份有限公司、中国交通建设股份有限公司3家央企中标承建。作为亚洲最大的单体公路交通工程，全线穿越戈壁、沙漠、山地、丘陵，途经300多公里无人区，是典型艰苦地区建设的高速公路。无路、无水、无电、无信号、无人烟，更是给工程建设增加了极大的难度。为破解公路沿线缺水少电难题，我们同时实施了937公里输配电线路工程和456公里的管道供水工程，其间的艰难险阻真是一言难尽。但是交通人不怕苦、不畏难的精神再战再捷，克服了一切困难，在建设公路的同时，完成了供水、供电工程，提前实现了水通、电通，为公路建设和运营管理的用水、用电提供了强有力的保障。

可以说，京新高速临白段阿拉善盟境内工程的顺利完工，与3家央企的数万名建设者、数千名监理以及我们建管办120多名管理者的努力奋斗，还有盟委、行署、三旗党委和政府、苏木镇领导以及当地农牧民的大力支持是分不开的。苏木镇和一些沿线农牧民积极响应国家的政策，与建管办与施工企业协调配合得很好。我们也尽最大努力帮助他们解决生活中的困难，及时补偿草场补偿款，施工企业雇用本地牧民在工地上干活挣钱，义务为苏木、嘎查修路，还经常慰问一些贫困户，送去米面油和慰问金。我和乌力吉苏木赛汉嘎查的牧民青格勒图和萨仁都成为老朋友了，这条路修通后，我还抽空看望了他们。他们见到我高兴地说道："新路铺得真好，平平的，我们从京新高速上走阿拉善左旗、敖伦布拉格镇都很顺畅，现在到北京、到新疆也没问题了。修这个路的过程中我们还挣了不少钱，干活挣钱不说，占了我们草场将近8公里，政府给了很多补贴，现在我们的日子很富裕啊！"听到他们发自肺腑的话，我很激动，我无愧于这份职业，至少我为交通事业做了一些事情。京新高速通了以后，对当地的老百姓生活带来很大的变化，不论是312线还是218线，沿路沿线的三产带动起来了，尤其是推动了旅游等第三产业的快速发展，老百姓的收入增加了。这真是应了那句"要想富先修路"的箴言。每当我回想起这段经历，总是感慨万千。在阿拉善亘古荒漠、寂静边陲，千千万万名建设者、农牧民群众团结一心，共同担负起这一历史赋予的使命与任务，共同书写了京新高速公路阿拉善建设的时代传奇，共同书写了交通建设史上新的篇章。

马芳：您简单给我们讲讲京新高速的建成对于阿拉善盟经济社会事业发展的重要意义。

杜子义：我觉得京新高速的建成对整个西部地区开发开放、全盟经济社会的发展具有极大的推动作用，可以说有划时代的意义。随着骨架公路通道的贯通和路网的不断完善，西部地区内联外通的交通运输格局初步形成，开发开放步伐明显加快，不仅密切了区域联系，改善了投资环境，还带动了资源、旅游等产业发展，促进了西部地区资源优势向经济优势的转化。交通基础设施建设不仅直接拉动地区经济增长，而且带动钢铁、建材、汽车、旅游等产业发展。就额济纳旗来说，2017年京新高速公路通车以后，胡杨节游客从2016年的180万人次，猛增到500万人次，旅游收入增长数倍。它的建成，从根本上破解了阿拉善盟"行难"瓶颈，将使从乌鲁木齐经甘肃、内蒙古通往北京的高速公路里程缩短近1300公里。随着交通运输条件的改善，很大程度上加快了区域间和城乡间人流、物流和信息流的流动，促进了发展理念和思维模式的转变，改善了民生，推动了社会进步。可以说，在“一带一路”倡议背景下，京新高速公路临白段是内蒙古打通丝绸之路北路、加快融入丝绸之路经济带的直接体现，促进了中西经济文化往来，对巩固边防稳定、维护民族团结、推动经济社会快速发展都具有重要意义。

为了将京新高速建设中一些感人的故事留在交通历史的史册中，建管办策划编辑出版了近40万字的《筑梦大漠 情撼京新》一书，以图文并茂的形式全方位、多角度书写了京新高速公路阿拉善建设的时代传奇。同时还出版发行了由作家刘玉清老师撰写的大型报告文学《百年梦想》，更生动、更亲切、更有感染力地讲述了京新历史，有机会可以读读。

马芳：非常感谢您能接受我的采访，从您的讲述当中，我也深刻体会到了交通人为阿拉善交通事业做出的贡献，你们的功绩将铭刻在阿拉善建设的史册上。

杜子义：感谢对我的信任。的确，改革开放40多年来，交通运输业迅速发展，极大地改善了阿拉善盟的出行条件和发展环境，使得阿拉善这片土地的面貌焕然一新。而这些成就，是盟委、行署历届领导重视、支持交通事业的结果，是历代交通人努力奋斗所取得的成果。离不开常年奋战在交通一线与大漠戈壁为伴的交通人的辛勤付出。在我的经历中，得到每一个通车的喜讯，我都很高兴。当年哈苏一级公路贯通的当天，内蒙古报社记者刘宏章正带着两名记者在工地采访。我正好路过工地，建管办主任王以海邀我一起庆祝贯通，晚上我即兴赋诗一首以示祝贺：“哈苏一级今贯通，心血和汗共浇成。遇友相邀同相庆，记者采风传佳音。”土路变成油路、低等级变成高等级，每当看到、听到关于交通事业的每一点发展、每一点变化，我心里头都感到非常的骄傲和自豪。我觉得这辈子从事交通行业是我的光荣，也坚信阿拉善交通事业的明天一定会更加美好。

阿拉善的民勤商号——玉盛明

黄　聪

张子明其人

张子明（前）与侄子张永生（后右）合影

张鸿睿（1901—1971年），字子明，甘肃省民勤县收成镇宙和村人。张子明出身于地主家庭，能识文断字，但不入流俗。十六岁时离家外出磨砺，在阿拉善旗巴彦诺日公巴格（今巴彦诺日公苏木）河北道（两棵树）给蒙古人家放羊。在放牧过程中，张子明熟练地掌握了蒙古语，与周边蒙古族同胞结下深厚友谊。有感于牧区距离城镇路途较远，牧民销售畜牧产品、采购生活物资极不方便，滋生在阿拉善旗创办商号之意，遂回乡召集乡邻商议集资事宜，获七八户中产人家支持，集资若干。

1920年，在阿拉善旗创办“玉盛明”商号，地点选在他曾经放牧的巴彦

作者简介：黄聪，阿拉善盟政协特聘文史专员，内蒙古作家协会会员，阿拉善盟行政公署办公室科员。

诺日公巴格两棵树，盖了五间土坯房，为方圆百里唯一的土木建筑。张子明出资最多，被股东们推选为商号大掌柜，全面负责商号经营事宜，其他股东不参与商号管理，只在年终分红。张子明虽出身大户人家，但从小秉持“勤劳致富”“勤俭持家”思想，于乡间牧野磨砺，眼界开阔，志向远大，熟知百姓疾苦，深谙经营之道，玉盛明声名鹊起，规模逐渐扩大，即在洪格日玉林巴格（今吉兰泰镇巴彦洪格日嘎查）另设分号。鼎盛时玉盛明商号店员雇工二十多人，开辟六处牧场，拥有大小牲畜近万头（只），固定资产达数百万元。张子明喜读书，善思考，关心时事。阿拉善旗解放后，张子明思想开明，欣然接受党的政策。1950年民勤县土改，张子明积极响应，将故里家中房产、土地、牲畜等全部交给土改工作组，分给人民。

为支援西藏解放，张子明主动捐献役驼数十峰。1954年9月，政务院颁布《公私合营工业企业暂行条例》，对资本主义企业实行公私合营，张子明主动将玉盛明商号公私合营。当年底，阿拉善旗在定远营组建工商联合会，推选张子明为工商联主任委员，主持工商联常务工作。1956年全国资本主义工商业实现了全行业公私合营，公私合营企业最后转变为社会主义全民所有制，玉盛明商号注销，张子明仍担任工商联主任委员职务。抗美援朝时期，张子明积极响应党中央“全国人民团结起来，抗美援朝保家卫国”的伟大号召，捐献十四根金条用于购买飞机支援前线。由于他思想开明，工作积极热情，对阿拉善旗解放初期工商业发展起到了积极的模范带头作用，被推选为全国工商联委员、全国政协委员，出席了全国政协第四届代表大会，受到国家领导人接见并合影。

玉盛明的经商之道

选址要道利流通

得益于清代旅蒙商贸易禁令的放开，一部分晋商“走西口”到阿拉善地区，由行商变坐贾，几乎垄断阿拉善商业贸易。到民国初期，阿拉善行商坐贾多如牛毛，遍布城乡，有名号的达一百多家，其中规模最大资格最老的是山西平遥县董氏开办的“祥泰隆”商号，除定远营（今巴彦浩特镇）总号外，银川设两处分号，旗内各地另设分号八个。彼时，整个阿拉善地区人口不足两万，牲畜仅百万余，市场有限。因此，商业竞争较为激烈，每家商号都有各自的经商区域，其他字号很难涉足。阿拉善旗也有数家民勤人商号，无论规模或者影响，都无法与晋商相比。但是，张子明却硬是分了一杯羹。和祥泰隆等百年老店相比，玉盛明起步较晚，却能在商号众多的阿拉善旗开辟一片天地并立住脚，主要在于张子明独到的眼光和诚信的经营理念。

张子明没有像其他商号一样把总号设在人口最为集中的定远营城，而是把经营区域定在人烟相对稀少的巴彦诺日公巴格（今巴彦诺日公苏木），把经营对象瞄准那些居住偏远分散的牧民们，极大地方便了周边牧民购物。

玉盛明商号的地理位置比较特殊，北距哈勒毛坦（今巴彦诺日公苏木附近）90里，往南30里是科泊尔海子（今拜兴高勒）。追溯历史，科泊尔海子自汉代以来就是古代丝绸之路的重要节点，现今尚存汉代驿站遗址；自元以后，仍是密如蛛网的草原“丝绸之路”的重要节点；清代以来，还是西蒙通往漠北、俄罗斯的重要商业通道，及西蒙、甘肃等周边地区牧民去往内地的重要通道，一直延续到中华人民共和国成立初期。东西方向则是新疆、甘肃通往陕坝、包头乃至京津交通要道上的重要驿站。玉盛明商号建立以后，五间房是方圆数百里最大的固定居所，来往牧民、商旅等各类人员等络绎不绝，皆在玉盛明打尖住宿。玉盛明则是本着“来的都是客”的原则，但凡有人过往，一律免费安排食宿，从而声名远扬。

巴彦诺日公巴格人口不多，草原广阔，草情尚好，牧民生活较为殷实，四五百只以上的羊群极为平常，有的牧驼户拥有四五百峰骆驼，趋草而牧，简直就是个活动的银行。玉盛明在巴彦诺日公巴格区域固定服务对象有四五十户，虽不甚多，但购买能力却甚为可观，供应牲畜皮毛也极为丰富。

随着声名渐隆，资本丰盈，张子明顺势在东边距离两棵树一百多里的洪格日玉林巴格开设了一个分号，亦处于蒙疆至京津、蒙古国往中国的要道上。如此，经营地域扩张，服务牧民增多，所获收益亦增长。

用人唯亲诚合作

玉盛明商号用人举贤不避亲，非亲属不用。此间的弊端有思域狭窄、眼界过低、人才凋敝。但是，张子明的确能力过人，深谙驭人之术。任人唯亲，避免了股东间的内耗；知人善任，更利于团结协作。张子明效法晋商，以顶“人力股”的方式，从伙计中择优提携四人担任掌柜，配给相应股份，分管号内相关事务。人尽其能，物尽其用，将商号利益最大化。二掌柜张永泮，是张子明族侄，负责商号经营；三掌柜周章武，是张子明兄长内弟，负责账目；四掌柜多兴山，是张子明的外甥，善于交际，在牧民间威望较高，负责对外联络；五掌柜汤学忍，负责内务、吃喝结账。四人都是张子明同乡，互为亲属，各司其职，管理有序。另有店员四人，皆为近亲，其中最晚到号的张永生，是张子明亲侄，周章武外甥，跟从周章武学习账目。此外，从民勤老家雇用二十多人来牧区，专职商号畜牧。

如此经营，玉盛明生意渐兴，鼎盛时资本达数百万元。公私合营后，对该商号的资产进行详细的估算，除中华人民共和国成立初期股东撤股、分畜外，剩余牲畜按照牛、马、骆驼每头20元、毛驴每头10元、羊每只5元计算，折资仍有九万多元。

赊销送货聚人心

玉盛明商号无论掌柜伙计，深谙经营之道，蒙汉皆通，又谦逊活络，敞开赊销，送货上门。这样，就消除了和牧民间的隔阂，建立了良好的供给关系。

无论春夏秋冬，凡巴彦诺日公、洪格日玉林两巴格牧民来号，一律热情接待，敞开库门，任其选拿，只在账簿记下所拿货物，牧民需要而号内售缺商品，亦记录在账，下次进货特别关注，到货后亲自送往。周边牧民皆熟络，商号定期备好货物，牵驼队走家串户上门送货，凡到一处，牧民亦待若上宾，无拘无束。牧民趋草而牧，且居住分散，商号每次出门送货少则数天，多则半月，往往整日不见人家，晓风露宿，极为艰辛。

阿拉善沙漠多产苁蓉、锁阳，内地需求较大，玉盛明抓住商机，每年谷雨后派人往树贵、塔木苏等地大量收购，驮运回来后把苁蓉埋在科泊尔海子边上的盐湖里，腌制成咸苁蓉，然后驮运到石嘴山销售，获利较丰。

待到夏天牧民收获羊绒驼毛后，商号及时上门收购，以抵赊销货物，然后他们再把这些皮毛整理打包，驮运到陕坝、包头销售，得银后采办货物再驮回商号。在陕坝采购的货物以粮食为主，其他生活用品则在包头采办，驮运回来根据牧民需求，挨家挨户送到牧民家里。如此，不仅解决牧民居住分散皮毛不好销售的难处，而且聚少成多运送到人口集中商业发达的西北重镇陕坝、包头销售赚取丰厚的利润，同时在包头、陕坝进货补充商号货品的不足。

从巴彦诺日公去包头来回一趟一个月，去陕坝半月左右，为防匪患，结队出行，每次走三到五把子（把子，驼运专业术语，每个驼工负责一把子骆驼的驼队，一把子一般十峰骆驼）骆驼。驼工走南闯北见识多，身体壮，力气大，交际广，三五个驼工一起走，彼此照应，单个或小股土匪颇为忌惮。所幸，玉盛明商号经营三十余年，从未遇匪，即便马鸿逵统治时期和德、李祸乱时期，都没有和他们打过照面，更不要说起冲突了，可谓万幸之甚。

独善其身不争利

张子明很有远见，尽管出身地主家庭，却无小农意识，在阿拉善经商积累了更加丰厚的资本后，没有把所获财物运回故乡民勤，而是不断地在蒙乡扩大经营规模。典型做法是开设牧场，待秋后牲畜抓膘后，商号去牧民家收账，专挑健壮或怀孕母畜作价顶账，然后在自己的畜群集中放养，最终拥有六处牧场，大小牲畜逾万。这样，既解决了商号驮运所需的役驼，同时也促进了仔畜的繁殖，使固定资产进一步扩大，保障了商号持续稳定的发展。

张子明规定，玉盛明不与其他字号争利，避免行业间的恶性竞争而导致两败俱伤。再者，玉盛明不与官家打交道，不走王府路线，不与军阀冲突，遇事不与争锋，低调行事。这样，玉盛明就有较好口碑，赢得附近牧民信任，稳定了经营市场。在阿拉善近代几次大的历史事件中，也能避其锋芒，独善其身而不受其害。

20世纪40年代初，宁夏马鸿逵对阿拉善盘剥加重，阿拉善工商业深受其害，经营困难，最大的商号祥泰隆被迫缩小经营，更名“尉生厚”，一些商号也跟着改头换面，缩小经营规模，目的是为了不被军阀注意，避免太多的赋税。玉盛明顺应时势，更名“协义永”。

因为张子明不与官商来往，不与同行争利的经营理念及远避城镇的先见之明，玉盛明两处商号在宁阿之争及德李之乱中，都没有受到直接的影响，保存了实力，扩大了经营，这和阿拉善其他商号，尤其是落户定远营的商号是截然不同的两种命运，从而在解放初期一跃成为阿拉善地区的商业翘楚。中华人民共和国成立初期，玉盛明经营日盛，不论资本还是声望，仅次于祥泰隆。

长调悠远　岁月如歌

——访非物质文化遗产蒙古长调代表性传承人、蒙古族歌唱家阿拉坦其其格

马　芳　马婷婷

阿拉坦其其格是笔者在学童时期就熟悉的名字,那浑厚、醇美、明快、悠扬中带有蒙古族风情的歌声,不仅展现了蒙古族特有的热情,同时也慰藉了无数热爱蒙古族音乐文化人的心灵。很多人都能如数家珍般说出阿拉坦其其格在不同演唱时期的重要代表作,如《金色的圣山》《孤独的驼羔》《富饶辽阔的阿拉善》《辽阔的草原》等。阿拉坦其其格不仅是有大爱的歌唱家,她的人格魅力与她的艺术境界一样,有温度有力量。为普及蒙古族长调演唱艺术,她在内蒙古阿拉善右旗成立"阿拉坦其其格蒙古长调培训中心",针对一至九年级学生免费传授原生态蒙古长调,并在阿拉善左旗开设蒙古长调培训部。之后,她的蒙古长调免费培训工作陆续向其他盟市及区外发展。传承蒙古长调成为阿拉坦其其格从艺四十多年生涯的一个里程碑。从她的回忆中,能够体会到她与歌为伴的心路历程,语气里包含真实而热切的幸福感。

马芳:这次与您见面非常有缘。首先感谢您能在上课间隙安排这次

作者简介:马芳,时任阿拉善盟政协文化文史学习委员会副主任,现任盟政协文化文史学习委员会主任。

马婷婷,阿拉善盟政协特聘文史专员。

访谈。您不仅是蒙古族歌唱家的代表,也是国家级非物质文化遗产蒙古族长调传承人的代表,我非常喜欢您的演唱风格。您从事少数民族音乐文化传承,研究多年,因此,我想以您童年成长的家庭和社会环境为切入点开始我们的访谈。

阿拉坦其其格:之前也有过很多记者对我进行采访,主要是了解我的演唱风格和成就,你从这个方面对我进行访谈,我很高兴,也非常喜欢这个切入点。我生在沙漠,长在沙漠,阿拉善这块广袤的土地养育了我,这让我想起了我的姥姥和妈妈,我从小喜欢唱歌,我的歌是妈妈教会的,而妈妈的歌是姥姥教会的,我们三代人口口相传,是我这辈子难以忘却的情怀。妈妈八岁的时候,姥姥教会了妈妈一首歌,歌名叫《金色的圣山》。有一天,姥姥走出巴丹吉林沙漠,去探望北方的亲戚,却怎么也没料到,第二天中蒙边界正式划定,姥姥和妈妈从此一别四十多年。大漠空旷无垠,寄托思念的唯一方式就是唱歌,妈妈想念姥姥的时候就总是唱起这首《金色的圣山》:“爬不过的金色圣山,爬过的是悠扬的歌声……”后来,我也跟着妈妈学会了这首歌,而且一唱就是几十年。1993年,在第一届乌兰巴托国际蒙古长调歌曲大赛中,我又演唱了这曲《金色的圣山》并摘取了大赛的金奖。我唱歌也可能是天赋吧,尤其是蒙古族长调民歌。那个时候,在家宴上或者节庆的日子,父亲经常领唱,在场的家人跟着一起合唱,非常热闹。今天想起来,那就是无伴奏合唱,父亲演唱的都是地道的土尔扈特民歌,我就是在这种家庭环境中耳濡目染长大的。

马芳:您愿意与我分享一下您的成长经历和记忆中的难忘岁月吗?

阿拉坦其其格:那我就从小学四年级也就是十三四岁说起吧。从小我就喜欢唱歌,老师认为我唱得好,经常选派我参加学校组织的一些活动,有时独唱有时领唱,表现很活跃。我上高中一年级大概十六七岁,阿右旗乌兰牧骑招收演员,老师推荐我去报名,我就和恩克巴雅尔、达赖去报名,考试结束后,层层选拔,大概有十几个人考进了乌兰牧骑,我就是其中之一。当时乌兰牧骑也没有什么排练厅，我们就在旗党校院子里租的平房里练功，在教室的窗台上抬腿压腿，后来窗台上的砖头都被我们踢掉了，党校的校长很生气，还批评了我们。当时我们的队长是杨福天，老师有格日勒、姚金贤，还有刚嘎牧仁，他们四个人教我们舞蹈和声乐。那时候一台晚会我们都上台，舞蹈演员服装也就三四套，换来换去的，独唱演员就一套，也没有练功鞋，穿的最多的就是腈纶球衣球裤，裤腿侧面有红色条纹的是女生服装，蓝色条纹的是男生服装。帆布球鞋就是练功鞋，可以说，进入阿右旗乌兰牧骑，我开始接受正规的声乐训练。那个时候，我们的节目和形势跟得紧，创作的节目有样板戏《草原民兵》《洗衣歌》《挤奶舞》《夫妻认字》《兄妹开荒》等，当时阿右旗归武威地区，我们经常去武威地区参加汇报演出。好来宝、蒙汉语快板都很受欢迎。1973年底参加汇演，我独唱的蒙古歌曲《红太阳》深受观众喜欢，那次汇演我们取得了很好的成绩。当时条件很艰苦，没有交通工具，服装和道具都很少，更不用说补贴了。每人一个军大衣，自带行李，演出结束后有时搭个帐篷休息一下，夏天还好说，冬天我们就在学校的教室、大队会议室休息。棉花包着盐巴用柴油点着，就是演出的灯光。部队、边防哨所、天祝、古浪，包括所有的苏木都走遍了。骑着骆驼到巴丹吉林沙漠深处为牧民演出，哪怕只有一户我们都演。还到乌鞘岭为部队演出，战士们年龄小、离家远，环境又艰苦，看到我们的演出都非常感动，送我们茶缸、帽子表达心意。我们一年时间不是演出就是排练，几乎没有空闲时间。乌兰牧骑对我的影响太大了，现在想起来都是些平常琐碎的事情，但记忆很深，大家互助友爱，朴素而真诚。那个时候，我们到牧民家演完节目还帮他们干活，男演员主要帮着牧民饮骆驼、垒羊圈，还帮着补锅、补桶，我们女孩子就帮着收拾屋子、擦玻璃、洗衣服。我们还学着打针，每次下乡都带着小药箱。我们的节目不是纯粹蒙古语，每次都是蒙汉双语，这样在创作方面就有一定难度，大家就互相翻译，我的汉语水平就是在那个时候提高进步的。我们演出要骑骆驼，一走就是几十公里，冬天脚冻得都站不住，吃的是结冰碴的馒头，尽管如此，都没有影响到演出，演出任务就是天上下刀子都要完成的。我们那个年龄其实学好学坏都很容易，好在我们的队长是军人出身，很厉害，一直是沿用部队的模式管理我们，要求我们一专多能，会独唱、二重唱，要学会演奏器乐，还要会跳舞，每周的生活会上指出我们的错误，给予严厉的批评和教育。正是有队长的严格管理，我们都养成了良好的习惯和优秀的品德，并且业务水平也提高了很多。乌兰牧骑对我的一生都有着非常重要的影响，这段经历锻炼了我，也培养了我。1978年，我考入西北民族学院，通知书下来的时候我的孩子刚刚满月，但是我学习的劲头特别足，克服一切困难去学习深造。1980年，我开始从事教学工作；2004年，去了北京，成为中央民族大学客座教授；2006年，成为内蒙古师范大学音乐学院研究生导师，培养了很多研究生。这么多年，我好像已经在音乐这条路上停不下脚步了。

马芳：在您的歌唱生涯中，哪件事情对您来说难以忘怀或者最能触动您致力于民族艺术的满腔热情？

阿拉坦其其格：我得过很多奖，记忆中最难以忘怀的是1982年12月底的那次比赛。可以说，这次获得的最高荣誉激发了我全身心投入民族艺术的热情并成为我不断前进的动力。1982年，我刚满二十七岁，参加全国部分省、区少数民族青年独唱比赛，当时有来自内蒙古、吉林、新疆、四川、贵州、云南等地区的很多人参加比赛，比赛的时候我好像也没想那么多，因为经常演出，也不紧张，可以说正常发挥吧。比赛结束，没想到我获得了民族唱法优秀表演奖。当时只知道是国家民委、文化部组织的颁奖大会，也听说是中央领导来现场为我们颁奖，但不知道具体是谁。当时我身着蒙古袍，心情非常激动地走上颁奖台，没想到是，为我颁奖的是时任中央政治局委员、书记处书记习仲勋，他还亲切地与我握手。颁奖会上，他勉励我们要练好本领，更好地为基层群众服务，致力于民族艺术发展。直到现在,我一直保留着他为我颁奖的一张照片,真是备受鼓舞。我从一个牧民的孩子成长到现在,是党和国家给了我这么高的荣誉,我要珍惜,要懂得回报和感恩。

马芳:您是怎么意识到蒙古族长调需要传承和发扬的?师从谁提升了长调民歌的演唱方法呢?

阿拉坦其其格:我从小生长在牧区,对蒙古族长调非常喜欢,感谢蒙古族先人为我们留下了长调这么优美的音乐,可是随着时间的推移,现在一些著名长调演唱艺人、流派代表人物年龄都大了,有的著名长调演唱艺人相继离世,一旦长调师承关系得不到延续,独特的演唱方式、方法不及时传承,这种音乐可能会被后来的人们遗忘。长调诞生的原生自然环境发生了改变,马背上的千年绝唱及一些独特的演唱方式和方法濒临失传。而且长调是一种靠口头传承的民间艺术,因地域的不同和演唱者的差异,形成了多种风格。我看到我们民族的东西濒临失传,很痛心。所以我想一定要传承蒙古族长调,将这门艺术发扬下去。早先,我师从内蒙古艺术学院教授、蒙古族著名民间歌唱家照那斯图老师学习长调演唱技巧,后来又进入西北民族学院声乐系学习深造。照那斯图老师告诉我,“长调是心灵的自由”,长调和别的歌曲的不同主要体现在韵味儿上,如果韵味儿掌握不好,长调就会空洞乏味。我按照那斯图老师的讲授和示范,再加上我自己的一些悟性,在长调的唱法上就形成了自己的风格。

马芳:您是如何认识非物质文化遗产蒙古族长调民歌的传承与发展的?又是如何想起在阿右旗建立这样一个公益性的蒙古族长调培训中心?将来有着怎样的发展趋势呢?

阿拉坦其其格:非物质文化遗产作为社会文明的历史见证,是我们人类共同的宝贵财富,饱含着民族特有的精神价值和审美体验。哪里有草原,哪里就有长调,哪里有牧人,哪里就有长调。蒙古长调演唱艺术是蒙古族歌唱艺术最高成就的艺术形式,它是草原上的歌也是马背上的歌,它是一种具有鲜明游牧文化和地域文化特征的独特演唱形式，能够用一种特有的语言诉说蒙古族对历史文化、人文习俗以及美学方面的感悟，现已被列入“世界口头文化遗产”。为了将蒙古族长调传承、发扬和普及，用我全部的知识和一颗赤诚的心来报答我的家乡阿拉善，2008年3月，我决定在阿右旗建立阿拉坦其其格蒙古长调培训中心，针对一至九年级学生全免费教授原生态蒙古长调，并在阿左旗开设蒙古长调培训部，我想通过这种方式，使蒙古长调演唱艺术从娃娃抓起并进一步得以传承、发展。培训中心选在阿右旗是我个人的想法，培训中心的位置就是我家的草场，大自然赋予了草原辽阔、博大，非遗传承尤其是蒙古族长调一定要有环境，如果建在城市，孩子们看不到草原和蒙古包，甚至见不到骆驼和羊群，那么就无法理解我们这个民族的一些东西。所以我选在远离镇区八公里的地方，更有利于长调民歌字少腔长、高亢悠远、舒缓自由这样的演唱风格。旗政府出资盖了教室和校舍，装修具有蒙古风情，孩子们都非常喜欢来这里学习。现在传承基地建筑面积1755平方米，房屋建筑面积436.45平方米，有排练厅、展览厅、宿舍、食堂、厨房附属用房，外部是约20000亩的学习实践体验区，是集教学、食宿、生活及学生实践于一体的培训体验中心。中心面向全国，其他民族的学生都可以参加，只要有这个爱好和追求的孩子都可以来。这是一项公益性事业，孩子们拿着随身衣服来就可以了，住不要钱，孩子自己带少量的伙食费，我的退休费都贴补进来了。我和孩子们的关系不仅是师生关系，更像是母子关系，只要进这个院子，我亲手做饭，还教他们生活的习惯，比如洗碗扫地、洗衣服等，教育管理他们的同时培养他们做人做事，最长的就是暑假二十五天吧。我作为一名艺术家，人民给我很高的荣誉，我要感恩人民的厚爱，我要做一点自己力所能及的事情，要把我们这个民族最珍贵的东西留给后人。我的生命以后也会终止的，但我培养了一批接班人，他们接替我传承下去。“只有开始没有结束”，这是我的座右铭。

马芳：经过几年的发展，您的蒙古长调传承培训中心发展情况怎么样呢？遇到些什么困难？您是如何克服的？

阿拉坦其其格：我现在不仅在阿右旗有总部，其他地方也有分部，赤峰阿鲁科尔沁旗、青海德令哈、鄂尔多斯克什客腾旗、包头市九原区，还有阿左旗的两个分部，一共七个分部，分部中优秀的孩子会选到总部集中培训提升，这次赶上暑假，我正好在这里培训，所以我们才有机会见面。蒙古长调培训中心成立之初就立志于挖掘、传承、发展蒙古长调这一非物质文化遗产，坚持公益发展蒙古长调艺术，对前来学习蒙古长调的学员不收取任何费用，并重点针对小学与初中的学生进行培训，从小培养原生态蒙古长调演唱技艺，使蒙古长调演唱技艺逐渐传承、推广。聚沙成塔，滴水成河，我深知虽然我为蒙古长调的保护、传承、弘扬做了一些该做的事，但是凭我个人的力量是远远不够的，比如：现在蒙古长调培训中心的条件还相当艰苦，教室仅有课桌椅；而且聘用管理人员、专业长调教师工资都由我承担；每年往返于北京与各培训部，为蒙古长调学员订制演出服装，为长调学员在北京租用培训场地，购置基本生活用品，等等，一切费用都由我个人承担。我想让孩子们传承、传唱原生态蒙古长调，我将不计个人名利为培养新一代的传承人做点事情，使长调民歌整体衰微的趋势得到一定的遏制。虽然我想方设法筹集资金用于发展蒙古长调艺术，但我个人的财力有限，使得一些器材的购置搁浅，改善学习条件的想法无法实现，资金问题现已阻碍了蒙古长调艺术的发展。

马芳：蒙古长调培训中心建立以来，取得了哪些令人瞩目的成就值得您自豪和骄傲？

阿拉坦其其格：蒙古长调培训中心成立至今已免费培训1635人次，很多学员已初步掌握蒙古长调演唱技巧，并取得良好的社会影响力和号召力，也引起多家新闻媒体及社会的关注，国家民族画报社、内蒙古广播电台、内蒙古日报、北京广播电台等多家新闻媒体来培训中心进行专访。

2008年，中央电视台《民歌中国》栏目慕名前来阿右旗选拔优秀节目，蒙古长调培训中心学员多个节目被选中，在北京参加了节目录制并播出。学员们先后参加了庆祝阿拉善盟成立30周年大型文艺晚会暨首届阿拉善文化节开幕式的表演、内蒙古电视台《音乐部落》专题节目录制，以及文化部举办的“守护家园·文化表情——土风纪述展演”等演出活动及各类蒙古长调比赛。在2011年全国“哈扎布”杯蒙古长调大赛中，蒙古长调培训中心的小学员与外聘教师分别获二等奖与三等奖。培训中心的孩子还参加了2012年内蒙古电视台春节联欢晚会节目演出和“伊泰情”第九届中国内蒙古草原文化节演出。参加演出与比赛是对蒙古长调培训中心培训成果的检验，也是社会对蒙古长调培训中心培训效果的认可。孩子们的学唱是传承的希望，也给了我坚持传承的动力。我将用一颗感恩家乡的心和对民族艺术的热爱，致力于原生态蒙古长调的保护、传承和发展。

阿拉善盟政协“成吉思汗文化遗迹”考察综述

斯琴别立格

一代天骄成吉思汗(1162—1227年)作为叱咤世界的风云人物,在人类历史的长卷上留下了浓墨重彩的一笔,对世界历史进程产生了重大的影响。戎马一生的成吉思汗,曾多次踏上阿拉善这片土地,与阿拉善结下了生死之缘。

从1205年到1227年间,成吉思汗先后发动了六次对西夏的战争,其中四次经过居延海(今额济纳旗)、两次路过龙首山(今阿拉善右旗)、两次踏过阿剌筛山(今贺兰山),最终攻克西夏。为了全面了解成吉思汗在阿拉善遗留下来的历史足迹、文化遗存,深入挖掘、收集、整理并编纂文化史料,探讨开发“大汗足迹”文化旅游线路,打造“苍天般的阿拉善”国际旅游目的地,2018年春夏之交,阿拉善盟政协副主席王秋才带领民主党派、文艺新闻界别委员及相关部门专家一行赴全盟三旗境内,沿着昔日成吉思汗的足迹,开展了探寻“成吉思汗文化遗迹”委员界别活动。调研组一行先后赴阿拉善右旗和额济纳旗,对塔林拜兴、巴润海日汗、恩格日乌苏、乌海希勃障址、黑城遗址、阿拉腾特布希山、巴彦宝格德山、东西居延海等地进行实地考察,全面了解成吉思汗在阿拉善的历史事件、文化遗迹和传说

作者简介:斯琴别立格,阿拉善盟政协文史资料管理科科长。

故事，对遗址、遗迹进行图片、视频的拍摄记录和测量等工作，详细了解阿拉善盟境内现存的成吉思汗文化遗迹的现状及历史由来。

一、基本情况

阿拉善盟的境域，历史上曾是两个地区，即阿拉善地区和额济纳旗（居延海）地区，是羌、月氏、乌孙、匈奴、鲜卑、乌桓、突厥、吐蕃、党项、蒙古等游牧民族繁衍生息的地方。特别是额济纳地区，是汉、唐时期的北方重要军事基地。到了宋代，阿拉善地区属西夏管辖，并在此地（今阿拉善境内）设立了两大监军司（西夏建国初期有十二个监军司），即黑水镇燕监军司——治黑水城（今内蒙古额济纳旗南二十多公里处的黑城遗址）；白马强镇监军司（今内蒙古吉兰泰盐池北）。据《宋史·夏国下》记载："夏之境土，方二万余里"，而一般史籍记其疆界为"东尽黄河，西界玉门，南接萧关，北控大漠"。与今天的行政区划对照，其范围是：东至陕西榆林地区的黄河之滨，西至甘肃省敦煌市西北的小方盘古城，南抵宁夏海原县高崖乡草场古城，北控中蒙边界一带；包括内蒙古的西部及河套地区、宁夏的中部和北部、陕西北部、甘肃的河西走廊。

13世纪初，以成吉思汗为首的蒙古部统一了蒙古地区诸部，逐渐形成了一个新的民族共同体。他带领他的子孙接连发动了大规模征服战争，铁蹄所向，势如破竹，席卷了整个欧亚大陆，先后有四十多个国家、七百多个民族都归附于蒙古帝国。在这个过程中，成吉思汗率蒙古军用二十二年的时间六次出征西夏，最终消灭西夏王朝。

（一）第一次出征西夏

南宋开禧元年（1205年）三月，成吉思汗以西夏接纳蒙古仇人王汗之子桑昆为借口，亲率骑兵南下，攻打西夏的北部边疆。蒙古军从额尔齐斯河（今蒙古人民共和国科布多地区境内）出兵，沿霍博河流往南，随后又转向东，经过了察罕泊、鄂洛克泊南下到达西夏统治的居延海（今内蒙古自治区额济纳旗)地区。西夏军没有料到蒙古人会兜一个大圈子来对付自己,因此并没有充足的准备。成吉思汗指挥蒙古大军围攻居延海地区的重镇力吉里寨,西夏军疲于防备不敢出击。看到西夏军龟缩在城内,成吉思汗便下令让蒙古军在瓜州(今甘肃安西县东南锁阳城)和沙州(今甘肃敦煌市)一带大肆骚扰,西夏军搞不清楚情况,两州的驻军纷纷出城清剿,结果西夏军的兵力配置立马被蒙古军探了个一清二楚。随后成吉思汗又分兵一部进攻西夏定州(今阿拉善乌素太和宁夏石嘴山市平罗县)和乞邻古古撒城(今阿拉善巴彦木仁苏木和巴彦淖尔市磴口县一带),蒙古军连续围困了两个多月,守军终于不济最后城破。随后大军东行,到达西夏的龙州(今巴彦淖尔市临河区)。五月退兵,攻破了黑山威福军司落思城(今巴彦淖尔市乌拉特中后旗境内)。蒙古军又在龙州一带进行了大肆掠夺,把老百姓和骆驼全部虏回了草原。此次进攻,以蒙古军的胜利而告终。

蒙古的这次进攻并没有引起西夏统治者对北方强大蒙古国的警惕,内部的派系争权斗争又一次爆发。1206年,长期把持国政的镇夷郡王李安全与罗太后合谋,废其堂兄桓宗纯祐,自立为帝,史称襄宗。

(二)第二次出征西夏

蒙古太祖二年,即南宋开禧三年(1207年)秋,成吉思汗以西夏不肯进贡称臣为由,亲率大军南下,并派先锋深入西夏内地侦察。大军经黑水城(今内蒙古自治区额济纳旗境内)到达了西夏连接东、西两厢的战略要地兀剌海城(今内蒙古阿拉善右旗西南的龙首山一带),西夏军见蒙古人来了,急忙退入城内死守。看到西夏军不肯出城,蒙古军在围攻此城之前采取了常用的攻心战术,散布传言"如有据城不降者,破城之日必将屠尽城中之人",想以此达到不战而胜的目的。可是兀剌海城军民依恃城坚兵众,坚持抵抗不降,由于蒙古军经验缺乏,以致久攻不下,双方相持了四十多天。成吉思汗决定用火攻,并向城内统帅提出如想解围必须先交出千只猫与万只燕子。对此离奇的条件,城内统帅感到很惊奇,但为了退敌不得不将城里的猫与燕子捉起来送予蒙古军,而后闭门严守。成吉思汗则命士兵给这些猫与燕子的尾巴上拴上浇油的麻絮,然后点火放回,猫与燕子由于惊吓必然会到城内,顿时城里火光四起。蒙古军趁此机会,发动了总攻,很快蒙古军便攻破了这座城池。

蒙古军进驻此城后,四处掳掠,西夏主李安全集右厢诸路军抵抗,相持达五月有余,蒙古军难以继续深入。次年春季,成吉思汗撤回蒙古草原的斡难河(今蒙古国境内鄂嫩河)营地。

(三)第三次出征西夏

蒙古太祖四年,即嘉定二年(1209年),成吉思汗第二次征讨西夏没有成功,可是成吉思汗已经摸清了西夏的虚实,为了消除灭亡金朝的后顾之忧,他决定第三次出征西夏。三月,蒙古军从黑水城(今内蒙古额济纳旗南)撕破西夏军的防线后侵入西夏境内,十几万人直袭西夏重镇兀剌海城。西夏军临时拼凑了五万人抵御蒙古军,结果在城外全军覆没,副帅高逸被俘后处死。蒙古军攻入兀剌海城后,向东转移攻破了白马强镇监军司(今阿拉善左旗吉兰泰镇境内)。至此长驱直入,七月,进逼西夏都城中兴府的外围要塞克夷门,克夷门位于阿剌筛山(阿拉善山或贺兰山)南端,距中兴府西北约四十公里处,地势险要,两山对峙,崖壁峭立,悬绝难登,有一夫当关,万夫莫开之势。西夏原来在克夷门有驻兵七万余人,获蒙古军东进的消息后,急忙命嵬名令公率五万精锐部队进驻阿剌筛山,以增援克夷门守军准备顽强抵抗,企图在此挫败蒙古军。战初,蒙古军屡被嵬名令公击退。双方相持两月,成吉思汗趁夏军懈怠,据险设伏,遣游兵诱嵬名令公入伏,嵬名令公引军出击,最后因中蒙古军的埋伏,兵败被擒,蒙古军直抵西夏都城中兴府(今宁夏银川),诱西夏各地驻军入援,歼其主力于城下。九月连降大雨,黄河水暴涨,成吉思汗遣将筑堤,引水灌城,西夏兵民淹毙极众。十月,李安全忙遣使向金朝求援并以唇亡齿寒晓以利害,可是金国皇帝却说“敌人相攻，吾国之福”，竟然置之不理。十一月，中兴城因水淹浸，行将崩圮，适会外堤溃决，水势泛滥，蒙古军亦难驻足，遂释西壁讹答入城招谕，夏襄宗登城隔水与成吉思汗相见，面约和好，献女察合公主于成吉思汗，表示愿意投降蒙古，并每年进贡，联蒙抗金。至此，成吉思汗实现了他的战略目标，使西夏成为了蒙古国的属国，还把在克夷门活捉的西夏大将嵬名令公放回了中兴府，蒙古军撤离西夏，返回了漠北草原，便开始集中进攻金国的战斗准备。屈辱地求和，使西夏统治集团内部斗争不断，不久李安全被废而死，他的堂侄遵顼被立为帝，史称神宗。

（四）第四次出征西夏

蒙古太祖十二年，即嘉定十年(1217年)，成吉思汗决定进兵西域，向西夏征兵，由于和西辽与花剌子模的矛盾，蒙古大军只好全军西征，进攻中亚地区。其间由于物质紧缺，蒙古军向西夏索要了多次军事物资，被西夏拒绝。《蒙古秘史》有记载，成吉思汗西征时，派遣使者去对唐兀惕百姓的不儿罕(指西夏第八代国王夏神宗李遵顼)说：“你曾经说过做朕的右手，如今回回国人切断了我们的金縻绳，如今朕要去西征，向他们讨个说法。你做我们的右翼出征吧。”使者去到那里，不儿罕还没说话，阿沙敢卜(西夏大将)先说道：“兵力不足，做什么大汗！”不发援兵，却说了这种狂妄的话，把使者打发回去了，成吉思汗说：“怎么能容忍阿沙敢卜说这种(不堪入耳)话？先去征讨他们，又有何难？但因为现在要出征别的国家，就暂且不理他们。若蒙长生天佑护，(西征)胜利归来时，朕就去征讨他们。于是，十二月，成吉思汗率蒙古军渡过黄河突然进入西夏境内，直抵夏都中兴府(今宁夏银川)，夏神宗遵顼仓皇出奔西京(即灵州，今宁夏灵武西南，一说西凉，今甘肃武威)，留太子德任守中兴府。面对蒙古军的强大压力，西夏军无力抵抗，遂派使臣求降。成吉思汗决定暂时放下西夏，专心西征，蒙古军不久便撤离了。

此后木华黎统领蒙古军专征金国，不断派兵经过西夏境，并从西夏征兵。西夏虽然借蒙古的势力屡屡抢劫金国各州县,金兵虽然抵挡不住蒙古军,但是能打败西夏军,所以西夏获利并不多。于是西夏内部对这种政策产生了不满的情绪,与蒙古的关系逐渐疏远。

(五)第五次出征西夏

蒙古太祖十九年,即嘉定十七年(1224年),蒙古第五次出征反复无常的西夏,围攻沙州(今甘肃敦煌)、银州(今陕西榆林南)。在此之前(1223年),成吉思汗率军西征,蒙古大将木华黎攻打金朝凤翔府之际,西夏王李遵顼派步兵、骑兵共十万支援蒙古军。可是由于凤翔府的金兵誓死抵抗,蒙古军不能攻下该城,西夏统帅见士卒厌战,私自离开了战场,导致木华黎死亡,其子孛鲁奉命继续统军进攻中原各地。事后蒙古向西夏问罪,李遵顼畏惧,急忙将王位让于次子李德旺(夏献宗),自称上皇。李德旺即位后,一改其父的政策,决定与金朝议和,蒙古太祖十九年(1224年)夏金和谈成功。李德旺见成吉思汗统兵西征长期未回,以为有机可乘,遣使去联络漠北未被蒙古征服的各个部落,共同抗击蒙古。同年五月,成吉思汗从西域回师途中,闻西夏有异图,遂率兵由河外攻沙州(今甘肃敦煌),月余不下。旋令军乘暗夜挖掘地道,欲穴地而入,被西夏守将籍辣思义发现,夏军纵火于地道中,久攻不克,蒙古兵多窒息而死。九月,当得知李德旺有所行动后孛鲁亲率蒙古大军从金国进攻西夏,攻破银州(今陕西榆林南),歼灭了西夏十万大军,并俘虏了金朝大将塔海,掳掠牛羊马驼数十万。西夏主李德旺不得不再次向蒙古投降,孛鲁令都元帅扼守要地,自率蒙古军重返金国战场。十一月,夏献宗德旺闻银州失守,漠北诸部溃散,遣使至蒙古军中请降,许以子为人质,蒙古军退走,沙州围解。

(六)第六次出征西夏

蒙古太祖二十一年,即宝庆三年(1227年),成吉思汗在他远征的七年中日夜不忘西夏多年来的变化无常与欺骗,他决定重新计划攻金灭夏,他觉得是彻底解决的时候了。一月,成吉思汗亲率十万大军,对西夏进行第六次征讨，察合台奉命支援，随大军跟进。此时的西夏抗蒙势力掌权，宣布准备迎战。三月，蒙古军兵分两路进攻西夏。成吉思汗亲率蒙古军主力出东路，他首先占领了西夏重镇黑水城（今内蒙古额济纳旗南），连取甘州（今甘肃省张掖市）、肃州（今甘肃省酒泉市）。然后顺势推进到阿剌筛山（今贺兰山），西夏大将阿沙敢卜前来迎战，蒙古军击败阿沙敢卜，围困他于贺兰山上的寨子里，擒获了阿沙敢卜，把他的有撒帐房、有骆驼驮包的百姓，如拂灰般地俘虏了。《蒙古秘史》记载，1226年，成吉思汗率兵攻打西夏，与西夏大将阿沙敢卜在"阿剌筛"激战。阿沙敢卜战败，西夏遂亡。"阿剌筛"即"阿拉夏"（阿拉善），这是"阿剌筛"（阿拉善）第一次载入史册。随后成吉思汗率军西行，驻扎于西夏的察速秃山（浑垂山，今甘肃省酒泉），等待与西路军会合。

蒙古大将阿塔赤率军与畏兀儿亦都护等部出西路，目的为了切断西夏各州郡、左右两厢之间的联系，以达到逐个歼灭的目的。蒙古军从西域（今新疆）假道畏兀儿（回鹘）东进。首先攻打沙洲（今甘肃敦煌西），阿塔赤遣忽都铁木儿前往诏谕，西夏守军籍辣思义诈降，一面用牛羊美酒犒赏蒙古军，一面暗中设伏兵企图一举歼灭蒙古军。蒙将忽都铁木儿果然中计，蒙古军受挫，幸亏亦都护援军及时赶到击退了西夏军。随后蒙古军重新包围了沙州城（今甘肃敦煌），可是久攻不下，最后挖地道入城，里外夹击，攻破了沙州城，并全歼了西夏军。接着西路军攻陷了肃州（今甘肃酒泉），最后到达了察速秃山（今祁连山），与成吉思汗会合。五月东西两路军会合继续南进，攻取了要城兀剌海，随后占领了甘州（今甘肃张掖）。七月蒙古军攻西凉府（今甘肃武威），西夏守将斡扎箦力屈投降，蒙古军遂进至搠罗（今甘肃武威东部）、河罗（今甘肃景泰）等县。夏献宗德旺在蒙军日益进逼之下，惊悸而死，其侄南平王李晛继位。八月，成吉思汗自西凉继续向前进兵，穿越沙陀，进至黄河九渡处，占领应里（今宁夏中卫）等县。十月，破夏州（今陕西横山西北）。十一月，蒙古军沿哈剌木伦（黄河）

北上进攻灵州城(今宁夏灵武西南)。李晛遣嵬名令公领十万兵自中兴府赴援,蒙古骑兵在冰上驰渡黄河截击,双方展开激战,夏军顽强抗击,终因伤亡惨重败走,灵州失守。西夏亦集乃路(辖境相当于今内蒙古巴彦淖尔市和阿拉善盟全境)投降。蒙古军从盐州向北推进,包围了西夏首都中兴府。由于成吉思汗已率军包围了西夏腹地重城,西夏军死伤无数,灵州失陷,李德任被俘,终因不肯投降被杀。至此成吉思汗知道除了中兴府的部分兵力以外,西夏已经基本上没有抵抗能力了。翌年(1227年)春,成吉思汗留兵继续攻中兴府,亲率师南下,渡过黄河,攻取西夏其他未降之城,并进兵金国。他首先攻陷盐州、积石州(今青海贵德西),随后南下入金境,相继攻克了临洮府(今甘肃临洮)、和洮(今甘肃临潭)、西宁(今青海省西宁市)、德顺(今甘肃静宁)等府州,另遣一军入宋境掳掠。四月,成吉思汗进驻六盘山。五月,中兴府被围半年,粮尽援绝,军民病困,又发生地震,西夏末帝李晛被迫遣使乞降。蒙古军入城,大肆杀掠。六月,继续向南进兵,至秦州清水县。七月,蒙古军携李晛与其族人回师,进抵萨里川,成吉思汗病逝于清水(今属甘肃)行宫,诸将恐为变,杀李晛。(成吉思汗临死前吩咐:秘不发丧,待西夏主和居民投降出城时将他们杀死)今巴盟南部、伊盟北部、阿拉善地区,为蒙古军占有。至此立国190余年的西夏灭亡。蒙古解除了西北两方的威胁,遂大举攻金。

二、基本收获

通过这次考察调研,明确了以下几点:文化遗产是先人留下的无价之宝,是历史的见证,也是历史的再现;加强文化遗产保护与传承是全盟打造“苍天般的阿拉善国际旅游目的地”的重要软实力。

(一)明确了“阿拉善”名称的来历

“阿拉善”一词,最早记载于《蒙古秘史》。据《蒙古秘史》记载,狗儿年秋(1226年),成吉思汗率兵攻打西夏,与西夏大将阿沙敢止在“阿剌筛”

激战。阿沙敢卜战败，西夏遂亡。“阿剌筛”即“阿拉夏”（阿拉善）。这是“阿剌筛”（阿拉善）第一次载入史册。成吉思汗率兵西征唐古特时，西夏国“有阿剌筛营之地”。新译简注《蒙古秘史》的“阿剌筛”原文旁注谓“贺兰山”。据《圣武记》载：“贺兰山厄鲁特者，俗称阿拉山蒙古也，阿拉山即贺兰山，亦名阿拉善山，是语音之转，地在河套以西。”河套之西乃是贺兰山阴地，词根属蒙古语，当地人谓“阿拉夏”。“阿拉夏”（阿拉善）系蒙古语，意为五彩斑斓之地。另据《清实录》记载：“1685年（康熙二十四年），元太祖弟哈布图哈萨尔第二十一代孙和罗理，归顺清朝，上书求赐牧地时所编的民歌《如此美丽的阿拉善》”，其中也出现了“阿拉善山下”等词语。

（二）明确了“兀剌海”和“斡罗孩”两城的具体位置

学术界一直混淆或争执“兀剌海”和“斡罗孩”两个城址的位置。通过这次调研或查阅相关资料明确了“兀剌海”和“斡罗孩”两城的具体位置。据《蒙古秘史》记载，成吉思汗从察速秃山①出发，驻营于兀剌孩②城，从兀剌孩城出发，攻破了灵州③（朵儿篾该）城。

（三）明确了阿拉善境内的西夏遗址

全国第三次文物普查发现阿拉善地区共有不可移动历史文物1260处（古遗址939处，古墓葬145处，古建筑27处，石窟寺及石刻106处，近现代重要史迹及代表性建筑43处）。其中，属于西夏时期的建筑遗址60处，分别是阿拉善左旗5处（其中城址3处，障址1处，石场遗址1处，即吉兰泰

①察速秃山：原文为“察速秃”，旁译“雪山”，施世杰认为即甘肃张掖以南之雪山。村上正二认为，即《元史太祖纪》所载二十一年（1226年）夏避暑之浑垂山，为祁连山脉之一角，并认为，“浑垂”即汉语“公主”之突厥语音讹。

②兀剌孩：《元史太祖纪》作兀剌海、斡罗孩。屠寄《蒙兀儿史记》卷3曰：“兀剌海，故城在今内蒙古阿拉善额鲁特旗（今阿拉善右旗）西南之龙骨山（今甘肃山丹北之龙首山）。此山与甘州之山丹县接界，蒙古名阿拉克鄂拉。”“斡罗孩”为党项语“长城中通道”之意，即唐人所说“回乐路”。“斡罗孩城应在狼山隘北口附近。”狼山在今河套西北，在内蒙古乌拉特后旗东南部。

③灵州：原文为“朵儿篾该”，旁译“灵州”，今宁夏灵武。

希勃图城址、乌力吉苏宏图城址、巴彦诺日公苏木查干克日木城址，敖伦布拉格镇查斯沟障址，巴润别立镇双石盒子采石场遗址和巴彦浩特镇苏木图石窟)，阿拉善右旗19处(其中障址11处，烽火台2处，墙体遗址1处，其他遗址5处，即塔林拜兴障址、恩格日乌苏障址、巴润海日汗障址、宝斯格希勃障址、乌海希勃障址、乌兰拜兴障址以及阿拉腾特布希遗址等)，额济纳旗36处(即黑城遗址、额日古哈拉遗址、红庙遗址、乌兰圐圙城址、乌兰白兴城址、朝鲁呼热城址，以及巴彦宝格德圣山、嘎顺淖尔、苏泊淖尔等)。以上历史文化遗产是从旧石器时代延续至清代的，丰富的文物古迹见证了阿拉善历史文化的源远流长，也见证了中华文明多元融合的伟大历史进程，对我国文化遗产保护事业和经济社会发展全局具有重要意义。

(四)明确了蒙古军攻打西夏的路线

1.蒙古军主力：察速秃山(浑垂山，今甘肃酒泉)—狼心山—居延海—黑城—兀剌海城— 西勃图军司(今阿拉善左旗吉蓝泰境内)—敖伦布拉格儿驼庙—龙州(今内蒙古自治区临河县)—黑山威福军司落思城(今巴彦淖尔市乌拉特中后旗境内)—克夷门(贺兰山关口、石嘴山市惠农区东北的“克夷门”)—中兴府(今宁夏银川)—银州(今陕西榆林南)—宁夏六盘山或清水(今属甘肃清水县)

2.蒙古军西路军：西域(今新疆哈密)—玉门关(沙州，今甘肃敦煌)—瓜州(今甘肃安西县东南锁阳城)—肃州(今甘肃酒泉)— 甘州(今甘肃张掖)—西凉府(今甘肃武威)—搠罗(今甘肃武威东部)—西宁(今青海西宁)—河罗(今甘肃景泰)—应里(今宁夏中卫)—中兴府(今宁夏银川)。

(五)收集了部分民间传说和自然物证

通过这次调研和走访当地老人，挖掘和收集了不少关于成吉思汗在阿拉善的有关民间传说和自然物证。如：额济纳旗境内的巴彦宝格德圣山的故事、嘎顺淖尔(西居延海)附近查干础鲁的故事、苏泊淖尔(东居延海)附近的蒙古獒洞、拴狗桩、扎营地、乌克尔础鲁以及图拉格音础鲁(顶锅石)的故事;阿拉善右旗境内阿拉腾特布希山的“成吉思汗的石磨”、拴马桩和金盘石的故事;阿拉善左旗境内达郎浩烧“马蹄坡”的传说故事、巴彦乌拉山的传说、敖伦布拉格镇巴彦哈拉山的故事,等等。这些传说故事有待于进一步挖掘、收集和考证。

“蒙古族和硕特部历史文化及阿拉善和硕特部迁徙”考察实录

呼　群

为丰富和传承阿拉善盟历史文化，厘清阿拉善和硕特部的历史源流，2018年8月15日至24日，阿拉善盟政协调研组一行前往新疆、甘肃、青海等地，先后到新疆哈密市巴里坤哈萨克自治县，巴音郭楞蒙古自治州和硕县、博湖县，甘肃省酒泉市瓜州县（布隆吉乡），甘肃省张掖市肃南裕固族自治县，青海省海北藏族自治州海晏县，重走阿拉善和硕特部东迁路，通过实地走访及查阅当地历史文献，对蒙古族和硕特部的历史文化及阿拉善和硕特部的迁移线路进行实地考察。

一、新疆和硕特

从和硕县搜集的文献《和硕特蒙古》中记载，和硕特是蒙古族中的一个古老而又活跃的部落。与其他蒙古族部落相比较既有共同之处，又有其特殊性。在历史的长河中，“和硕特”一词有过不同的音读，不同的译写，也有不同的概念内涵。从北魏时期我国的历史学家把这个词音译成“贺术也骨”起，“和硕特”又有“斛薛”“孤舒”“歌舒”“哥系”“豁沙忽勒”“忽沙兀勒”“火朱”“和硕特”“霍硕特”十余种不同的音译。其中，“贺术

作者简介：呼群，系阿拉善盟第九届政协委员、盟图书馆馆长。

也骨”一译出现在《魏书·蠕蠕传》中，该书称：柔然汗国曾将游牧在贝加尔湖南岸的“贺术也骨国”征服。这个称之为“国”的“贺术也骨”应是“和硕特”一名最早的汉文音译。

“和硕特”之名，古代蒙古族卫拉特史学家认为是明朝时期西蒙古脱欢太师给和硕特部落的命名。清代以来的史学家大都用这一译名来指这一部落。康熙之后甚至用“和硕”一词作为赐号，例如和硕亲王、和硕公主，等等。

在中国史籍上，卫拉特蒙古在蒙元时称“斡亦剌”“外剌”，明代称“瓦剌”或“卫拉特”，清代称“额鲁特”或“厄鲁特”。其牧地在西北地区，所以也称作“漠西蒙古”或“西蒙古”。约在16世纪时，包括准噶尔（绰罗斯）、杜尔伯特、土尔扈特、和硕特四部。和硕特部游牧在天山以北乌鲁木齐和塔尔巴哈台即今天塔城一带。之后由于卫拉特四部中的准噶尔部不断强盛扩张导致其他部落的四处迁徙，其中，和硕特部顾实汗迁向青海高原，昆都伦乌巴什（顾实汗之兄）的几个儿子随着土尔扈特部和鄂尔勒克迁到伏尔加河流域，剩下的一部分和硕特仍然留在原来驻牧的地区。这些留牧和硕特人包括鄂齐尔图台吉、昆都伦乌巴什的几个儿子，首领是鄂齐尔图车臣台吉。

在新疆和硕县、博湖县实地考察了解到，和硕特蒙古西迁大体分为四次（1628年、1663年、1669年、1676年），他们在伏尔加河流域联合土尔扈特和杜尔伯特的一部分，驻牧的140余年间，与沙皇俄国进行过控制与反控制、奴役与反奴役的激烈斗争，始终保持了自己的政治独立性，无时不念记自己的故土。为了民族生存，乾隆三十五年冬（1770年），土尔扈特部、和硕特部的英雄儿女们，举行反抗俄国压迫的武装起义，他们历经千辛万苦，牺牲了一半以上的人民，终于回到了祖国的怀抱，这是一部永远值得歌颂的英雄史诗。

在全世界范围内和硕特部聚居且以部落名称命名的旗县仅有新疆巴

音郭楞蒙古自治州和硕县。和硕县位于新疆维吾尔自治区中部,天山南麓,焉耆盆地东北部,北依天山,东邻托克逊县,南接尉犁县,西与焉耆相连,西北与和静相望,西南依博斯腾湖。

和硕县系由和硕特蒙古部落的名称得名。和硕特蒙古部落清代时全称是:巴图色特克勒图和硕特中路盟,共分左、中、右三个旗,全部落共划分为十个苏木。合十个苏木为一个盟部,盟设有盟长,并由中旗郡王兼任盟长职务,左右二旗镇(辅)国公兼任副盟长职务。三个蒙旗的王、公均系世袭的爵位。

1771年,和硕特蒙古部落随同土尔扈特部落首领渥巴锡由额济勒(伏加尔河)一带回归故土,后将土尔扈特与和硕特两部均安置在当时焉耆境内,和硕特蒙古部落自清朝年间起一直归属原哈喇沙尔办事大臣管辖,归伊犁将军节制。辛亥革命推翻了清王朝建立中华民国以后,归由省督军杨增新统辖。1939年,盛世才统治新疆时期,实行“改土归流”,废除旧有的盟旗制度,遂将土尔扈特南蒙汗王部落改设为和通县,县治设在和通苏木(今和静县)。又将和硕特部落改为和硕设治局,局治设在塔温觉肯。1941年,局治迁至乌什塔拉。1946年,成立和硕县。1950年,和硕县治迁至清水河,4月和硕县人民政府成立。1954年,隶属巴音郭楞蒙古自治州。1970年,将境内的跃进公社、光明公社和博斯腾湖划出成立了博湖县。

考察组在博湖县考察了托忒特蒙古文化广场及非遗陈列馆、博斯腾湖渔猎祭祀场、巴格希音随木喇嘛庙等。当地蒙古族游牧生活用具以及生活用语与阿拉善和硕特蒙古基本一样,如在和硕县博物馆陈列的马鞭、锅、(蒙古包)天窗、(蒙古包)围墙木等,这些词蒙古语分别读为“米拉”“海斯”“哈日阿次”“特日木”,与阿拉善和硕特保持着相同的卫拉特方言。博斯腾湖周边的蒙古族一部分在游牧文化以外也适应环境,接受了农业渔业文化。在新疆考察途中,经过巴里坤草原。巴里坤,系蒙古语

“巴日库勒”的谐音,意为“老虎爪”。天山北麓的这片草原上有两个城垣毗连而成的古城,一个是巴里坤汉城,一个是巴里坤满城,分别建于清雍正七年(1729年)和清乾隆三十七年(1772年)。汉城是由岳飞第二十一代孙、陕甘总督、宁远大将军岳钟琪督军修建的,岳钟琪也是贺兰山西麓阿拉善王府定远营的督造者。

康熙五十三年(1714年)四月,准噶尔部策妄阿拉布坦进攻哈密。清政府从察哈尔、归化城、黑龙江、索伦达呼尔、喀喇沁、鄂尔多斯等处征调来军队,由左卫将军费扬古负责防御。在击退准噶尔的这一次骚乱事件中,阿拉善和硕特积极参与,听从调遣,“阿拉善贝勒阿宝率所部兵五百,参赞军务”。同年,阿宝仍以参赞身份,偕其次子镇国公罗卜藏多尔济,与西安将军席柱等驻守巴里坤,并在伊勒布尔和硕、阿克塔斯、乌鲁木齐等地大败准噶尔军,应该说是建立了功勋的。

雍正八年(1730年),游牧在新疆准噶尔盆地的噶尔丹策凌与清政府对抗,屡扰哈密和巴里坤一带。清政府命大将军岳钟琪进剿,阿宝又奉诏率兵千人,阿宝的儿子二等台吉衮布带所部兵五百赴巴里坤军前,与大将军岳钟琪会合,参加作战。清军力战七昼夜,打退了玛木特的进攻。衮布和鄂尔多斯台吉咱喇什均立军功。雍正帝诏封衮布为辅国公。次年,又将衮布晋升为固山贝子,赏戴三眼花翎,收为御前侍卫,居住京城。

二、青海和硕特

雍正三年(1725年),清廷将青海蒙古族划分为29旗,其中和硕特部21旗、土尔扈特部4旗、绰罗斯部2旗、辉特部1旗、喀尔喀部1旗。此外,还有增设的察罕诺们汗特别旗(喇嘛旗),由蒙古12部族、藏16部族组成。

顾实汗原名图鲁拜琥,蒙古语意为“天资聪颖”的意思。他生于1582年,卒于1656年,一些史料上又译为“固始汗”。他是成吉思汗二弟哈布图哈萨尔的后裔,哈尼诺谚洪古尔的儿子。哈尼诺谚洪古尔共有6个儿子，顾实汗排行第四。在他成为和硕特部的首领时，准噶尔部已逐渐强大并实行对外扩张政策，这种政策给卫拉特各部带来了灾难性的后果。

明崇祯十年（1637年）秋冬之际，顾实汗率众自乌鲁木齐出发经哈密南下进入青海。他们弟兄六人中，昆都仑乌巴什（排行第三）、布雅鄂特吹（排行第六）仍然留在乌鲁木齐；拜巴噶斯（排行第二）率所属部众迁到黄河西套，史称阿拉善额鲁特（实际上是和罗理所属部落）；哈那克土谢图（排行老大）、色棱哈坦巴图尔（排行第五）跟随他到青海。另有土尔扈特和辉特各一部也随顾实汗迁到青海，后来又有准噶尔部的一支迁到青海，附牧于和硕特部，称为绰罗斯。所以青海额鲁特蒙古包括和硕特、土尔扈特、辉特、绰罗斯四部。

青海蒙古族一般为和硕特蒙古，但也有来自喀尔喀与土默特、鄂尔多斯的部落。他们在服装上藏化但沿用过托忒蒙古文。蒙古族是青海世居少数民族之一，约在13世纪20年代进入青海。来自大漠蒙古的青海几支蒙古人，先后在西海柴达木盆地、环青海湖四周、严酷的青南高原上，已经繁衍生息了六七百年。根据第五次人口普查数据显示，2000年有88829人，占全省总人口的1.71%，主要分布在海西州的德令哈、格尔木市和都兰、乌兰县，黄南州的河南蒙古族自治县，海北州的祁连县、海晏县和门源县，以及西宁市、海南州、海东地区、大通县等部分地区。民族自治地方有海西蒙古族藏族自治州和河南蒙古族自治县，大多分布在海西州、河南县。

在青海省海北藏族自治州海晏县境内有阿拉善王府遗址以及额博山。阿拉善王府遗址位于海北藏族自治州海晏县三角城村东风社西侧，东西长300米，南北宽280米，中心部位有大量残损瓦片，曾出土“皇恩浩荡”花岗岩石条，是阿拉善和硕特札萨克多罗郡王阿宝于清雍正年间（1723—1735年）在海晏县住牧时期的王府遗址，1988年5月被列为县级文物保护单位。

额博山(敖包山)位于阿拉善王府遗址西南的一座山巅,海拔3298米,该敖包据传为阿拉善阿宝王爷所建。额博山及周围的雅玛图山(蒙古语意为有山羊的山),保留着蒙古语地名,据了解这里每年举办祭祀活动,成为当地蒙、藏、汉各民族人民共同祈福的地方。

清雍正元年(1723年),顾实汗之孙罗布桑丹津在青海叛清。阿宝率部赴青海平叛,大获全胜。雍正皇帝念阿宝多次听调、功勋卓著,晋封他为"多罗郡王"(号称"阿王"),赏银万两。

清雍正二年(1724年),青海事平。青海是顾实汗家族的祖居之地。顾实汗之后,其诸子后裔,一则纷乱事多,二则前皆游牧祁连山后,竟自行迁徙山前,越界游牧不服节制。唯阿宝忠顺朝廷,屡建功勋,为此清王朝意欲调阿宝归牧祁连山后,管辖青海诸部。阿宝也向朝廷奏请:"乞赐青海旷地,令臣钤(管束)诸部,不复萌异志。"于是,雍正皇帝诏令赐以青海"贝子丹忠"(一说为扎布)所遗一块名为博罗充克克的牧地,授权阿宝管辖青海诸部。

清雍正七年(1729年),阿宝嫌此块牧地狭小,擅自迁往乌兰木伦及额济纳河等地。因违背圣旨越界游牧被清王朝议罪削爵,降为"贝勒",仍归阿拉善牧。清雍正九年(1731年),清廷复诏命阿宝复位为王。

阿宝迁居博罗充克克时,清王朝议阿拉善为宁夏边外要地,于雍正八年(1730年)在贺兰山以西十里修建了定远营城(今巴彦浩特)作为镇守之地。阿宝复归故地后,清王朝便将定远营城赐之。阿王将设在沙日布日都(紫泥湖)的旗府额很衙门迁至定远营城。

博罗充克克河,今湟水,又名西宁河,发源于海晏县包呼图山。乌兰木伦,今青海大通河上游,应在今祁连县境内,此河流经天骏、刚察、祁连、门源等县境。

三、甘肃和硕特

1725年，清朝在青海和硕特地区实行旗治制度，分左右两翼29旗，肃北蒙古族属“北左翼右旗”，俗称“柯尔鲁克旗”，世居祁连山南北麓广袤地区。

肃北蒙古人也是成吉思汗的胞弟哈布图哈萨尔后的第十九代孙顾实汗的属部后裔，即厄鲁特蒙古和硕特部首领顾实汗的第八子桑格尔德的属民后代。纵观历史，蒙古族在甘肃770多年，时和时战，迁来徙去，有四拨人进出。最早是成吉思汗用武力消灭西夏，率领蒙古人占据甘、青。蒙古人最早进入甘肃历史有两种记载。一说自《蒙古源流》，1206年蒙古军队攻占了位于河西走廊的肃州、沙州、甘州和凉州，并由此会战于柴达木，用兵于土伯特。第二种说法来源于《元史·太祖本纪》等史籍。据记载，太祖二十二年（1227年），亲自率师攻夏王城，渡河，破积石州。当年蒙古军队从宁夏中卫附近渡河，攻占西夏，牧领甘肃141年。1368年元亡明兴，明朝在甘肃西部设蒙古七卫，统辖蒙古民众，历时弥久。第二拨人由蒙古人贵由率军队入甘。元朝全国政权丧失后，经历了80多年战乱。第三拨人由达颜汗次子俺答汗，率土默特南征甘、青，占领28年。第四拨人由西部蒙古人顾实汗及儿孙从新疆进入甘肃的布隆吉，役道青海、西藏后又占据阿拉善，拉开了现代居住在西藏、青海、甘肃的蒙古族300多年的波澜壮阔的历史。

甘肃省酒泉市瓜州县布隆吉乡位于甘肃疏勒河南岸，距瓜州县城70公里，东邻河东乡，南依桥子乡，北接肃北蒙古族自治县，西连环城乡。这个地方现有布隆吉古城遗址，为雍正元年（1723年）建。登上布隆吉古城放眼望去，疏勒河沿岸的水草，柔软而丰美地铺在大地上，见证了这片草原早在1676年左右阿宝王爷之父和罗理躲避噶尔丹之乱在此驻牧休养的情景。值得一提的是，早年顾实汗进军青海时也曾借道于此。

考察组一行从酒泉市出发因山洪冲毁路段，几经周折在肃南裕固族自治县政协协调下穿越祁连山到达康乐乡塔儿村的大草滩。

甘肃肃南裕固族自治县康乐乡只是大草滩的一部分，阿拉善第一代王爷和罗理为躲避噶尔丹追击，曾在这一带游牧。此前，和罗理部在布隆吉一带，闻讯噶尔丹追兵临近，迫使他借道嘉峪关迁牧到大草滩。现在的大草滩分属甘肃肃南裕固族自治县和青海祁连县。

四、内蒙古阿拉善和硕特

17世纪30年代，和硕特部部分民众跟着土尔扈特部（因为与准噶尔部冲突）西迁进入伏尔加河流域，几乎同时，顾实汗一支的部众东进青藏高原，部分留居乌鲁木齐周围，包括顾实汗之兄拜巴嘎斯之子鄂齐尔图汗。这个时候准噶尔部首领巴图尔珲台吉（噶尔丹之父）与和硕特部鄂齐尔图汗共为卫拉特盟主，后来因准噶尔首领噶尔丹的强势扩张，1677年鄂齐尔图汗被噶尔丹击杀（另一说被俘软禁死去），顾实汗之孙和罗理（顾始汗过继哥哥拜巴嘎斯的儿子巴彦阿布该阿玉什四子）率部与鄂齐尔图余部以及准噶尔楚琥尔乌巴什残部，先后离开天山北麓，经甘肃布隆吉、青海大草滩，庐帐万余徙牧河套以西地区。

康熙三十六年（1697年），清廷将阿拉善地区正式划归和罗理驻牧，授札萨克之印，授和罗理贝勒爵位，将其部命名为“阿拉善和硕特旗”，不设盟，自为一部，称“特别旗”，直属理藩院管辖。

阿拉善和硕特旗札萨克从和罗理王爷历经九代十王到末代王爷达理札雅承袭札萨克政权，到了20世纪30年代初的民国年间。1949年9月23日，阿拉善和硕特旗札萨克达理札雅代表全旗，向中国人民政治协商会议主席毛泽东发去致敬电，宣布脱离国民党政府，接受中国共产党的领导。1961年分设阿拉善左旗、阿拉善右旗，1980年阿拉善左旗、右旗，额济纳旗归属内蒙古建立阿拉善盟。

从阿拉善和硕特部落族源考察，可以归纳出久远至今的传承脉络。

文献记载最早由柔然汗国时期游牧在贝加尔湖南岸的“贺术也骨国”起历经朝代更替，到了15世纪中叶（明朝及北元脱欢——也先时期）加入卫拉特联盟时以和硕特部命名，噶班希日布《四卫拉特史》记载：“（哈萨尔第七代后裔）阿克萨噶勒代诺彦之子阿鲁克特穆尔、乌鲁克特穆尔兄弟因分家产属民不均，弟投靠卫拉特脱欢太师，和硕特一名由脱欢太师所起也”。自此，加盟卫拉特的和硕特部逐渐强盛，至哈萨尔的16世孙博贝密尔扎时达到四卫拉特部联盟盟主地位，典籍《藩部要略》记载：“自博贝密尔扎汗始，卫拉特立汗。”后来，准噶尔部崛起噶尔丹武力夺取联盟汗位，一部分和硕特随土尔扈特西迁，清朝平定准噶尔后又随土尔扈特部回归新疆（和硕特部主要安置在博斯腾湖周围和硕县、博湖县），顾实汗为首的一部分和硕特进入青海、甘肃、西藏，而顾实汗之孙和罗理带领的和硕特部辗转迁徙到黄河西套富饶辽阔的阿拉善。以新疆和硕特、青海和硕特、甘肃和硕特、内蒙古阿拉善和硕特四部分内容考证归结阿拉善和硕特部一脉相承的族源及现状，是为和硕特蒙古及阿拉善一支的大致脉络，其族源演进及历史至此明了。由于考察及后续挖掘整理时间仓促，难免有错漏之处，请读者指正。

回眸望远，繁华已是当年事

——陪董培良先生回访阿拉善祥泰隆旧址后记

黄　聪

接到董培良先生来阿拉善寻访祥泰隆旧址的消息，急忙驱车前往银川市接站。董培良先生75岁，平遥县西赵村人，曾任平遥县政协副主席，编著有《平遥古城文化史韵》等多部文史专著。这次携夫人来内蒙古阿拉善盟寻访祥泰隆旧址是因为他的另外一个身份，他是阿拉善商业鼻祖祥泰隆商号总管董氏家族的后人——祥泰隆第五位总管董枢嫡孙。促成董老此行是因为我的一篇文章。我把新近完成的文化散文《祥泰隆——浩瀚大漠的晋商传奇》寄给山西作家王芳女士，请她代为寻访董氏后人加以完善。不久即接到王芳女士电话，称已经联系到董培良先生，老先生有意去阿拉善看一看，问能否安排接待，我自无推辞的道理。

董老身材魁梧，精神矍铄，颇为健谈。相处虽仅三天，给我留下深刻的印象。

当晚的欢迎宴上，我请来阿拉善盟政协副主席王秋才先生主陪。董老向王主席详细介绍了祥泰隆商号的兴衰历史及此行目的，称祥泰隆是连接阿拉善与平遥县的历史纽带，邀请阿拉善盟政协前往平遥县交流。王主席叮嘱在座的作家及文化学者，包头有大盛魁，阿拉善有祥泰隆，历

作者简介：黄聪，阿拉善盟政协特聘文史专员，内蒙古作家协会会员，阿拉善盟行政公署办公室科员。

史上这两家商号在蒙乡有着极好的口碑。尤其是祥泰隆，在阿拉善三百年的发展历史中起到了重要的促进作用，是阿拉善商业鼻祖，其经营理念及发展历程已经形成了较为突出的商业文化，是不可多得的精神财富，要深度挖掘祥泰隆在阿拉善的历史史料及趣闻轶事，适当的时候编辑成册，作为历史资料保存起来。

紫泥湖，祥泰隆的发源地

次日一早，我接董老夫妇前往阿拉善祥泰隆的发源地紫泥湖。

紫泥湖位于腾格里沙漠边缘，东临贺兰山脉，距阿拉善盟府巴彦浩特镇约三十公里。17世纪末，蒙古卫拉特和罗理部为避免部族间的冲突，率众从准噶尔东部迁移牧至此。康熙三十六年（1697年），清廷授和罗理贝勒爵位和札萨克印，其部命名为“阿拉善和硕特旗”，和罗理遂在紫泥湖畔建筑了最早的阿拉善和硕特旗衙门府，俗称“额肯衙门”，结束部族数百年的游牧历史。

部族的安定兴旺促进了商业经济的发展。就在和罗理定牧阿拉善的同一时期，山西省平遥县和甘肃省民勤县的一些生意人开始到阿拉善做买卖，其中几位合伙集资，在紫泥湖畔盖了几间房子，建成了阿拉善地区第一家商号，取名“祥泰公”。雍正元年（1723年），祥泰公分立成“定远堂”和“祥泰隆”两个商号。定远堂由于经营不善，若干年后倒闭。祥泰隆的股东多是从祥泰公老商号来的，深谙蒙乡经营之道，一直维持下来。

较祥泰公成立稍晚一些，平遥县西赵村董姓商人凭借雄厚经济实力在紫泥湖开设了一家当铺，名为源泰当铺，以高利贷方式收购、兼并了许多商号。清道光元年（1821年），源泰当铺接管了祥泰隆。财东董得峰深知祥泰隆在蒙乡的影响，是以仍然保留了“祥泰隆”这个字号。祥泰隆在董氏家族的经营下创造了蒙西商业发展的辉煌。

董老先生在紫泥湖畔流连良久，希望能找到一些祥泰隆的痕迹。倍感遗憾的是,紫泥湖畔祥泰隆早已遗迹无存,甚至无法确定其准确位置,额肯衙门遗址也仅存一处高一米多、面积三四平方米的土台,较早的一处村落早已破败不堪,仅剩断瓦残垣。唯有额肯衙门遗址南边不远处的高坡上,额肯敖包一字排开,神秘、庄重且古朴。这里是紫泥湖畔的最高点,离天最近的地方。当年阿宝王爷率衙门官佐与百姓曾在这里祭祀祈福,祈求长生天赐福于阿拉善人民。可以肯定的是,当年祥泰隆的前辈们也曾在此祭拜祈祷,许下宏愿。在阿拉善,随处可见这样的敖包,绝对与传唱的浪漫爱情歌曲《敖包相会》没有任何的联系。敖包是一方百姓祈福祭祀的场所,它所代表的是虔诚、希望、神圣和永恒。

先有祥泰隆,后有定远营

定远营古城是清代内蒙古西部的重要军事和商业重镇。清雍正三年(1725年),陕甘总督岳钟琪奏请修建定远营城,控扼西北蒙古各部落往来道路及军事镇守。雍正八年(1730年)建成。现存的"定远营"碑记载:"贺兰山,乃朔方之保障,沙漠之咽喉也。且形势扼瀚海往来之捷路,控兰塞七十二处之隘口,奉旨特设一营,名曰定远。"

雍正九年(1731年),阿拉善第二代王爷阿宝征讨准噶尔叛乱由青海凯旋,清廷将定远营赐予阿宝。遂将阿拉善和硕特旗额肯衙门由紫泥湖迁至定远营,在定远营城内修建王府、寺庙。后经历代王爷不断修缮,定远营渐成规模。为安抚阿拉善和硕特部族,维护西北疆域稳固,清廷采用和亲政策,加强中央政权对西北蒙古各部的统治。自鹅掌公主下嫁阿宝王爷以来,清廷与阿拉善联姻三十一次,其中包括皇族各亲王、郡王、贝勒家的十二位公主下嫁阿拉善。这种联姻,加强了京城与阿拉善旗的联系,把当时的先进技术、生活方式和文化信息带到草原,推动了定远营自身的发展。定远营城池、民居、商铺等各项建筑大都模仿北京,因而被称作"塞外小北京"。

由于额肯衙门的迁移,紫泥湖不再是阿拉善地区政治、经济、文化中心,各个商号陆续迁往定远营,其中祥泰隆、永盛合、兴泰隆、万泰永、兴泰合等家资本较大,形成新的商业中枢。

2006年,定远营被国务院确定为第六批全国重点文物保护单位。2011年始,阿拉善盟按照“修缮、复古、创古”的原则,实施定远营古城修缮工程,如今修缮工程已接近尾声。

祥泰隆商号的最后一位掌柜李光清是董培良的舅爷爷,1955年公私合营后李光清回到家乡平遥县,他给董培良讲了祥泰隆的一些往事。董老说,舅爷爷告诉他祥泰隆总号就在定远营东门外的南大街上。

我陪董老夫妇游览了定远营古城。

站在定远营古城墙边上俯瞰巴彦浩特镇,我指着对面的太西国际大酒店告诉董老,那里就是祥泰隆总号旧址。1955年祥泰隆公私合营后改名为第一合作商店,一部分伙计跟着掌柜李光清回了平遥老家,一部分人则选择留了下来,成了阿拉善第一批商业职工。阿拉善盟知名书法家张鹏程老先生年轻时曾在第一合作商店工作过,他家里仍保存着20世纪60年代初他和同事的女儿在原祥泰隆院内的照片底片。

祥泰隆总号大院在20世纪80年代旧城改造的建设大潮中被拆除了,成为阿拉善老一辈永远的回忆。

“走西口”促进了阿拉善经济的发展

阿拉善盟是一个以蒙古族为主体、汉族居多的少数民族聚居区。就阿拉善和硕特旗、额济纳旧土尔扈特旗三百年历史来看,蒙古族是较早来到这片土地上的原住民,汉族则多是“走西口”迁徙到这里的“客家人”。

康熙年间,清廷逐步放开了对旅蒙商人的贸易禁令,名扬天下的晋商首先看到了商机。一批平遥籍行商走出雁门关,翻过贺兰山,来到阿拉善草原。他们肩挑货郎担,背负货物包,在沙漠戈壁里走家串户,深受牧民的欢迎。阿拉善旗地域辽阔、民风淳朴，蒙古族人民诚实豪爽、敦厚好客，具备较好的行商条件，使他们敢于大胆放手经营，逐渐垄断对蒙贸易，从而诞生了祥泰隆这一延续二百五十多年的古老商号。旅蒙商的成功，给挣扎在死亡线上的人们带来生的希望，大批山西、陕西、甘肃和部分河北的破产农民、战败的农民起义军，或拖家带口，或孤身一人，千百成群，背井离乡，冒禁私越长城，“走西口”到宁夏、新疆、内蒙古等地谋生。

西口，原指晋、蒙交界处一个著名的长城关塞——杀虎口，后泛指长城西部去内蒙古西部各关口。杀虎口古称“参合口”，是中原农耕民族与西部游牧民族交流和冲突的前沿，自古战火不断。明朝为了抵御蒙古瓦剌南侵，多次从此口出兵征战，故而起名“杀胡口”。后为促进民族团结，改名“杀虎口”。走出山西杀虎口，就到了由山西人包揽经商的包头与归绥（今呼和浩特市）、库伦和多伦、乌里雅苏台和科布多及新疆等地区。

“走西口”是中国近代史上最著名的人口迁徙事件之一，从明末初始，到清朝中叶形成高潮，其后贯穿整个民国时期，历时三百余年。直到20世纪五六十年代之交，还有大量山西、陕西、甘肃人前往内蒙古谋生。内蒙古现有人口2500余万，其中蒙古族与其他少数民族只有505万，大部分汉族人为“走西口”的晋陕移民后代。

祥泰隆的经营之道

晋商文化在中国历史上源远流长，起源于先秦，发轫于隋唐，成熟于宋元，崛起于明清。

晋商崛起，不仅仅是一种地域文化，更是儒商文化的集大成者。山西旅蒙商非常重视商德，他们的创业经历、处世准则和管理方法中深蕴着中国儒学的理念。儒学义利观是“重义轻利”，强调“见利思义”“取利有道”，既“有利可图”，又不“唯利是图”；儒学强调诚信，即孔子讲的“人无信不立”，表现在商业活动中，就是“诚招天下客”“信用就是金钱”；儒学强调双向关怀，推己及人，这就是“仁者爱人”“己所不欲，勿施于人”；等等。这些都是儒家文化的精髓，也是中华民族的传统美德，都渗透在旅蒙商人的整个经营活动中。祥泰隆能在蒙西地区辉煌二百多年，便是继承并发扬了儒商文化的传统。

蒙西地区地广人稀，祥泰隆在创立之初便充分认识到其中的艰辛，采取行销和坐贾并行的经营方式，先入为主，春送秋收，以销换购，代销代购。

祥泰隆在阿拉善旗的八个苏木设有八个分号，每号员工二三十人，经营牧民所需的各种生产生活用品，收购羊毛、驼绒、牲畜、药材等，每个分号各有一个牧场，牧养自己运货的驼队和收购待卖的牛、羊、马、骡、骆驼等牲畜。

每到春季，各分号的伙计开始出动，将牧民需要的商品装驮在驼背上，在大漠深处走家串户，送货上门。伙计们都是讨生活的学徒出身，精通蒙古语，能说会道，熟悉蒙乡习俗，对所有承销范围内的牧民了如指掌。春季是牧民们较为贫困的时候，伙计将携带的货物展开任其挑选，再将牧民需要的东西记下代购，下次带来。牧民有钱最好，没钱也无妨，伙计只需记个账，待秋冬季节再去收取膘肥体壮的牲畜或畜产品抵销赊销的物品。他们携带的商品多而且杂，上自布匹绸缎，下至茶叶葱蒜，无所不包。每到节庆时节，比如“那达慕”大会或八大寺庙的庙会，祥泰隆不论总号或分号，免费为参加盛会路过的牧民提供食宿，按照蒙古族的礼节和习俗热情款待，炒米奶茶羊背子，好烟好酒好招待。遇有较大的顾主，更是待若上宾。牧民返回时购物，打开库房让其任意挑选，一般不收现金，只需记下所购商品的名称、数量和价格，以便秋后上门结算。蒙古族牧民大多信仰佛教，每逢庙会时来祥泰隆商号落足少则三五十人，多则上百人，祥泰隆照样免费招待，年年如此，其他商号望尘莫及。受此厚待的牧民们纷纷赞美传颂祥泰隆的美德，在大漠、草原产生了深远影响。蒙古族牧民豪爽好客,他们也以同样的礼节招待祥泰隆送货和收账的伙计。秋季丰收后,挑选最好的牲畜、绒毛、皮张,送到祥泰隆结账。

山西票号的产生给祥泰隆提供了借鉴。祥泰隆向牧民们发放代金“银帖”,在各号间流通使用。这种办法,既减轻消费者携带硬通货的负担,又是一种长期无息集资、转嫁风险及扩大自身硬通货储备的行为,实际上是较早地使用了现代经济的纸币和汇兑形式。祥泰隆发放的“银帖”有一两、二两、五两、十两四种面值,前后发放总额达几十万两白银。祥泰隆向用户承诺,“银帖”无论多少年后都有效,而且不贬值。如有损坏、烧毁、丢失等,只要有据可查,如数兑付或补发,在用户中的信用度极高。尤其是在民国年间,牧民们宁可信任祥泰隆“银帖”,也不要常常贬值的政府钞票。

为了能在定远营长期立足扎根,祥泰隆十分注意当地“入乡随俗,走府地随府礼”的礼俗,采取多种形式,利用多种渠道,密切同王公贵族、地方官吏的关系。逢年过节,或遇王公官员有婚丧嫁娶、生儿添女,必派人携厚礼登门道贺。春节期间,设酒席宴请,上至王爷,下至一般官吏,无一疏漏。1918年,祥泰隆和阿拉善王府合资开办了一家“乾锡永鸿记茶庄”,祥泰隆逐渐垄断了域内茶叶生意。

有先进的管理模式,有地方政府支持,有良好的群众基础,使祥泰隆商号逐渐成为阿拉善旗经济流通的主宰者。阿拉善地区牧民日用必需品,粮食、茶、酒、烟、粮、布匹的全部消费中,70%来自祥泰隆。反过来说,消费市场也主宰着祥泰隆的经济命脉,彼此休戚相关。阿拉善旗地处荒漠,气候干燥,植被稀疏,十年九旱,极易致灾。每逢大灾之年,祥泰隆在救灾保民中必居首要位置。1920年,阿拉善旗大旱,大量牲畜死亡,牧民严重缺粮。祥泰隆竭尽全力,从全国各地购运黄米、小麦等五千余石,借给牧民群众,帮助牧民渡过难关。此举不但保护了自身赖以生存的消费市场,还进一步赢得了民心。

为了占领宁夏市场，祥泰隆第三任总管董翰昌在银川先后开设“广发隆”“隆泰裕”分号，生意逐渐做大，名列宁夏八大商号。

广发隆名为客店栈房，实际上是批发收购经销部，常住客人都是全国各地大商号的购销代理人。伙计多达二百多人，在宁夏各地遍设分号，每次从天津进货的驼队，最多可达几千峰骆驼，蜿蜒十余里。

隆泰裕主营百货、绸缎、布匹等，在宁夏及蒙古草原也有不少分号。

到民国时期，广发隆和隆泰裕又兼营滩羊皮、枸杞子等土特产，财源广开，获利更大。

不仅在宁夏，祥泰隆还在全国各地设立分庄和分号，派驻代理人，逐步具备了现代企业的特征。各地分号购销职能各有侧重，资本集中，职能分工细化。

包头分庄负责销售药材、牲畜和畜产品，收购砖茶、生烟、糖类、布匹。包头也是祥泰隆最为重要的商品集散地，在阿拉善收购的皮毛驮到包头，再装火车运到北京、天津。北京、天津采购的货物，火车集运到包头后，再由自己的驼队运回来。

天津分庄主要推销驼绒、药材，采购绸缎布匹、日用百货，还经营羊毛、驼绒出口贸易。

北京分庄主要采购蒙古族牧民喜爱的首饰、装饰品、鞋帽、绸缎等。

山西蒲州分庄主要采购砖茶。砖茶是牧民生活必需品，宁可一日无食，不能一日无茶，销量最大。

山西平遥分庄主要采购土布和曲沃生烟。

归绥、张家口也是祥泰隆货物的重要集散地。

生意越做越大，范围越来越广，定远营祥泰隆总号的业务愈加繁忙，伙计也由六十五人增加到二百六十多人，成为当时西部地区最大的商号和钱庄之一。

内忧外患，导致祥泰隆走向衰败

“九一八”事变后，东三省沦陷，日本关东军向华北扩张，内蒙古地区是受日本帝国主义侵略最早的地区之一。卢沟桥事变后，日本关东军很快就控制了华北和内蒙古之间的平绥铁路。在日本关东军的扶持下，德王、李守信等人成立了“蒙古联盟自治政府”，德王总揽该政权的一切事务。日本人通过伪蒙政府颁布《物资统制法》《贸易统制法》，在内蒙古大部分地区实行政治、军事殖民统治，并在其经济领域逐渐推行统治政策，对生产领域的矿产、交通、粮食、畜牧业等部门，以及流通领域的对外贸易、物价、金融、配给消费等部门实行强制性的约束监督、指导措施，对蒙疆的物资生产、贸易、价格、消费、配给、加工、运输等实行全面统制，促使包头以东地区经济殖民地化，全面控制了内蒙古地区的经济命脉。众多洋行通过买办商人，向蒙古地区倾销日货，民族工业生存艰难，旅蒙商纷纷倒闭歇业，逐步走向衰落。

战乱造成交通不便，货物运输困难，给祥泰隆的经营带来重重困难，各地生意伙伴破产、逃亡，驻外各分庄无法正常营业，交通中断，内外运输阻滞，货物不断被抢、被盗，资本不但不能正常运转，反而不断流失。多数股东对时局和祥泰隆的前景失去信心，人心涣散，设法抽逃自己的股金。祥泰隆逐渐走上了下坡路。

雪上加霜的是，国内军阀和官僚趁火打劫，大发国难财。宁夏军阀马鸿逵以“抗战地不分南北”为借口进占阿拉善旗，占地刮财。强行设置“宁夏省政府驻定远营办事处”，巧立名目收取苛捐杂税，各种税赋达几十种之多，还在旗内各交通要道设立“官卡”，对过往货物横征暴敛。仅1937年，祥泰隆就被马鸿逵收取苛捐杂税、过卡杂费等四十多万银元。马鸿逵在定远营实行保甲制，不定期抓兵，对商号允许“以马、驼代丁”。一名壮丁可以五匹好马或七峰骆驼顶替。据记载，1939年以后，祥泰隆先后被派丁七次，共交出顶替壮丁的好马195匹，好骆驼330峰，折款144000银圆，连同宁夏隆泰裕、广发隆被派丁，总计缴纳壮丁款200800银元。马鸿逵还在定远营设立“宁夏富宁公司分号”，专门阻断祥泰隆的粮食供应和畜产品收购。马鸿逵的残酷盘剥，逼得祥泰隆走投无路，一再缩小经营范围，掌柜闫清龙被逼而死。1943年，祥泰隆被迫改名“蔚生厚”，从事小规模经营。至此，历时二百多年的著名旅蒙商号祥泰隆逐步衰败。

与我相关的几个碎片

我和董老说，六十多年前你家是我家的财东。

董老大吃一惊，急问何故。

晋商的崛起不仅给山西带来了巨量的财富，也改变了当时人们“学而优则仕”的传统观念，以出门经商为荣。“家有万两银，不如茶庄上有个人”，“当官入了阁，不如茶票庄上当了客”，“要发财，宁夏跌(走)一回”。这些流传的俗语，道出了平遥百姓的羡慕之情。攀亲结故、想方设法让孩子跟着旅蒙商当学徒，期待有朝一日能给家庭带来富贵和荣光。

祥泰隆每年收学徒10名到30名，清一色平遥人，年龄15到20岁。三年学徒期内，除学会做生意、记账打算盘外，最主要的是熟练掌握蒙古语和蒙古族风情习俗，否则，生意学得再精，也不予录用，或延期出徒，或另请高就，对任何人不例外。这种规定，保证了经商队伍的精干，克服了语言屏障，便于交流感情，容易入乡随俗，能更好地取得蒙民的信任，也使祥泰隆的经营管理人才不断脱颖而出，后继有人，生意越做越红火。

要说祥泰隆的伙计全都是清一色的平遥人，也不尽然。

祥泰隆的历任掌柜都是较为开明的绅士，招贤纳士，知人善任。号外的牧场、牲畜全都招揽邻县的民勤人看管、放牧，运送货物的驼队驼工也是招募民勤人和当地蒙古族牧民照看，也招收一些有营销或管理技能的外乡人参与号内事务的管理。不过，这些应招的外籍人一般是不能顶人力股的，拿的是固定的工钱，最少一年也能拿到五十块大洋。

我是民勤人的后代。我的祖上和祥泰隆有些渊源。

祖父弟兄五人，按照老家的叫法，我应该称他们大爷、二爷、三爷、四爷、五爷，祖父行三。

大约是在20世纪30年代，大爷、二爷、四爷从民勤向东徒步走出腾格里沙漠到阿拉善谋生，留下三爷、五爷在家种地尽孝。出走的三弟兄都念过私塾，能写会算，识文断字，很快就在当时定远营最大的商号祥泰隆谋到了差事，做了祥泰隆的伙计。大爷珠算极好，能双手打算盘，记得一笔好账，几年后做了祥泰隆的账房先生。二爷自小身子弱，到定远营没多长时日就病死异乡了。四爷最为精明，做了几年伙计，逐渐摸索到了经商的门道，从祥泰隆辞工，和大爷合计着在银川城里开了个字号，名“永胜魁”，自己做了掌柜，据说生意还不错。

如果大爷、四爷就这么四平八稳地把生意做下去，那我的家族可能也会富甲一方。但是，命运造化，未来的劫数谁也不能预料。

大概是在1948年，大战临近，马鸿逵对宁、阿两地征收的赋税徭役愈发加重，祥泰隆被重重盘剥，风光不再，银川的永胜魁也濒临倒闭，大爷、四爷商量着回民勤老家去。那年初冬，先由大爷雇了十几峰骆驼，驮着弟兄俩十几年的积蓄和货物回家。大爷雇驼队出发的第二天，夜宿在腾格里沙漠一处名叫铁什干的地方。半夜帐篷倒了，有人隔着帐篷用刀捅死了他，然后驮上货物牵骆驼逃走了。更为不幸的是，四爷听说大爷过世，东西没能到家，急火攻心，口吐鲜血而亡。三爷曾四处寻找打问商旅过客，希望能找到杀人元凶。那时候阿拉善匪患严重，德王的散兵游勇到处打劫，还有贺兰山上的山大王郭栓子，似乎都有这个可能。当然，也不排除同行者见财起意杀人劫货。然而，三爷的努力终究是空，再也没有见到与大爷、四爷最后接触过的人。

三年困难时期，三爷举家逃难到曾经谋生活的阿拉善地区，最终落户在吉兰泰苏木哈图呼都格嘎查。20世纪70年代,我出生在阿拉善沙漠里。

从小听老人们讲,村前的麻蓖蓖滩(麻蓖蓖,即苦苦菜)上有个祥泰隆,早年是该地区最热闹的地方,方圆数百里的牧人们骑驼马去那里采购生活必需品。那里也是驼队商旅的重要驿站,运盐的驼队从吉兰泰盐湖出发必须在麻蓖蓖滩停留补充水,祥泰隆该处分号是吉盐南运的第一处驿站。

我刻意去寻访了祥泰隆吉兰泰分号的遗址。其实,就在我熟悉的郭喜珍老人畜群东南约500米处,被一片茂密的扎干林包围着。房屋虽已倒塌,但遗迹保存还算好,东西长八九米,南北深五六米,应该是三间屋子的规模。房屋东墙下有一扎干柴垒砌的圆形牲口圈,并不是很大,直径也就十来米。郭老说,屋后原来还有一个菜园子,菜园子里有一口井,还种了一些树。如今菜园子已经看不出早先的模样了,先人们手植的树木一棵也没留下,几棵扎干倒长势很好。水井在那棵最茂盛的扎干底下,后人用水泥把井口封死了。

颇为意外的是,郭老说这里还有一个麻钱子窖。麻钱子是我的乡亲对古铜钱的俗称,我迫不及待地催促老人带我去看。古钱窖在祥泰隆商号遗址西边三百米处的一个沙沟里,五六十平方米的范围内到处散落着严重锈蚀的古钱残片。听老人讲,古钱窖三米见方,20世纪六七十年代他家曾装了好几麻袋,交给了大队供销社。后来有人慕名来这里探宝,却很少找到完整的钱币。

古钱窖的发现,印证了这里曾经有一家经营较好的商号。历史不容揣测,可我还是不由得想,是什么人埋下了这批宝藏,又是什么原因没有及时起出?战争,匪祸,还是其他不为人知的原因?

我捡了一些锈结在一起的古钱坨,估计当年是串在一起的。古钱残片上隐约有文字,只是已经锈蚀得难以辨认了。

突然发现这里的古钱残片全都是铁质的。

我在这片区域来回勘查好几遍，满地都是黑色、红色的铁锈，居然没有看到丁点的绿色。询问郭老，笑言当年起出的钱币都是铁质的，人家说是假货，所以当废铁交给供销社了。不由纳闷了，在和罗理驻牧阿拉善之前，这里几无人烟，祥泰隆的历史最多也就三百年，上限为清乾隆时期，下限至1955年，其间通用货币以铜钱和银元为主，这里怎么会有大量的铁质钱币出现？通览中国古代货币史，大量使用铁币只有西夏，西夏少铜，故冶铁铸币通货天下。如今西夏铁币已是泉界珍品一币难求了。与定远营一山之隔的银川就是历史上西夏王朝的首都，直线距离也就五六十公里。曾经，阿拉善地区也是西夏王朝的辖区，无论政治、经济、文化，受其影响是肯定的。最为典型的就是阿拉善额济纳旗黑城文化，在中华文明史上留下灿烂的一笔。当然，这与本文主题无关，我只是猜测，也只能猜测了。是否，阿拉善的商业历史还需往前推？或者，埋藏这批宝藏的另有其人，与祥泰隆无关？我是不大认可假币之说的，主要是因为铁币在祥泰隆经营期间不是通货，也没有必要造假，祥泰隆的经营理念是随俗、诚信、友善，经营方式以换购、赊销、代购为主，将收购、换购的畜产品及地方特产运送到内地销售变现，在阿拉善货币流通相对较少，而且，蒙乡居民性格虽然憨厚实诚，却并不好欺骗，金银铜铁还是分得清的。

历史总是给我们留一些未解之谜，这也给我们研究历史留下了无限遐想的空间。我把古钱残片送给相关单位，寄希望于他们的研究。

诗人俞明震笔下的定远营

王秋才

俞明震其人

俞明震

俞明震（1860—1918年），字恪士，号觚庵，祖籍浙江绍兴，生于湖南。光绪十六年（1890年）中进士。曾任刑部主事、台湾布政使、江西赣宁道、甘肃提学使、平政院肃政使等职。

俞明震还是一位造诣颇深的诗人。他的诗集《觚庵诗存》四卷本，1920年由上海聚珍仿宋印书局印行，由陈三立（清末著名诗人，陈寅恪之父）作序，陈三立对俞明震的诗颇多褒奖，言俞明震诗作“感物造端——当世颇称之”。

俞明震还是鲁迅先生的“先生”。1901年起，俞明震担任过南京江南陆师学堂总办兼附设矿务铁路学堂总办，即校长。1898年，18岁的周树人（鲁迅）进入该校，之后成为俞明震的学生。《鲁迅日记》中多次提到“恪士师”，就是俞明震。鲁迅还曾在《琐记》一文中，以亲切的口吻描述过后

作者简介：王秋才（格尼），时任阿拉善盟政协副主席，现任盟政协一级巡视员、农工党阿拉善盟基层委员会主委。

来送他出国留学的“恩师”。

俞明震崇尚新学，被鲁迅呼为“新党”，《鲁迅日记》中尊俞明震为“恪士先生”。鲁迅的成长历程和思想发展在一定程度上受到俞明震的影响，作为南京矿务铁路学堂总办(校长)的俞明震，是引导鲁迅走出国门、走向世界的思想启蒙者，在一定程度上可以说，没有他就没有后来的鲁迅。

1898年春，鲁迅刚到南京的时候，他就读的江南水师学堂给他印象很不好，觉得那里“乌烟瘴气”，学了半年，就决心转学。10月就转到了离水师学堂不远的陆师学堂附设的矿务铁路学堂(简称“矿路学堂”)。当时，这是个全新的学校，刚刚创办起来，鲁迅他们是第一届实际上也是最后一届学生，在这里，鲁迅感受到了全新的氛围。很明显，这所学校的新鲜空气强烈地感染了鲁迅。鲁迅先生在《朝花夕拾·琐记》一文中回忆他入江南陆师学堂附设的矿路学堂读书时的情形，对总办俞明震有所描述：“但第二年的总办是一个新党，他坐在马车上的时候大抵看着《时务报》，考汉文也自己出题目，和教员出的很不同。有一次是《华盛顿论》，汉文教员反而惴惴地来问我们道：‘华盛顿是什么东西呀？……’”于是，“看新书的风气便流行起来……”鲁迅就被强烈地吸引了并从此迷上了新学。这也就是后来鲁迅走出国门的重要原因。在矿路学堂的这段经历，鲁迅印象深刻，俞明震坐在马车上看《时务报》的形象，俞明震及其所倡导的新学，陆师矿路学堂的学风对鲁迅影响很大，这也为他主导后来的新文化运动奠定了思想基础。

1902年1月，鲁迅以全校第一等第三名的优异成绩从该校毕业后，与其他四名同学一起，被选送去日本留学。“3月24日，俞明震亲自把鲁迅等五人送到东京，安顿好一切，他才返回国内。”

后来，俞明震又先后到江西、甘肃任职。辛亥革命后，一度退隐，后来又到北洋政府任职。1915年后，他担任平政院肃政厅肃政史时，鲁迅还曾多次去看望他。

俞明震笔下的阿拉善王府

定远营解放前系历代阿拉善王府衙门驻地，雍正八年（1730年），清政府在贺兰山以西建定远营城，作为军事镇守之地，因阿拉善第二代王爷多罗郡王阿宝在平叛准噶尔部噶尔丹的战争中屡建奇功，清廷遂于次年将此城赐予阿宝，从此定远营成为阿拉善王府所在地。

定远营城内有官署衙门，王爷官邸、王爷家庙及部分民宅等，整体仿照北京的四合院风格，部分为汉藏风格合璧建筑，建筑格局宏大，气势非凡。推测俞明震应是1910年至1912年在甘肃任职期间，来到阿拉善王爷治下的定远营并留下诗篇，其中提及端王载漪与阿拉善的关系。全诗共八句：

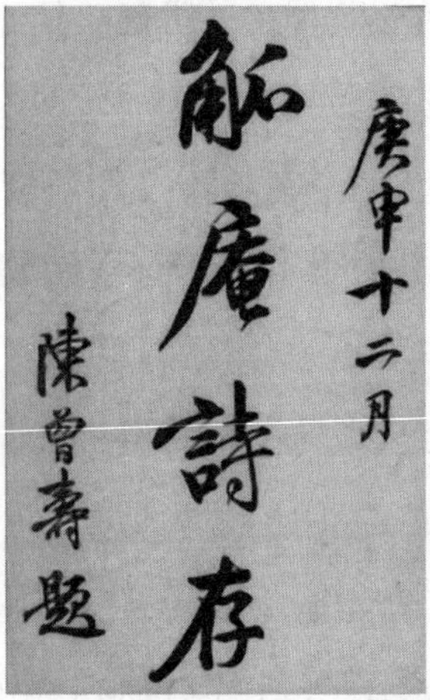

“古塞名王府，森森万木青。地形连朔漠，国论弛藩屏。世绝天亲贱，兵荒互市停。凄凉逐客令，十口已伶仃。”

诗后注文：“蒙古阿拉善王居贺兰山阴，擅森林之利，王与端庶人至戚，庶人减死，依王生活，近以国变王遂逐庶人奔宁夏，蒙地产盐，甘肃以库帑租王盐池，去岁冬以兵乱暂停。”

开篇两句“古塞名王府，森森万木青”，写定远营阿拉善王府的外貌，塞外知名的蒙古王府，树木森森，气势不凡。“地形连朔漠”，描述定远营及阿拉善王府地理方位及其在国家边疆稳定中的重要作用,"国论弛藩屏",意指历代阿拉善亲王参与国家大计,戍边卫国,使得边疆稳定,拱卫中央政权的"藩屏"得以弛息。这里应是称赞和罗理、阿宝及罗卜藏多尔济等阿拉善历代王爷,在平定噶尔丹和新疆叛乱及镇守青海等重大事件中的历史功绩!"世绝天亲贱,兵荒互市停",世逢绝境,"天亲"亦不再尊贵,"天亲"应是指作为第七代阿拉善王爷多罗特色楞儿女亲家的端王载漪(实际上他本人也是阿拉善第六代亲王贡桑珠尔默特的女婿)。载漪是光绪皇帝的堂兄弟,光绪二十八年(1902年)在侵略者的胁迫下,因支持义和团运动,端王载漪被革去爵位,贬为庶人,"庶人减死",端王虽然被免于死刑,但清政府下令将载漪、溥儁(载漪之子,为多罗特色楞女婿)父子流放新疆。由于慈禧太后的暗中袒护,载漪并未真正流徙新疆,而是举家投奔阿拉善亲王,最初寄居阿拉善王府。宣统元年(1909年)其福晋病残,遂于次年偕溥儁迁往新疆,后居甘肃,而诗中所述"奔宁夏"应是"经宁夏"。"兵乱互市停",根据注文"蒙地产盐,甘肃以库帑租王盐池,去岁冬以兵乱暂停",这里是指因战乱造成阿拉善盐品与甘肃官府的贸易停市。最后两句"凄凉逐客令,十口已伶仃",因国变,王爷逐客(实因多罗特色楞去世,载漪一家失去依靠),致使端庶人(被贬的端王)一大家子人(十口泛指人多数)孤苦无依。俞明震1910年始任甘肃提学使,这时正是清王朝即将倾覆之际,时局动乱,由王府的窘境写到皇室宗亲的困境乃至一个王朝倾颓,诗人从描述景致到评史论事,表达了对世事沧桑的无限感慨。所谓"国家不幸诗家幸,赋到沧桑句便工",正是这种写照。

(本文根据《阿拉善往事》《阿拉善和硕特史》《孤庵诗存》等资料撰写。)

淹没在历史烟尘中的“王法”

——中华人民共和国成立前阿拉善旗民刑案件判例选编

格 尼

道光七年三月十二日判决一件

据广宗寺吉萨苏鲁克达鲁古塔德布报告:奴才之养女伊沁楚去厢根达赉井上饮苏鲁克羊群,饮到最后一脖儿羊时,章京伊什朝克图所属苏木的达鲁古丹巴,明不是他的井,却逞凶而来,夺取水槽饮自己的牛,把妇女伊沁楚的手打折了等情。经传来证人沙毕那尔侍卫朋楚格、古木尔齐德、犯事达鲁古丹巴,被打妇女伊沁楚等对质审讯,皆与申诉人所说事实相符。审讯丹巴时答称:“当妇女伊沁楚,拒绝我的牛饮水时,我用棍子打的是事实。”

查蒙古律例虽规定:摧打和用鞭杆儿打妇女未致手脚折断或堕胎时,罚五畜。但罚达鲁古丹巴一百鞭了事。此判。

注:苏鲁克羊群,牧民为王公官吏喇嘛等代牧的畜群。

道光十一年四月初八判决一件

据管山达鲁古昆都贡斯勒申诉称:“南公爷于道光九年,呈请诺颜批

作者简介:王秋才(格尼),时任阿拉善盟政协副主席,现任盟政协一级巡视员、农工党阿拉善盟基层委员会主委。

准在查干朝老图高勒挖掘煤炭，不料于去年冬季，台吉保音大来、阿力格齐等带领汉人李福等来，令他们在南公所开之煤田挖煤，奴才等曾阻止李福挖煤，并赶走了他们。今年正月初八，汉人李福又带领了一群汉人挖煤，奴才等赶不出去，继而又有汉人吴英等也在已经挖掘的二坑中间挖煤，驱赶不走，声称台吉保音大来有债务，该李福、吴英等所开煤坑已有四处。"又据南公爷报告："小人是遵守诺颜谕令的，但我兄台吉保音大来、台吉阿力格齐二人，指使汉人李福，在我煤坑挖掘，虽经阻挡也不停止，而台吉保音大来被汉人李福操纵，不能说话。"经审问台吉保音大来答称："小人苦于还债，在弟弟公爷煤坑附近挖煤，想以此维持生活，将李福带来是我的不是，但绝未指示吴英等人挖煤。"为此印务处派昆都拔什库板忠，查看结果，同昆都贡斯勒所报的相同。

查台吉保音大来、台吉阿力格齐二人，生计困难，理应呈请诺颜予以解决，却恣意在南公爷所开煤田附近，招揽汉人挖煤，破坏风土，乃系违法，且恐引起后日其他台吉也如此模仿。为此罚台吉保音大来五畜，赶走其所招揽汉人；台吉阿力格齐也应处罚，但无可罚牲畜，经向诺颜请示处理的办法，谕令责打台吉阿力格齐五十鞭。其余判决，批准如主文，并今后，凡欲挖煤维持生计者，先行呈请，经批准后要在原挖煤人所挖煤坑三里开外挖煤。此判。

乾隆三十六年五月初五出拉汉(注)判决

原告人拉玛扎布申诉称："乾隆三十五年冬季，喀尔喀胡鲁格尔，在其死牛尸中放了毒药。我对车仁的哥哥说：'我常打猎，你应当把毒药取下来。'事后，他在昆都陶雅的面前说：'我已把那个放的毒药取下来了。'可是后来我的猎狗吃了他的死牛中毒而死。我便把牛尸中的毒药取下来给他看，并报告了昆都陶雅和章京察格君、侍卫阿树尔，他们就和解，叫胡鲁格尔车仁给我一条牛赔偿我的猎狗。但车仁却给我送来四块茶，想顶牛，因我可惜那只好狗，就没有收他的茶。”

（中略）查拉玛扎布之狗，因吃胡鲁格尔车仁给狼放的毒药而死，并有人证，为此判决：胡鲁格尔车仁，应于入冬以前打三只狼皮，赔偿给拉玛扎布。此判。

注：出拉汉或译作“盟”，指旗内官员集会议事，亦作“出拉汉”，也指会审。乾隆二十九年立审判档子封面有“每出拉汉众管事共议事务大档”汉文字样，故取原译音用之。

道光十七年五月十二判决一件

据平罗县汉人黄姓者鸣冤申诉称：“小人等三人赶九驴驮粮食，前来衙门城出售，不料于本年五月初八夜间行至沙尔古都勒路上时出来三个骑马的蒙古人，用石子投掷，劫去粮食四口袋，羊皮马褂一件，空口袋、搭子各一。所投掷石头微伤我们一人，但未出事故等情。”据此派员捉拿嫌疑人犯。扎兰忠对捉来嫌疑犯敖海、巴图、哈拉胡等，经严加刑讯，敖海供称：“我今年四十岁，章京丹津苏木所属，父母早亡，无兄弟，妻珠拉吉嘎，妾绍克苏利，同住于哈玛尔胡都嘎地方。放牧扎兰忠对所承揽的苏鲁克马群维持生活。本年五月初八夜间，我同巴图二人骑马看马群，看见从沙尔古都勒出来三个汉人，赶九驴驮粮而来，我便起贼心，同巴图商量劫粮，巴图同意说：“我们人少，再找一个人。”这时正遇苏鲁克其哈拉胡，在他同意之下，给他一匹马骑，我们三人就在哈拉陶老盖后路上，同那三个汉人相遇，用石子投掷威吓，夺下了四口袋粮食、一个羊羔皮马褂，空口袋、搭子各一后，来到我家，每人分得三筒八升粮食，我和巴图每人分得两个口袋，哈尔胡分得一个口袋、一个搭子和马褂。然后各回各的家了。不久被扎兰忠捉来。”其余二犯也供认不讳。

兹判决：首犯敖海，戴二十五斤木枷四十天，期满责打一百鞭；从犯巴图，戴二十斤木枷四十天，期满责打八十鞭，哈拉胡戴二十斤木枷四十天，期满责打六十鞭，并追回他们所劫粮物，给付事主黄姓汉人等。此判。

注：一筒为 40～45 斤。

道光十二年二月初一判决一件

妇女车吉德申诉称："奴才分家另居之子都格尔扎布、媳妇白斯古郎，互相不睦，经常吵架。为此媳妇白斯古郎之父昆都巴特尔，倚仗势力报告边官伊利后，随即由拨什库伊利前来，以都格尔扎布、白斯古郎二人不能共同生活为由，裁定离婚，并勒令将媳妇白斯古郎陪嫁驼、马、什物等现存部分一概返还，且将我子都格尔扎布所有两块毡壁（壁毡）、十支椽子、一副驼架，尽行敛去，还遣去善驼一只，以顶陪嫁驼中已经死掉的一只，为此申诉等情。"即将昆都巴特尔、边官伊利等传来审问，所答均同该妇女车吉德所申诉事实相符。

查昆都巴特尔，身为官员，欺压寡妇，仗势索取比原赔嫁超出的牲畜什物，殊为不当。为此将原索取的驼一只及毡壁、椽子、驼架等照数退还给箭丁都格尔扎布；罚昆都巴特尔一九；失查之拨什库伊利罚五畜，均充作为公，致力之民人奖赏费用，存于和硕厢。此判。

道光十六年正月二十九判决一件

据喇嘛达希前来报告：箭丁塔琴扎布曾借小人十四千文，现在该塔琴扎布在好银子里掺了铁，变成了银块出售等情。据此将箭丁塔琴扎布逮捕归案审讯，答称："奴才家贫无法生活，从喇嘛达希借十四千文，买了好银子掺了铁，打成银块卖给了商号；此外没有同伙。"为此将塔琴扎布所卖的银子从各商号收来，把铁澄出来，将银子交给了各该汉人了事。

查蒙古律例无相当条款者，应按刑律规定办理。刑律载："凡将铜、铁、铅、锡用药煮后，做成假银欺骗使用被发觉者，首犯如系旗人枷号两月、鞭一百，流放黑龙江服役……从犯及知情收买者如系旗人枷号一个月，流放三千里，折成枷号两月，鞭一百……”据此，将塔琴扎布枷号两月，期满打一百鞭。此判。

道光十六年六月初二判决一件

据达鲁古昆都民珠尔报告，箭丁色音呼怀疑说：“有叫希德尔者，牵一条三岁牛前来出卖，可能是偷来的。”据此已将希德尔捉拿送来等情。经审问希德尔答称：“我今年三十三岁，是章京怕拉布藏苏木所属拨什库民珠尔家人，母名斯尔古郎，兄名山丹，自立门户。我于今年二月十八，为到衙门城谋求生活，途中发现从昆都笔帖式达穆崔房后河水处出来十余条牛，便起贼心，从该牛群里抓一条三岁牛，路上适逢衙门城汉人张三，便将牛以一千六百文卖给了他。本年四月二十四，又起贼心，仍从该牛群中偷了三岁牛一条，以三千五百文卖给张韬恒店，待取钱时，被昆都民珠尔捉住了。除此并无其他偷盗行为。”

查箭丁敖尔永已将其三岁牛一条，认领不论。前偷一条牛价，应从希德尔收取交还本主，并将偷小口牛两条的希德尔判处一百鞭，交主人拨什昆都民珠尔管教使役。汉人张三以低价买取赃物，应逐出衙门城境。对检举偷犯的色音呼可否给予赏赐？经请示谕令：赏给色音呼三岁牛一条，余从主文。

乾隆三十五年三月初三出拉汉判决

侍卫伊希格勒歹申诉称：“奴才蒙诺颜之恩，身历其境，蒙受重大恩惠至今。此次随诺颜进京之际，我妻行为不轨，我虽孤儿单身，却以辜负了诺颜关怀之下所赏给的名分为羞耻。”

据此问：“你妻有何不轨之处？何人告诉你的？你要申诉何事？”答称：“我是孤儿单身不敢申诉，无奈冒死申诉协理察班去我家里和我妻同睡之事。”问协理察班时答称：“正月初六于途中，萨木丹请我和同行的台吉金忠、扎兰红普克、章京达格巴、查干、侍卫怕勒浑等吃年酒。我们一同在伊希格勒歹家里喝了酒，我在他家睡的是实情。”问扎兰红普克、台吉金忠、章京达格巴、查干、侍卫怕勒浑等人时，均和协理所答相符。又伊希格勒歹说：“这次事情以外，台吉金忠于本月，也把我的妻叫去他自己家里睡了，请予依法判处。”台吉金忠供认不讳。经报于王爷判决：“除将协理察班依法处理外，责打台吉金忠一百鞭；革除扎兰红普克、章京达格巴职务，责打八十鞭，并报大衙门革除其白达拉布勒哈崩衔，革除章京达格巴的头等侍卫衔，仍作苏木章京；革除查干的苏木章京职，当笔帖式；革除怕勒浑的侍卫衔，当箭丁；邀请他们到家里喝酒生事，全系萨木丹之过，责打一百鞭，籍没其家产牲畜，给付侍卫伊希格勒歹，并将萨木丹夫妇抓给宰桑朋楚克当家奴，将伊希格勒歹之妻交给本人，杀或出卖由他自行决定。我进京之际，担任管理旗务的护印官员，遇如此可恶之事，既不加以处理又不向我报告，乃系严重违犯大法，为此将大诺颜跟前的协理台吉黑德布、管旗章京台吉杰格吉、梅伦章京达来、排生达则迪、扎兰僧普勒、哈崩敖崔、博黑、宰桑班迪、捏尔巴乌巴沙、小领刘福、包依达夏程等人各罚五保得，可以收回出拉汉所赏五个保得的证件顶替。”

嘉庆二十五年八月初七判决一件

将衙门城兴盛号汉人王家和章京朝木本苏木所属妇女宝尔胡、章京却扎布苏木所属姑娘门都胡三人传来对质审问，均供认有通奸之事。为此，罚汉人王家三九牲畜。

另一件：经审问汉人程麻子答称：“我是治疮伤的。马甲保彦达赉之姐姐塔木长疮，因我不会蒙古话，经汉人王家翻译，给她喝了一服药。喝了以后，该妇女于六月初八死去，是我命运不好，如果那个人好了的话，原说给我一匹马、一两银子的医药钱。”查该程麻子原住在王家家里。将坏人留住家里，用药致人于死地。为此，罚王家马一匹，银子十两，给付事主马甲保彦达赉。

另一件：箭丁保尔敖克之妻，被王家打了，经对质审问，互相抵赖。为此，罚王家马一匹，银子五两，给付事主箭丁保尔敖克。经请示判决。

道光十六年六月十五判决一件

据边官昆都达赉报告：章京斯尔古郎苏木所属箭丁树门儿同该苏木箭丁胡鲁格之妻其尔齐德通奸，并唆使女方几次逃跑，虽经从德尔逊城等地捉回，但箭丁胡鲁格亦实不能与她同居等情。据此，将当事人妇女其尔齐德、箭丁树尔门二人传来审讯；妇女其尔齐德答称："因我同箭丁树尔门通奸事，丈夫曾殴打过我，为此树尔门说：'你与其这样受苦，不如我俩逃往沙尔塔拉地方，还可安居。'我便按他的话，逃跑两次，都被捉回。今春同树尔门合谋在树尔门家，把丈夫胡鲁格的一只羊杀吃后，逃至德尔逊城附近，被捉了回来，云云"。箭丁树尔门也和妇女其尔齐德同样供认不讳。箭丁胡鲁格答称："奴才之妻，屡次逃跑，为了捉回她，将奴才做生命养料的牲畜、口粮等花费很多，因此再不能与她共同生活，云云。"

箭丁树尔门唆民人之妻逃跑，立意逃往别处住居，罪恶严重，着判树尔门一百鞭，枷号一个月。期满后交给所管领催昆都敖其尔道布管教使用十年。从该敖其尔道布收取两千五百文。另妇女其尔齐德本应交予民人管教使用，但据磴口拨什库黑布忠申请，请愿娶其做妾，故将该女交予拨什库黑布忠做妾，从该黑布忠收取五千文，以所收之钱，充作找寻妇女其尔齐德时所骑牲畜、干粮等花销。本判决经请示批准如本文。(以上材料选自全国人大民族委办公室编《阿拉善旗情况》一书)

编者附语：

这是中华人民共和国成立前阿拉善旗王府衙门部分民刑诉案的判例资料，资料由全国人大民族委员会"内蒙古·东北少数民族调查组"于1957

年八九月间在阿拉善旗调查时依据阿旗解放前的档案资料(蒙古文)编印。文中“章京”“台吉”“拨什库”“箭丁”或为王公贵族爵位或是旗府吏胥兵员的职位。“罚五畜”“罚一九”均属于财产刑的刑罚范畴。定远营里的“王法”所调整的行为规范与今天的民刑案件审理流程和法理依据相去甚远,但其所遵循的“惩恶扬善”的法治伦理和社会治理理念至今仍有意义。

阿拉善和硕特旗的六处王府

斯琴别立格

阿拉善和硕特旗族源巴图尔额尔克济农和罗理为了躲避战争，清圣祖康熙十六年(1677年)，被迫与弟兄11人率部万余户，离开额鲁特家乡，从乌鲁木齐附近的天山以北的游牧地，一路向东到哈密，又从哈密向东南方向经过茫茫戈壁和崇山峻岭，终于来到河西走廊西端的布隆吉尔草原(今一部分称布隆吉，为今甘肃瓜州县属地，布隆吉尔草原应包括现在的布隆吉、双塔等周边地区)。后避居夏日塔拉草滩(黄草滩)，即今甘肃肃南裕固族自治县夏日塔拉草原，这里也即祁连山北麓和焉支山东南侧水草茂盛丰美的天然牧场之一。

和罗理原打算到可可淖尔(青海)投靠自己的兄弟们，但又担心走缺水少草、路途遥远的边外之地，便请求清廷守边官员，欲从内地借道而行。然而，在得到由水泉(今甘肃省永昌县西)入关的准许之后，和罗理迟迟未从夏日塔拉动身，后听到噶尔丹博硕克图汗势力扩张到布隆吉尔的消息，这才慌忙由双井(今甘肃省金塔附近)出关游牧到额济纳河、阿喇克鄂拉(今龙首山)以及黄河西套地区(今阿拉善盟阿拉善左旗和阿拉善右旗地区)驻牧。

1681年，因部下违规劫掠乌拉特部牲畜人口，为了取得清朝政府的谅

作者简介：斯琴别立格，阿拉善盟政协文史资料管理科科长。

解，派人进京纳贡请罪，并要求在宁夏互市贸易。1685年冬，和罗理亲率780人的使团赴京，清王朝派员到卢沟桥迎接，康熙皇帝单独接见和罗理。1686年和罗理等再次至京，奏请归顺。清王朝允许阿拉善地区为和罗理所部驻牧地区。康熙三十六年（1697年），清王朝把贺兰山以西、黄河以北，宁夏、甘肃边外地界，封给和罗理、罗卜藏衮布部众，授内蒙古四十九旗之例，置旗编佐领，赐印授札萨克，封和罗理为多罗贝勒。因为阿拉善地区紧扣河西走廊咽喉，战略位置重要，并且对阿拉善和硕特部众的安置也关系卫拉特地区的团结与稳定，所以阿拉善和硕特旗作为“特别旗”，上不设盟，直属朝廷。

阿拉善和硕特旗第一个王府——泽勒毛道王府（1698—1704年）

康熙三十六年（1697年）九月二十三，和罗理等人跨过黄河到伊克昭盟（今鄂尔多斯市）境内阿尔布斯山以南一个叫作“栋素海”的地方接受康熙皇帝的圣旨，清朝将和罗理册封为多罗贝勒，授扎萨克印，正式设置阿拉善和硕特旗。1698年和罗理在巴彦乌拉山西段娜仁哈日北麓，名叫泽勒毛道的地方（东经105°0′53″，北纬39°26′29″），建立阿拉善和硕特旗第一个王府。

王府设在泽勒毛道七年间，和罗理对所属部下进行了户籍登记，实行千户制并任命协理、章京、笔帖式、拨什库等部分官员，建立了所有18～45岁男丁必须入伍当兵、缺漏补齐的制度，并在全旗设立了七个苏木（当时“苏木”为军事编制单位），每个苏木编制兵员不得少于150人。由于年代久远，现在无法看到的，只有残留的帐房基址，该王府当年是以蒙古包群形式设置的，正中间有长12米、宽6米的王府公务帐房。东面是12个哈那的王爷生活包帐，北面是7个苏木达办公的毡包和若干个属民居住的蒙古包群。王爷生活的包帐东侧30米有一个祭坛遗址。王府东南约

1.5公里处是巴彦乌拉山，山中沟崖纵横，山崖上有两处山洞，传说当年为王府的兵器库。王府东南3公里为巴彦乌拉山的最高峰叫娜仁哈日。上面有王府敖包，当时命名为阿拉善敖包。敖包山南麓有一处平地，平地中央有乘马射箭的跑道（20世纪末还有遗址，现在已被风沙掩埋）。据说，王爷当时每年农历八月二十二举行祭敖包和乌日斯活动。王府正南1公里处有七八棵榆树，这几棵榆树虽然是自然生长的，但它们长得却间距相当，排成一行，所以蒙古族称之为“泽勒毛道”。

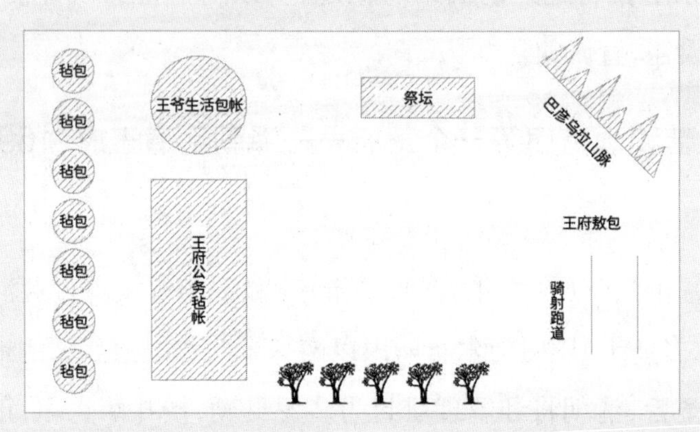

泽勒毛道王府旧址示意图（1698—1704）（根据当地老人描述绘制）

阿拉善和硕特旗第二个王府——哈奴满都拉衙门（1704—1709年）

康熙四十三年（1704年）对阿拉善和硕特旗蒙古族来说是一个“双喜临门”的吉祥之年。一个是王府搬迁“乔迁之喜”；另一个是阿宝与皇族格格道克欣郡主结婚，授和硕额驸，赐第京师，命御前行走，“结婚升官之喜”。所以，和罗理将泽勒毛道的王府迁移到夏日布日都湖（今阿拉善左旗吉兰泰镇原锡林郭勒苏木境内，又名紫泥湖）中部（东经105°23′31″、北纬39°06′06″），建立了新的王府，并命名该府为哈奴满都拉衙门，简称“阿德格衙门”。阿德格衙门遗址地基依然清晰可见，呈方形，东边的墙基上还残存有一排整齐的青砖。该衙门占地面积450平方米，东西长88米、南北宽50米，现已荡然无存。阿拉善旗第一代王爷和罗理于1707年去世，从历史记载看，和罗理只在哈努满都拉衙门居住了3年时间。

阿拉善和硕特旗第三个王府——巴彦满都拉衙门（1709—1732年）

巴彦满都拉衙门，简称“额肯衙门”，寓意是上面的衙门。1709年，常年居住在北京王府的阿宝和公主来阿拉善执政，按照和硕特蒙古族习俗，给新人必须盖新房子。所以，1709年，在夏日布日都（今阿拉善左旗吉兰泰镇原锡林郭勒苏木境内，又名紫泥湖）湖西南边（东经105°22′18″、北纬39°02′49″），距阿德格衙门正南十余里处为阿宝执政建设了衙门。新的王府命名为巴彦满都拉衙门，在衙门的正南约500米处有一处高地，其上建有一所敖包，将敖包命名为乌力吉满都拉敖包，以求吉兆，祝愿旗府的兴盛和永存。这处王府最初的所在地，已成为一片废墟，现残存有瞭望台（残高约1.5米）、赛马跑道和敖包。该敖包现在叫夏日布日都敖包，当地牧民每年农历五月十三日举行祭敖包活动。

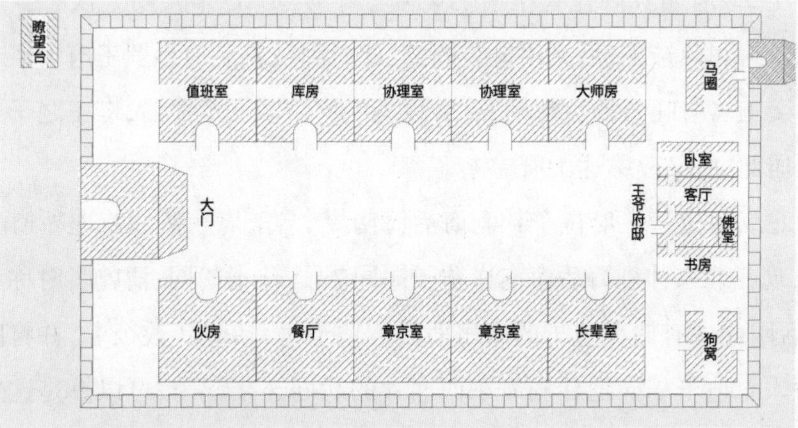

巴彦满都拉王府平面图（1709—1732）（根据当地老人描述绘制）

巴彦满都拉衙门（额肯衙门）外边有南北长80米、东西宽56米、高3米的四合院城墙。城墙西北角有个小门，里面是王爷的马棚，四合院里面的中央由北向南的四间房是王爷府邸，分别是书房、佛堂、客厅、卧室。府邸东北角有个狗舍。四合院内西侧，由北向南的五间房，分别为太师房（因为蒙古族信仰佛教，佛爷既是参谋，又是大师）、两间协理房（协理蒙古语为图萨拉克齐，既是助手，又是副职）和库房以及门房。四合院内东侧，由东北向南的五间房，分别为长辈室（蒙古族非常注重尊老爱幼，阿宝专为母亲设计的房间）、两间章京房（章京，蒙古语为札克拉克齐，既是帮办大臣，又是军机处）和餐厅以及伙房。南墙正中间是大门，大门西南10米，有高6米的瞭望台。站在瞭望台上面既能观看外面的风景，又能细看城墙里的每一处，现在该瞭望台仅存残址，其他遗址成为一片废墟。

阿拉善和硕特旗第四个王府——北京阿拉善王府（1704—1950年）

北京阿拉善王府原为额驸府。清康熙四十五年（1706年），阿拉善王爷和罗理三子阿宝被招额驸，居此府。雍正二年（1724年），阿宝晋封多罗郡王，该府始称阿拉善王府。乾隆三十年（1765年），阿宝次子罗卜藏多尔济封和硕亲王，后又诏世袭罔替，此时阿拉善王府称罗王府。清末第八代袭王名塔旺布鲁克札勒，故府称塔王府。辛亥革命后，塔王之子达理扎雅居此，府又改称达王府。

北京阿拉善王府位于什刹海后海南岸、恭王府东侧原三座桥府夹道1号，现在北京什刹海后海南岸毡子胡同7号，毡子胡同：清乾隆时称厂门口，后因此处有储存毡子的库房而改称毡子房，1965年改今名，并将府夹道并入。毡子胡同把什刹海东西两片的胡同连接起来，可以算是这片胡同的中心。阿拉善王府与恭王府毗邻，二府之间有南北走向地窄巷，原称府夹道，故阿拉善王府曾俗称东府，恭王府曾俗称西府，约3万平方米。

阿拉善王府由精致四合院和后花园组成，有房屋200多间，依中轴线分东西两部分，有假山、水池、花厅、游廊、亭、台等。现阿拉善王府院墙已被拆除，夹道不存。府内建筑分东西两路。东路正殿五间，屋面为歇山筒瓦，殿后有十字廊，四周是回廊，廊柱间雀替较小，有蒙古包的色彩。西路是住宅，现存三合院，有正房五间，东西厢房各三间，住宅后部有花园。北部是家庙，大殿屋面为硬山调大脊筒瓦顶。王府格局虽不完整，但仍保留部分原貌。新中国成立后，曾住过苏联专家，1950年公安部将其改为北京市公安局宿舍。

阿拉善和硕特旗第五个王府——青海海晏县阿拉善王府（1725—1731年）

清雍正三年（1725年），清廷命阿拉善郡王阿宝，自贺兰山迁徙到青海博罗充克河源（今湟水源头海晏县三角城）游牧，自此，王府衙门驻今海晏县境内。

当年的阿拉善旗王府遗址在现在海晏县砖瓦厂西侧烈士陵园北200米，遗址呈长方形，东西长300米，南北宽280米。遗址东西侧曾遭破坏，灰层、灰坑、陶片暴露在外，出土部分柱础石、条石现存放在海晏县文化馆。1987年青海省文物部门在环湖考察时曾在王府遗址内发现"皇恩浩荡"石刻，裂为两半，上半块长35厘米，宽20厘米，厚8.5厘米，下半块长27厘米。

雍正七年（1729年），阿宝以海晏面积窄小为由，请求驻乌兰穆伦（今大通河上游）及额清纳河界未准，但允许其回阿拉善旧牧。至此，阿拉善札萨克阿宝在海晏驻牧7年后，于公元1731年返回阿拉善地区。现地面建筑已荡然无存，仅留其基础尚可辨识。1988年5月19日由海晏县公布为县级文物保护单位。

阿拉善和硕特旗第六个王府——定远营(1732—1949年)

雍正元年(1723年),阿拉善和硕特旗第二代旗王阿宝奉调征讨青海和硕特部罗卜藏丹津叛乱,因功晋爵多罗郡王。因阿宝是和硕特部先祖顾实汗后裔中最忠实臣服清廷的额驸郡王,所以1724—1731年的八年中,阿宝奉清廷之命,统辖管理刚刚平息叛乱的青海和祁连山后和硕特诸部。在此期间,清廷认为:阿拉善辖地贺兰山之北,乃朔方(今宁夏—内蒙古河套地区)之保障,沙漠之咽喉,圣心(中央)轸念山后一带,切近宁(夏)城,为此,清廷先命工部侍郎通智细行踏看,勘察考证,再命通智与陕甘总督岳钟琪调研考察,详议具奏《建城方案报告》,呈报清廷。《建城方案报告》奏曰:"贺兰山后,葡萄泉一带水甘土肥,引导诸泉,亦可耕种。兼之,山险挺生松柏,滩中多产红盐,且扼瀚海(喀尔喀蒙古)往来之捷路。"控北塞(北疆)七十二处之隘口,在此修建一城名曰定远营,可西接平羌(青海西藏),遥通哈密、巴里坤(新疆)等处,东接威城(甘肃武威),远连"三受降城"(自北京向西沿山西与归绥境内,有一受降城、二受降城、三受降城一线连绵数百里三座城池)、两狼山(今内蒙古五原—临河一带)之要地,借以保障边远联络畅通,安定和睦。

清雍正八年(1730年),陕甘总督岳钟琪奏请,工部侍郎通智与光禄卿史俞福共同督理在此地建城,并赐名"定远营"。因其平面呈卧牛形状,又称"卧牛城"。定远营城依据地形高下,倚山筑城,气势轩昂。该城占地东西长约一里,南北宽约一里,面积约一平方里。城墙周长三点三里。城墙全部用灰白色黏土石杵夯打筑成。有高大雄伟、华丽的南城门(正门),外侧门楣上书石刻大字"定远营"。全城高大坚固,巍峨壮观。雍正十一年(1733年),为表彰阿拉善和硕特旗扎萨克阿宝郡王征讨青海叛乱有功,清廷将定远营赐予阿宝作为王府。

定远营城始于清代,兴盛于民国。世代与皇室联姻和王府的营建,为它的产生发展提供了文化和物质上的条件，最终形成了以建筑为表征，以商贸为基础，以文化为内涵的定远营。“定远营”的名称在《清史》《清季实录》《中国蒙藏史》及报纸杂志上多有记载，这样一个特有的历史文化景观，使定远营因此获得了塞外“小北京”的称号。

永恒记忆

岁月深处

草原轻骑

大漠史记

政协情怀

口述故事

永远忘不掉的历史心迹

周粒公

2020年,是阿拉善盟成立四十周年的日子。按照中国人的传统,本应热热闹闹大庆一番,偏遇旷世新冠肺炎疫情肆虐,只能心里牵绊。

“我们开了一个‘黑’会”

1980年的4月,阿拉善也像今年一般,空气中弥漫着紧张的气息,春意姗姗来迟。只不过区别于今年刚刚走出病毒阴霾的日子,那时候,同全国人民一样,阿拉善人民经过“文化大革命”的冲击,期待着百业待兴的春天。

那年4月下旬,我跟随即将到任的阿拉善盟委第一任书记杨力生同志,到兰州市西固区参加全国沙漠协会成立大会,大会由钱学森同志主持,会前钱老单独接见了我俩,在座陪同的还有中科院沙漠所所长朱震达等人。在这个会上,杨力生同志被选为全国沙漠协会理事并作了大会发言。会议一结束,那已经是4月底的事了,我俩心里惦记着阿拉善盟成立大会的事,便急匆匆地赶回巴彦浩特。

回到巴彦浩特时,天已经黑了,我们借宿在阿左旗招待所的几间平房里,做筹备工作,条件十分简陋,一张桌子,一把椅子,一张床,一个火炉烧

作者简介:周粒公,政协阿拉善盟委员会第四、第五届主席。。

作者与自治区领导合影

水取暖,又当办公室又当宿舍。杨力生同志当时是盟筹备小组组长,先去见了筹备小组副组长苏德宝同志。我当时和张百路同志是筹备小组办公室负责人,便到各处走走,看看大会准备工作做得怎么样。出乎我们意料的是,从外地和本地涌来巴彦浩特的人比预计的多了好几倍,乱糟糟的,食宿成了最大问题,虽然做了紧急补救,但由于当时条件有限,我们还是有些手忙脚乱。

第二天是五一,在阿左旗新落成的大礼堂,阿拉善盟成立大会隆重召开,内蒙古自治区党委第一书记周惠同志到会祝贺。会议开到一半,停电了。周惠同志在台上风趣地说:“我们开了一个‘黑’会。”好在当时没麦克风,下面人群听不见这句话。那时的电由宁夏供,电力不足,巴彦浩特停电是常态,幸亏事先准备了一个发电机,十多分钟后又继续开会。

是啊,阿拉善盟就是在这样的条件下,开始迈出步子的。那时三个旗财政收入加起来才两千多万,全盟二十七万平方公里,也就二十四万左右人口,还包括解放军三个师、三个基地,巴彦浩特仅一万七千人;直辖三个旗共有二百三十万只羊、二十三万峰骆驼,两个盐场,三个亚洲一流高科技试验场。我曾经形象地说过:“阿盟经济,好像一个人,骑着一峰骆驼,驮着一袋岩盐,后面跟着十只羊,各项事业好比骑着骆驼拉着鸡,高的高来低的低。”

“看好大门,放好羊”

最早听到巴彦浩特这个地方是从我入党介绍人秦廉口中,他是从巴彦浩特调到五原的,那是1971年,我俩在五原县委宣传部共事。20世纪70年代在巴盟盟委工作期间,原巴盟盟长、阿拉善末代王爷达理扎雅的子女上访落实政策,才更多地了解了阿拉善的往事。1978年9月,我任乌海市委办公室副主任,代表乌海市参加还属于宁夏管辖的巴彦浩特庆祝宁夏回族自治区成立二十周年大会,由此第一次踏上了阿拉善这片土地,真正接触到了阿拉善的风土人情。

1979年初秋,内蒙古自治区党委常务书记王铎带着巴彦淖尔盟委书记巴图巴根、原巴彦淖尔盟军分区司令员陈思玉来到乌海市,让时任乌海市委书记的杨力生同志陪同去阿拉善,看看三旗划归内蒙古后建立新盟的工作事宜,并点名让我随同。

我们一行,先后考察了乌达、吉兰泰、巴彦浩特、腰坝、温都高勒,最后到了额济纳旗。王铎书记与巴图巴根、陈思玉同志商量后明确了两件事:国务院在1979年7月关于设立阿拉善盟的批复中,盟府由设在吉兰泰改为设在巴彦浩特,目前这里最具设盟府条件;自治区党委原本想让原巴彦淖尔盟军分区司令员陈思玉同志来阿盟当盟委书记,后改为杨力生同志,由杨力生同志负责组建阿拉善盟,并交代,除少量骨干可以调一些外,原则上不要从外面调入大量干部,阿拉善盟工作要“看好大门,放好羊”。我的粗浅理解是,固防边疆,发展经济,当时中央对内蒙古的工作方针是“汉族与蒙古族及其他少数民族谁也离不开谁”“林木为主、多种经营”。我想这也是中央方针的延伸吧!在临走的前一天晚上,杨力生同志根据王铎书记意见，当晚授意，由我执笔起草了一封给自治区党委的信交给了王铎书记，简述了建盟的意见和方案，包括班子具体人员名单及调配要求；也口头请求将当时分属宁夏、甘肃的吉兰泰盐场和雅布赖盐场属地属权划回，作为阿拉善经济发展滚动支点。

1979年11月1日，阿拉善盟筹备组正式在巴彦浩特阿拉善左旗招待所挂牌成立。我还记得，当时杨力生书记劝说我："你是个南方人，到内蒙古已是千里迢迢，分配到五原县，巴彦淖尔盟迁临河被征调，乌海市成立又被征调，现在我要去巴彦浩特，一来你尽颠簸无定所，二来那里条件更加艰苦，又是从头开始，你还是留在乌海市吧！"我只回答说："你能去，我也行！"

的确，我的小孩跟我来到巴彦浩特老陵滩时，望眼一马平川乱石滚滚，眼泪汪汪地对我说："老爹，你怎么把我们带到这么个地方！"我说："别急，只要我们努力，会变的，一定会好起来的。"我们就是这样，搭上蒙古包，每天提上一个暖壶，拿几张白皮饼，早出晚归，徒步十多里路，把盟委、公署办公房建起来，再从这个基地出发，一点一点建起一个崭新的新巴彦浩特；再从这里，迎着朝阳，白手起家，开始了建设阿拉善盟的长征之路。

我就这样参与了政协工作

朝格图

在盟政协正式成立之前,1980年7月25日先期成立了政协筹备领导小组,组长由时任盟委副书记的喇嘛舍楞担任,副组长由时任盟纪检委副书记吴学易、盟委统战部副部长史乌力吉巴根担任,成员贡其格、德淑珍。筹备组从1981年初即开始了紧张的准备工作,包括政协领导班子、政协委员的协商选拔和考核、政协机关机构及工作人员的编制设置、政协大院的基建等。

1980年11月21日,内蒙古自治区党委办公厅下文,批准阿盟党委关于成立阿拉善盟政治协商委员会的决定。1981年12月4日,中共内蒙古自治区委员会下发《关于阿拉善盟政协领导班子候选人的批复》。1982年4月21日,盟委常委会会议做出决定:五一成立盟政协。

1982年5月1日至6日,中国人民政治协商会议阿拉善盟第一届委员会第一次会议在巴彦浩特胜利召开,政协阿拉善盟委员会正式成立。

在召开成立大会时,我负责大会翻译工作,从领导讲话到会议简报,全部要译成蒙古文,而且全部由我一人来完成,工作量之大、时间之紧迫、难度之大可想而知。但会议结束时,时任政协副主席牛顿说:"这次会议开得好,文件材料都有蒙古文的,领导讲话也有蒙古语口译,好理解。这

作者简介:朝格图,阿拉善盟政协特聘文史专员,原阿拉善盟政协文化文史学习委员会主任。

对我们了解上级政策和精神，更好地参政议政很有帮助。”

我记得在5月4日上午，全体委员前往王陵公园和广大青年一起开展植树活动，盟委书记杨力生同志和行署盟长苏德保扎木苏同志也一同前往。老同志和青年在一起植树劳动有一个明显的对比。当时委员中最年轻的是盟团委副书记达来，只有30岁，年龄最高的是阿左旗工商联主任沈智远，80岁，全体委员平均年龄57岁。委员们在劳动中，谈笑风生，热情饱满，干得十分欢快。沈智远、黄孟和乌力吉、侯东海、牛顿、段塔拉腾岱等委员虽年迈高龄，但精神焕发，兴致勃勃。劳动结束时，杨力生同志说：“我们政协委员要给党委和政府出主意，当好参谋。”苏德保扎木苏同志说：“政协委员是代表各族各界的，我们要在履行好自己职责的同时，大力提倡因地制宜种树种草，多种植灌木，提高产草量，增强抗灾能力，为稳定发展畜牧业打好雄厚的物质基础。我们要把阿拉善盟变成草成茵、树成林、鸟儿成群，把巴彦浩特公园化、果园化、绿洲化，为下一代造福，为‘四化’建设贡献力量。”

在一届一次常委会上，决定了政协工作机构设置。一是设立办公室，主要任务是执行政协常委会和主席办公会议的决定，办理政协各项日常行政事务工作，具体有四类：政工、人事和文书处理；文件档案的清理、归档；财务、资产以及职工生活等后勤服务的管理；基本建设、维修（包括施工、物资）的管理等。二是设立学习委员会（虚设），主要任务是组织委员和各族各界人士学习马克思列宁主义、毛泽东思想，学习时事政治，在政治上绝对同党中央保持一致，推动各界人士通过学习进行自我教育和自我改造，解决世界观的改造问题。三是设立文史资料研究委员会（虚设），主要任务是根据阿拉善盟的具体情况，有计划地组织政协委员和各界人士撰写各旗的史料和老一代革命家有历史意义的革命回忆录，并将征集到的稿件提供上级政协选用；逐步整理、编辑出版阿拉善盟的文史资料专辑。

1986年，在二届委员会期间新增成立了提案委员会（虚设）和工作组委员会(虚设)。工作组委员会下设四个组:经济建设组、科技农牧组、教育文卫体组、民族宗教妇女港澳台侨联组。经济建设组、科技农牧组后来发展成为经济科技委员会;教育文卫体组发挥着现在教育文卫体委员会的作用;民族宗教妇女港澳台侨联组与现在的民族宗教群团台侨联谊委员会职能相近。

到了第三届委员会时,阿拉善盟政协各专委会由虚转实,才正式履行其职责。各专委会为正处级,组织任命了委员会主任(正处级)。

1983年,中央号召干部要年轻化、知识化。阿拉善盟建盟以来,开始了第一次机构改革。盟行署副秘书长兼盟政协副秘书长的原丹同志到政协正式履行副秘书长职责。经他极力推荐,经过盟委两次会议研究,我被选调到阿拉善盟政协工作。(第一次是1984年5月,经盟委会议通知我到盟政协工作,但因盟行署办暂时没有专职翻译,时任盟长乌伦赛同志不同意;第二次是当年9月,经盟委会商议通过,我调到盟政协工作。当时,盟行署办翻译科和盟蒙古语文工作委员会合并为蒙语翻译科,由我临时负责)。1984年9月30日,我办理了调动手续,10月到盟政协正式上班。当时,文史办名义上是四人,可实际当时就我一人,还有一张桌子、一把椅子、一个热水瓶。

上班后,我的主要工作是采访中华人民共和国成立前在旧政府工作过的"三亲"人士,抢救征集文史资料。工作了一个多月,成效并不明显,好多老人都不理睬我。因此,我改变了工作方式,找他们聊天,还根据他们的喜好随机应变。这个办法很奏效,到了年底,已经征集了十来篇回忆史料。第二年的6月,我又先后走访了魏文锦、戚涛、段塔拉腾岱、罗福喜、范额尔德木巴图、贾拉森等50多人,共征集、整理出60多篇80多万字的文史资料。当时,这些老人的健康情况不一,有的自己可以撰写,有的只能口述。为了确保史料的真实性,我每次都认真整理口述史料,并经口述人审核校对,把有误的地方删除,遗漏的东西补充进去。随着这项工作的深入开展，文史线索不断增加，支持文史工作的“三亲”人士也越来越多，我手中的文史资料也越来越丰富。

1985年12月，第一辑《阿拉善盟文史》出版时，我第一时间把书籍和微薄的报酬送到撰写者和口述者手中时，他们都十分感动：“我们所经历的历史也载入了史册！”

30多年，本人走访历史事件的亲历者1183人次，征集整理各类文稿1782篇，编辑出版蒙、汉文版文史资料《阿拉善往事》《阿旺丹德尔文集》《历史名人与阿拉善》《历史的记忆——额济纳旗与东风航天基地史料》《仓央嘉措的选择——阿拉善》等68辑，总字数近2000万字。

我的政协情怀

姜庆继

岁月不居，时节如流。作为一名曾经在政协战线上工作过的干部，来书写政协情怀，心中自豪不已。回忆十年的政协工作，一幕幕情景都历历在目，恍如昨日。

1996年，我师范毕业后到阿盟师范附小任教。2003年6月，成为盟政协办公厅的一员。自此，我与政协结下了不解之缘，先后在盟政协办公厅任科员、副主任科员、主任科员、科长、办公厅副主任等多个岗位。十年的盟政协工作经历，是我人生中的一段重要历程，让我与政协结下了深厚的感情，这份情感一直指引着我、鞭策着我，伴我成长，给我快乐。十年政协工作，让我褪尽青涩。十年政协工作，想感谢的人太多太多，一点一滴的回忆在汇聚。虽然现在已经不在政协工作，但是在盟政协工作过的这段时光让我终生难忘。

在学习中追求进步。回想当年从熟悉的教师岗位到政协机关工作之初，一切是那样的陌生，心中更多的是茫然和困惑。我清楚地记得第一天到政协办公厅报到上班的情景，办公厅领导带着我向大家介绍后，同事们帮我安排办公室，带我熟悉办公环境，告知我注意事项……他们态度真诚，亲切随和，让我的忐忑不安消失得无影无踪。我清楚地记得第一次走

作者简介：姜庆继，时任阿拉善盟行署副秘书长，现任高新区党工委副书记、管委会主任，乌兰布和示范区管委会负责人。

进政协全会会场的情景:“政治协商　民主监督　参政议政”的十二字职能跃入眼帘,会场严谨而浓重的气氛让我热血沸腾,让我深深感到作为一名政协人的骄傲和自豪。接下来的日子里,在领导和同事们的悉心指导下,我从公文起草、会务筹备等最基本内容入手,系统学习掌握了办文办会的基本技能。由于工作中常常涉及经济、城建、社会法制、文史等多领域知识,促使我不断扩大涉猎范围,那段时间我的办公桌上经常堆放着一些关于政协职能、统战、经济、法律、人文地理等方面的书籍,在自我提高的同时,也养成了我良好的阅读习惯,大大开阔了我的视野,至今让我受益匪浅。我深深地明白,办公厅需要我学习的地方还有很多很多,对外协调、对内上传下达以及综合文字功底的提高等。我心中暗暗给自己定了四个要求,在工作中一定要脑勤、眼勤、手勤、脚勤,并做到持之以恒。通过努力,我的工作得到了办公厅的认可,与领导和同事们建立了亦师亦友的良好关系。我的进步离不开与我朝夕相处领导的亲切关怀和同事们的无私帮助,让我以最快的速度完成了角色的转变,让我从最初的迷茫找到了奋斗的方向。

在履职中升华情怀。2008年1月至2011年1月,我担任政协办公厅专委会科长职务。三年来,围绕工作职责,扎实做好专委会的各项工作,组织政协委员学习、调研,撰写政协提案,等等。按照“盟委想什么,我们就议什么;行署干什么,我们就帮什么;群众盼什么,我们就促什么”的原则,广大政协委员集思广益,从教育到医疗,从社会保障到社会治理,从经济发展到城镇建设……处处能看到政协人参政议政的身影。当一项项提案付诸实施变为现实,一个个建议被采纳后惠及广大百姓,我心中充斥着满满的成就感和自豪感。其间,我分别到盟委组织部和阿拉善右旗阿拉腾敖包镇调训挂职。2011年1月,我被任命为盟政协办公厅副主任,成长为一名副处级干部,身上的担子和责任明显加重。我深深地明白,这样的机会既是对我工作的充分肯定,也是组织对我寄予更高的期望,更是对我的一种默默关爱和鞭策。我只有以更加昂扬的工作斗志和优异的成绩，方能报答组织的培养和领导、同事们的无私关怀。办公厅工作头绪多，时效性强，承担着上传下达、下情上报，为领导、为机关协调服务的重要任务。在工作中，我虚心向身边的领导请教经验，与办公厅的同事们共同探讨办文办会、提案整理、工作效能等方面的意见建议，从抓管理、带队伍、创业绩、树形象四个方面入手，充分发挥综合协调和参谋助手的作用，及时准确掌握事关全局的大事及领导和群众关心的重点、热点、难点问题，通过整理和综合分析，第一时间形成汇报材料或者信息，准确、客观、全面地向领导反馈各条战线、各个领域的情况，努力全方位、深层次、宽领域为领导决策做好参谋助手。在担任盟政协办公厅副主任的近三年时间里，在领导的悉心关怀和同事们的无私帮助下，我的大局意识和综合研判、统筹协调等各方面能力得到提升，我的政协情怀在不知不觉中得到升华。

在感恩中继续前行。鱼儿懂得了感恩，才能明白大海的博爱；大海学会了感恩，才会懂得鱼儿的深情。从2003年6月来政协工作，到2013年11月离开政协，我在这里度过了整整十年。十年，在这个人生的平台上，我经历了多个岗位的学习、工作和历练。一路走来，伴随着政协事业的不断发展，我也在实践中得到磨练、成长和进步，我心中充满了感激。感谢一届又一届的领导，始终关心着我成长，鼓励着我前行。虽然风格不同，但他们的学识修养、工作经验、人格魅力和领导艺术都是我学习的宝贵财富，是引领我成长的明灯。感谢政协这个温馨的家，在这个大家庭里，领导和同志们亲如家人，彼此尊重，既有工作上的严格要求，也有日常生活中的嘘寒问暖；既有每天忙忙碌碌、严肃紧张的工作，也有同志们和谐相处的欢声笑语。这里有浓厚的学习氛围，通过参与政协委员和各界人士参加的各种会议、调研、视察、培训等活动，我能够“近水楼台先得月”，近距离分享各方面专家提供的“精神大餐”，大开眼界，获益匪浅。这里汇聚着各界精英，能有幸近距离参与到委员们协商议政、建言献策的全过程，现场聆听他们的真知灼见，感受他们为民代言的政治热情和担当精神，对自己更是一种启迪和激励。衷心感谢政协在我与之共同走过的十年里，让我拥有学习的机会、成长的经历和进步的快乐。

十年政协时光，值得一生铭记。这是用汗水浇灌的十年，是用感情滋润的十年，也是我成长进步的十年。十年来与政协相依相守，我的“政协情怀”早已融入血脉，也终将刻骨铭心。

履职在路上

马 芳

到政协文史的新岗位，审视自己，反观自己，我该以怎样的心绪理解和适应这个新的岗位呢？沿着工作的脉络，我却清晰地梳理出履职路上的责任与使命，这一刻，我竟然完成了人生舞台上的又一次角色转变。

初来乍到，领导安排办公室、配备办公用品，同事相互招呼着、认识着、熟悉着，心情清爽而舒畅。一周的学习计划，已经放在案头，满满地挤在脑海。参加中心组学习，一张艳丽的图案，一枚政协的会徽，拨开了最初的懵懂，也让我对人民政协有了粗浅的理解和认识。

中国人民政治协商会议的会徽，象征着全国各族人民的大团结。会徽的整个图案庄严富丽，它以一颗红光闪闪的五角星、四面迎风飘扬的红旗和白色地球衬托的红色中国地图为中心，光芒四射的蔚蓝色天幕作背景，周围是红色缎带连接起来的瓦蓝色齿轮和金黄色麦穗。这个会徽是1949年7月由新政协筹备会制定、通过的。

政协会徽体现了“无产阶级领导的、以工农联盟为基础的各民主阶级大团结”的精神。这个会徽是由张仃和周令钊设计的。设计者对图案的原说明是：一、红是表示无产阶级领导；二、齿轮、嘉禾表示工农联盟为基础；三、四面红旗表示四个阶级（即当时的四大阶级：工人阶级、农民阶级、

作者简介：马芳，时任阿拉善盟政协文化文史学习委员会副主任，现任阿拉善盟政协文化文史学习委员会主任。

小资产阶级、民族资产阶级）的大联合；四、地图表示新中国，背景光芒四射。此外，红星下面的“1949”四个阿拉伯数字，表示中国人民政治协商会议诞生的年号；缎带上的“中国人民政治协商会议”10个金色仿宋字，标明了人民政协的全称。这个设计图案经周恩来批示交新政协筹备会常务委员们传阅后，认为较好地体现了筹备会提出的指导思想。后经筹备会常务委员会主任毛泽东批准，在1949年9月21日开幕的中国人民政治协商会议第一届全体会议上正式使用。

一幅图案，一个会徽，一种使命，一份职责，我再一次定格了人生的奋斗坐标，不懈怠、不松劲、不停步，勤勉履职。认真参加理论学习和履职培训，顺着讲台上教授的思路，我聆听着，认真接受精神的沐浴。听着关于《中国人民政治协商会议章程》的解读，思考着关于政协工作的规律和特点，方才明白了政协工作是什么、干什么、怎么干。

在机关开展的“能力提升建设年”活动中，我们必须做好再出发的准备。必须紧紧把握时代脉搏，聚焦盟委扩大会议的战略部署，关注阿拉善生态保护，重视文化传承发展，从群众中来，到群众中去，把民意的天平扶正，让优良的作风温暖民心，要向全社会发出政协好声音。那一刻，我牢记着“不忘初心、牢记使命”的谆谆教诲。

随领导赴乌兰牧骑开展实地调研，聆听最基层的声音，撷取了丰富的一手材料，执笔撰写调研报告的同时，也被乌兰牧骑的经典艺术作品的魅力所震撼。人民需要艺术，艺术也需要人民，任何一个时代的经典文艺作品，都是那个时代社会精神的写照，都具有那个时代的烙印和特征。岁月变迁，乌兰牧骑队伍不断新老更替，但是乌兰牧骑红色基因始终没有改变，扎根草原，服务农牧民的初心没有改变。我被那个时代精神所感动，我们有责任有义务为乌兰牧骑精神的永存助威呐喊，虽不能用脚步丈量乌兰牧骑未来发展的历程，但能用手中的笔为乌兰牧骑书写建言的篇章，也是内心的一份欣喜。协商会召开的那天，各种意见建议如潮水一般，是期盼也是呼声。春风吹了,草原绿了,我们的乌兰牧骑又要出发了。

随团对阿拉善和硕特蒙古族历史文化足迹开展考察调研,从那些斑驳的剪影和褶皱的印痕里寻到了成吉思汗在阿拉善遗留下来的历史足迹,对阿拉善和硕特蒙古族族源文化也有了粗浅的认识。沿途挖掘、搜集有关大汗文化史料,一路与各地文史同事交流着、探讨着,阿拉善和硕特蒙古族和额济纳土尔扈特蒙古族族源迁徙线路逐渐在脑海里清晰起来,阿拉善的先祖在不断冲突和融合中创造了精彩纷呈、独具特色的文明史诗,给我们留下了丰富的文化遗产,这些将为推动阿拉善旅游文化深度融合,促进阿拉善旅游业全面发展,打造阿拉善国际旅游目的地都具有极其重要的意义。

政协文化、文化政协,走进文化文史学习专委会才逐渐认识到文化在政协的广博内涵。盟政协利用300多平方米的长廊营造了良好的文化氛围,篆书“文化政协”的牌匾悬挂在走廊上方,走廊两侧的墙面上悬挂着三十多名阿拉善名人书法作品和阿拉善景点摄影作品。书法作品或俊逸雅致,或简约平和,字字隽永,行行清丽,行笔润墨中自有悠闲静逸之感。摄影作品展现了苍天圣地阿拉善国际旅游目的地的优美景色,摄影家多侧面、广角度地发现美、再现美、创造美,让人清心、明目,艺术家把摄影的美学思想、思考和发现,用镜头表达得淋漓尽致。盟政协文史展馆被馆员打扫得干净整洁,不论是墙面的布置还是史料物件的展示都散发出一种古朴典雅的气息。四面墙体展示内容分为“阿拉善文化历史”“政协机关光辉历程”“文史书屋”和“口述历史”四部分,展现了阿拉善历史文化和人民政协的光辉历程,是文史资料和政协文化的研究基地,也是人民政协与社会各界及海内外人士交流的平台。守住文化遗产,树立文化自信,文化政协展现了一种新时代人才荟萃的形象与情怀。令我诧异的是,这里的文史资料已经通过科技手段存储在电子设备里了,不得不敬佩和赞叹领导的高瞻与远见。文史资料库汇集了300多种500余册机关和各旗区的文史资料，以及本土作家书籍和外地交流书籍，琳琅满目。在这里可以浏览我喜欢的各类书籍和各种文章，心中自有一份窃喜。

一直喜欢信笔写些散文随笔，来到政协文史委，才逐渐感受到这个岗位的特殊性。文史作为记述历史、传承文化、传承时代记忆的工作，肩负着存史、资政、团结、育人的社会功能，文史工作不同于文学创作，不同于历史研究，文史工作来不得半点虚假，不仅要付出大量的脑力劳动，还需要亲力亲为。面对新的环境、新的岗位，我必须摒弃一些旧的习惯和认识，重新定位，顺应新岗位的要求，履职在路上，胸中所洋溢的真诚、责任、坚守、执着，这样都让我义无反顾，从容而坚定。

建睿智之言，献务实之策，我该如何把工作与生活结合得气象万千，如何借一副飞翔的翅膀达到职业的高度，这将是我今后的思考，也是我找寻和探究的答案，更是我前进的方向和目标，这种思考应该是多维度的、全方位的、立体的。政协人要善于思维、勤于思索、功于思考，要俯下身子聆听那些社会底层发自内心的声音，从而鸣奏出合奏之音，倘若这种声音被接纳、被启迪，那么就是我履职的进步被首肯，就是我对事物别样层面的理解被接纳。

阿拉善高天厚土、人文灿烂，此时此刻，我每走一步，内心都是饱满而充满激情的，美好的愿景再次弥漫开来。

我的政协三十年

张 莉

1990年7月,我从阿盟电大政史系毕业后,分配到了盟政协工作。当时许多亲戚朋友听说我要到政协上班,都用惊讶的眼光看着我说:“年纪轻轻怎么就进了一个那么清闲的单位?”我一时无语,难道政协真的是这样的吗?我有些茫然,还有些迷惑,不知所措……什么是政协?我能胜任政协工作吗?带着好奇,带着疑问,但更多的是初上班的新鲜和喜悦,我去报到了。

那是1990年7月20日上午,晴空万里,盛夏的骄阳,大清早就已经火辣辣的了。当时政协办公地址还在转盘北侧一个大院里,院墙外两边分别是红色的标语:“长期共存,互相监督”“肝胆相照,荣辱与共”,大门挂着蒙汉文“中国人民政治协商会议内蒙古自治区阿拉善盟委员会”的牌匾,大院正中是一条小油路,路两边是果园,种着梨、桃、苹果等树,树上已经挂满了小小的绿色果实。大院的中心是个花园,里面盛开着五颜六色的鲜花,正中树立着国旗,东面是一幢三层办公楼,北面是一排办公平房,大院的东北角有四五个车库。我来到办公楼北面一楼的政工秘书科,聂义声科长接待了我,给我介绍了一些政协基本情况后,领着我去几个科室和大家见面,当时有政工秘书科、财务科、后勤管理科、车队四个科室,杨德

作者简介:张莉,阿拉善盟政协提案和社会法制委员会副主任。

峰、刘耀国、田泽让几位科长都在，他们都热情地和我打招呼，已经快六十岁的车队老队长田泽让拍拍我，用一口浓浓的山西话笑着对我说："政协来年轻人了，有新鲜血液了。"后来陆续从他们那里知道政协还有经济委、民族宗教群团委、文史学习委、提案法制委、教卫文体委五个专门委员会和一个办公室，有主席、副主席6位，机关共有35人。

初到政协，我被安排从事文件收发工作，归属政工秘书科。主要是对各单位的来文进行登记，按照签批要求进行传阅。我每天的主要工作就是收发文件，为各位主席、各委办主任传送文件。当时的主席是高荫华同志，他给我的印象是非常和蔼，温文尔雅、平易近人。有一次去高主席办公室送传阅件，他拿出一份中办文件递给我说："小张，上次我从文件夹里拿了一份文件，没有给你说，下次你可以专门制一个传阅表放文件夹里，以免造成文件丢失。"高主席虽然用很平和的语调对我说，但我的脸刷一下就红了，我知道这是对我工作不认真、不动脑的批评，文件少了一份都不知道。回到办公室后，我就设计了一份文件传阅单，上面有传阅文件号、领导姓名、传阅时间、阅毕时间，一目了然，很好地避免了文件的拖压和丢失，因此每年的党内文件回缴，政协的文件都是一份不少。干了两个月文书后，由于原来的打字员其其格生小孩请假，领导让我接上了机关打印工作。老式打印机笨重而又难学，通过一段时间的刻苦练习，我熟练掌握了打字技术。12月20日，刚刚熟悉了打字工作的我，就赶上了政协阿拉善盟三届二次全委会议的召开，这是我参加工作以来的第一次大型会议。我被分在文印组和后勤组，负责会议文件的打印装订、会场服务和会议食宿服务。平房办公室后面是阿盟政协劳动服务公司，平时做家具、蒸馒头，服务公司师傅们蒸的馒头又大又白，挂着"政协馒头"的小推车经常还没有推到转盘市场就被买光了。在政协全委会议期间，服务公司就担负起了委员和工作人员的就餐任务，旗县委员吃住都在盟政协。平房办公室东面的会议室成了临时餐厅，腾出的七八间办公室成了简易住所，两人一间屋，床铺都是借的，我记得特别清楚，床铺是柴丽英和胡萨仁两位大姐领着我去盟宾馆和其他单位借的，借回来洗干净铺好，为住宿委员提供了一个干净整洁的住宿环境。每天一散会，单位仅有的几位女同志就迅速跑到后院，和服务公司的员工一起洗刷餐具、端菜倒水，等就餐人员吃完后再帮着食堂清洗整理。大家虽然很辛苦，但都很开心，互相逗笑着说："我们这是自己动手，丰衣足食。"忙完食堂活，又要忙文印组的工作。文印组工作量很大，工作人员只有两三个人，可是每天到了需要印文件时，会有很多不是文印组的同事们自发前来帮忙，印象最深的是提案委员会副主任李文兴和后勤科刘耀国副科长，他们那时已经近50岁了，每天和我们一起印刷装订。因为手推油印机要一张一张推，速度慢，还比较脏，大家换着印，印完文件的人，满手都是油墨，不小心抹到脸上就成了大花脸，大家你笑我我笑你，文印室充满了欢声笑语，每晚忙到十一二点是常事，有时还要忙到凌晨一两点，大家任劳任怨，从不叫苦喊累。

这次政协全委会议对我来说是一次非常好的锻炼，把我和政协、政协同事们紧紧联结在一起，让我深深感受到了这个大家庭的温暖、和谐。从全委会议自始至终的服务，到每天聆听领导们精彩的讲话和委员们的大会发言以及畅所欲言的座谈讨论，我一点点明白了政协的性质、地位和作用，明白了原来那么多得民心顺民意、被老百姓称赞的实事、好事都与人民政协的参政议政有关系，也明白了自己肩负的职责和使命。工作之初的疑问得到了解答，也坚定了我干好政协工作的信心和决心。

1994年7月，周粒公同志任第四届政协主席，他对工作人员，特别是从事财务、保密工作的同志要求很严格，有一次我去给周主席送文件，他对我说："文书、打字工作都是个细活，要格外认真用心去做。"并用签字笔在一张白纸上写了八个大字"及时、认真、细致、保密"，纸的左上角写着"张莉同志谨记"。我把这八个字牢记在心，当成了座右铭，并把它压在办公桌玻璃板下，这张字条既是鼓励，更是鞭策，时刻提醒我干工作要认真要细致，在实际工作中我也是这样严格要求自己的。1994年底，办公室安排我兼任政协机关档案管理员，以前政协档案工作没有专人管理，也没有专门的档案室，库房的几个纸箱子里堆放着历年的文件。后勤科的同志们把原来的文史资料室改成了档案室，购买了桌椅、档案柜，还有其他档案用具。我一边向档案局的业务老师虚心请教，一边自学档案管理相关知识，然后按照要求把历年文件进行整理、编册、归档，机关档案工作逐步走向正轨。1999年，时任政协秘书长王廷永召开办公室工作会议，在会上给政工秘书科下达任务，要求年内机关档案室晋升全区先进档案室。从那天起我进入了连续几个月的政协、档案局、家三点一线的工作和生活状态，下班后基本是在档案室度过的，领导和同志们给予我大力的支持和帮助。尤其是政工秘书科的许明强科长和科员王进经常吃完饭后就来单位加班，有时帮着我整理资料、抄写文档。后来我才知道是许科长怕我害怕，特意和王进一起过来为我做伴的。因为政协的三层办公楼一到下班就空无一人，尤其晚上，走廊黑漆漆的，老式的门窗到处都在响。正是因为有了他们的陪伴，我才能每晚安心地加班整理档案。经过几个月的努力，1999年底，政协机关档案室被评为全区二级档案室，2003年又上一个台阶，荣升自治区特级档案室，是盟委四大班子中第一家获此荣誉的单位。

2005年12月，政协机关出纳、副调研员格日勒同志因患重病要赴外地治疗，李凌山秘书长找我谈话，让我接任机关出纳工作，虽然我是一个从没学过财务的门外汉，但是组织信任我，把这样一个重要的工作交给我，我必须迎接挑战，而且一定要干好。秘书长找我谈完话的当天晚上我和格日勒同志就进行了工作交接，她当时身体很虚弱，但她坚强而乐观，始终面带微笑，在交接工作时，认真而细致，把交接清单、账目、现金以及财务工作需要注意事项交代得清清楚楚后，又教我如何做出纳，并手把手帮着我记了几笔日记账。我记忆最深的是，我们交接完工作已经是凌晨两点了，临出门时，她又一次嘱咐我，现金、支票、财务章一定妥善保管。我把格日勒大姐送到她家楼下，在她转身跟我挥手再见的一瞬间，我看到了她眼中的泪光，目光中蕴含着她对这份职业的不舍，更是对我的期待与希冀。之后格日勒同志就一直在外治疗，和病痛做了多年抗争，最后还是被病魔夺去了生命。2012年11月8日，她永远地离开了这个世界。经过交接手续那一晚的速成培训后，第二天我就开始了十一年的财务工作生涯。财务科科长是柴丽英同志，她是一个热情朴实、真诚善良的大姐，对工作认真负责，财务工作经验丰富，在她的耐心帮助和严格指导下，我一天天熟悉了出纳工作，从简单的记账、转账、开支票，到做报表、做预算。我和柴大姐在一个办公室面对面整整八年，这八年中不光是跟着她学会了如何干好出纳工作、做好财务工作，更是学会了如何认真严谨地对待本职岗位，真诚宽厚地对待同事。2013年，看着我一步步成长和进步起来的老科长柴丽英离岗了，我接任了会计工作并任财务科科长。

时光如梭，转眼到了2016年，魏国权同志担任政协主席，3月的一天，主席找我谈话，对我说："你是一名老政协，几十年在政协工作，各方面表现也不错，组织准备推荐你，如果有可能你愿意去其他部门锻炼吗？"当时我不假思索地说："不愿意，我就愿意在政协，政协和谐团结，氛围好，我在这里工作了26年，对它有着深厚的感情。"因为我的这句话，主席在多种场合夸我，说我热爱政协，有浓浓的政协情结。这一年的5月20日，我被提拔任命为盟政协提案和社会法制委员会副主任，年底又光荣地成为一名政协委员。当我捧着鲜红的委员证时，心情既欣喜又紧张，我知道这不仅是荣誉，更是一份沉甸甸的责任，一种神圣的使命感从心中油然而生。

在我当政协委员的两年多时间里，我持续关注老年教育体育问题，提交了《关于加强我盟老年教育的提案》《关于发展我盟老年人体育运动的提案》，得到了相关部门的重视和答复。

政协是个大舞台，在这个舞台上，我充分发挥自己所长，展现自身风采。受母亲的熏陶，我从小热爱文艺，每当单位元旦、三八、七一等节庆活动时，我都积极组织机关职工开展文艺活动，丰富了职工文化生活。2002年，在政协党组安排下，筹划组织了盟政协成立二十周年文艺演出。对二十周年演出我至今记忆犹新，因为那是我第一次组织大型文艺演出，得到了领导和同志们的大力配合与支持。机关干部职工、政协委员们积极参与其中，主席、秘书长带头表演，我现在还能清楚地记起主席们参加的是男声小合唱，唱的歌曲《打靶归来》和《没有共产党就没有新中国》。演出那天，好多退休老领导包括居住在外地的同志们都赶回来了。我见到了许久不见的任功铎、张竹青、苏木雅、杨清贵、徐全等老主席，领导们精神矍铄，大家见面十分亲切。盟政协二十大庆演出是在公署礼堂进行的，演出场地很简陋，虽然没有华丽的灯光、精美的服装，也没有专业人员指导，但是我们的干部职工和委员们凭着一腔热情，克服许多困难，利用业余时间自导自演，认真排练，那场演出很成功，朴实无华的表演受到了领导及社会各界的一致好评。

2017年底，盟政协要召开九届一次会议并举行换届文艺汇演。魏国权主席把我叫到他办公室，让我担任政协九届换届演出汇演总导演，当时我既激动又忐忑，怕自己胜任不了这项光荣而艰巨的任务，辜负领导对我的厚望和信任。日新月异的新时代对文艺演出的要求非常高，我能行吗？这时魏主席对我说了两句话一下让我信心百倍，那两句话是："只许成功不许失败"，"放手去干，小困难找秘书长，大困难找我"。这些话既是鼓励更是要求，于是我在心里默默立下了军令状，必须圆满完成任务。领到任务后，我就开始从晚会形式、节目内容、参加人员等方面认真策划构思、组织安排，邀请辅导老师，联系排练场地，制作演出音乐。前期准备工作一切就绪，我们开始正式排练，参加演出的机关干部职工以及部分政协委员都是白天上班，晚上排练，辛苦排练了两个月，2018年1月8日，"同心筑梦"九届政协换届文艺演出正式上演，参加演出的单位有盟政协和三旗政协，节目个个精彩。在大家的共同努力下，九届政协换届演出圆满成功。

斗转星移，青春不再，作为政协人的我不忘初心，无怨无悔。我热爱政协，奉献政协，三十年的政协时光，成为我难忘的人生经历，也必将描绘美好的明天！

政协是我的人生“福地”

——两次调入政协工作的经过

斯琴别立格

1986年7月，从内蒙古牧业学校毕业后，我被分配到阿左旗锡林郭勒苏木任畜牧专干、团干并兼任苏木党委秘书。锡林郭勒是我的出生地，熟人较多，当年二十岁的我，骑着一辆崭新的“幸福三代”摩托车到处跑，帮助认识的不认识的人家抓羊绒、剪羊毛、驯骆驼、割牧草，晚上则组织机关干部或周边嘎查年轻人唱歌跳舞，也许是乐观积极的生活态度和外向的性格，我和大家都处得非常愉快。

1987年，是苏木镇换届选举之年。时任阿左旗政协常务副主席胡巴图巴依尔任锡林郭勒苏木换届选举工作组组长，从宣传动员到换届选举结束三个月的时间都在锡林郭勒苏木蹲点指导工作，当时苏木领导把我派给工作组作为联络人开展工作。三个月的时间很快结束，换届选举工作也圆满完成，工作组人员返回原单位，我也干起了本职工作。9月是剪羊毛季节，我组织部分机关干部到周边无劳动力的牧户家帮忙剪羊毛，晚上回来时，苏木邮电局的人找我说：“政协胡副主席来电话了，让你明早上班后给他打个电话。”我猜想可能是选举工作的材料哪儿不对了，可能需要修改吧，也没在意。

作者简介：斯琴别立格，阿拉善盟政协文史资料管理科科长。

第二天早晨上班后正准备去邮局打电话时(当时的电话是人工手摇插线的电话),邮电局的人喊我:“胡副主席来电话找你。”我赶紧跑过去接电话,胡主席说:“你最近忙吗? 不忙上午就来旗上我办公室一趟,有要事商量。”

第一次到政协工作

到了阿左旗政协机关,胡副主席给我倒了一杯茶后坐到办公椅上问我:“你蒙汉语兼通,又勤快,我们政协已经研究了,调你过来当蒙汉翻译,你愿意吗?”我说:“我愿意。”他就从办公室抽屉里拿出一式三份的干部商调表让我填。填完后他说:“你先回去工作,这事先别告诉别人,过几天派车去接你,你别出远门。”1987年9月21日下午,政协小车到锡林郭勒苏木门口接我去了。苏木领导得知后,立马盖章办手续,并通知大家晚上搞欢送仪式。到政协上班后,发现同事们很亲和,交流很坦诚,待我也很真诚,工作上主动帮助我,这也为我调整好心态,较快融入集体营造了非常好的环境。随着对工作业务的渐渐了解和熟悉,发现政协虽是大机关,但工作性质相对专一,工作环境宽松,学习氛围浓厚。政协机关人才荟萃,能自觉做到工作上相互支持、团结干事,生活上和谐融洽。各委室职责明确,工作井然有序,工作量不大,可支配的时间较多,可放开手脚干。

在旗政协工作期间,我结婚了,1989年有了可爱的孩子,1990年上中央党校党政管理班(三年制),1991年开始任政协秘书,当时有幸与现任内蒙古自治区政协副主席罗志虎(时任阿左旗政协副秘书长)面对面坐着,交流探讨工作上的很多问题。我对罗志虎同志有两件事印象非常深刻。一是罗志虎同志对同事和蔼亲切,对我的“劳动成果”(当时还没有电脑,秘书写材料只能用信纸,每次修改重新写一遍)很尊重,修改文稿时,他总是先用红笔画出来,旁边写出自己修改的意见,然后与秘书协商一致后再做修改。另一件事是,有一年冬天,罗志虎同志骑自行车出去办事,在巴彦浩特镇南梁坡上因冰雪路滑，不小心摔倒，脚踝扭伤了，当时没有手机，只能电话打到政协办公室，我正好在办公室上班，接电话得知他受伤，单位唯一一辆C70摩托车被通讯员骑走送信去了，无奈之下，我骑自行车去南梁坡驮着罗志虎同志到巴镇医院治疗。他个高腿长，坐在后座上脚还拖在地上，送医院过程中我流了不少汗，但因我及时送往医院，罗秘书长的脚得到及时医治很快康复，当时的情形至今难忘。1994年，我光荣加入了中国共产党。1998年，任阿拉善左旗政协提案法治委员会副主任。是政协成就了我，我认为政协对我而言是心灵归宿的“福地”。

在旗政协工作期间，我认真钻研有关政协的理论、方针和政策，特别是如何搞好协商监督，发挥政协委员参政议政作用方面。经过探讨，我认为只有认真搞好调查研究，才能更好地履行协商监督职能，于是撰写了《调查研究是政治协商、民主监督的重要前提》一文（发表于《阿拉善日报》）。1998年，阿左旗遭受了百年不遇的旱灾，农牧民遭受了很大的经济损失，在这种情况下，我深入阿左旗北部几个苏木镇调查，并根据了解的情况和问题，写了一篇名为《老天不下雨，牧民心流泪》的专题报告，不仅引起了旗委、政府的重视，而且被《阿拉善日报》发表。通过实践，我深深感到政协要搞好视察和考察，必须选准课题、有的放矢。

在旗政协工作期间，我还兼任文史委的工作。在工作中根据自身体会和所掌握的历史资料，我撰写了《阿拉善和硕特蒙古族由来及札萨克世系概论》《阿拉善王府变迁探讨》（发表于《巴音森布尔》杂志）等文章。在整理研究文史资料的过程中，我认识到，要想把文史弄懂学通，首先必须坚持历史唯物主义，把社会政治经济活动作为整理史料的重点。其次整理文史资料必须反映历史的真实面貌，务求资料的全面翔实、数字准确、提法妥当，不要有重大疏漏。最后整理文史资料要与各个时期的中心工作相结合。在阿左旗政协工作期间，我们整理编写了《阿拉善左旗政协志》一书，因为工作认真，得到了有关部门和相关领导的肯定。

2000年我被调入阿左旗团委，后任巴彦洪格日苏木达、吉兰泰镇副书记、龙信集团工会主席等职务。2007年调入阿左旗人防办工作，任副主任。2014年盟旗人防办合并，在这期间，我收集各种历史资料，撰写出版了我的第一本书《清代蒙古族各旗札萨克和王公世袭集》，这也成了我研究蒙古族文化历史的第一部个人专著。

第二次到政协工作

2016年5月的一天，我正在上班时，手机突然响了，我接过一看是个固定电话号码，而且是个陌生的号码，就问："你好，我是斯琴别立格，你是哪位呀？"对方回答："我是魏国权。"（竟然是盟政协魏主席）魏主席说："你在巴音吗？如果在，来我办公室一趟。"当时我说："老领导（魏主席曾任阿左旗旗长）你好！请问你的办公室在哪儿？"

在获知魏主席办公地点后我很快赶到他的办公室，他让我坐下，很亲切地询问我的家庭情况、工作情况后说："听说你能写，对阿拉善历史文化地理有研究，所以决定把你调入政协工作，你愿意吗？"我当时没有思想准备，再说人防办工作清闲，写作研究时间充裕。我说："人防办是个好单位，我不想来。"魏主席带开玩笑地说："你在人防办工作写书是叫不务正业，我们这专门给你设置了一个科室，发挥你的特长，好好写几本文史资料，这才叫名正言顺。再说政协需要像你这样的人，过来好好工作吧！"于是我欣然答应。6月2日上午，政协邱军玉秘书长亲自把相关人事调动手续送到盟人防办，下午我便到盟政协报到开始工作，领导把我安排在盟政协文史资料管理科，这对我来说是兴趣爱好与工作相统一的好地方。6月6日，我的大孙子出生了。可谓"双喜临门"，因此，政协再一次成为我心灵归宿的"福地"。

在盟政协工作期间，我认识到人民政协是和谐融洽的大家庭。在这个大家庭里，在每一次会议、视察、考察、调研、研讨等活动中，不分你是主席、副主席，主任，也不管你是董事长、总经理，大家在一起无拘无束，畅所欲言，亲如一家。正是政协具有这种与众不同的特殊机制，因此便有了强大的凝聚力与亲和力，使我有一种归属感。在这个大家庭里，大家以平等的身份切磋交流，我在多次参加活动中，结识了众多良师益友。特别是我的分管领导王秋才副主席，他为人正直、才兼文雅、平易近人，对我和蔼和亲，多次与我侃侃而谈，启迪了我的思想、启发了我的思维、启动了我的思路，也使我的政协情愈结愈深。在政协这个大家庭中，我感受到了家的温暖，我为自己是这一大家庭中的一员而感到骄傲和自豪，也十分乐意为这一大家庭贡献自己的微薄之力。

在盟政协工作期间，我认识到政协是为人民服务的大舞台。在这个舞台上，每个人都可以在“围绕中心、服务大局”的原则下，充分发扬自己所长，施展才华，围绕阿拉善行进中的“大政”，百姓关心关注的“小事”，建言献策。给每个专委会和政协委员提供宽松的参政议政的条件，让专委会、委员有机会参与调查、视察，了解实际情况，并能提出意见和建议，为盟委、行署制定决策提供第一手参考资料。到盟政协工作的这几年，我参与创编《阿拉善政协》季度内刊，先后参加了盟政协文史委开展的“草原丝绸之路——阿拉善驼道”“岩画保护利用”“阿拉善的成吉思汗遗迹”“文化旅游融合发展”“阿拉善和硕特蒙古族族源”等文化考察和田野调查活动，并积极撰写相关调研报告，有的得到了盟委、行署主要领导的批示，有的被有关部门采纳。

在盟政协工作期间，我认识到政协是一所学无止境的大学校。这所学校里人才济济，是藏龙卧虎之地。他们中不但有优秀的企业家、宗教界人士，还有教育、科技、文化、艺术界的精英，和他们在一起，我的思想品格、行为理念在潜移默化中得到升华。在这所学校里，新课程的学习，把我带进了崭新的世界。我深深地知道，作为政协文史工作者，一举一动都代表着政协的形象，于是我为自己定下了三条纪律：一是认真学习，改变观念，全面提高自身素质，以适应快速发展的形势需要；二是积极参加政协组织的各项活动，自觉主动地发挥作用；三是在政治协商、民主监督、参政议政活动中，事前认真准备，事中认真思考，事后进行归纳总结。

最后，感谢政协，因为在这里，我找到了自己的精神归宿，实现了自己的人生价值，更坚定了我的人生信仰。

一张收据

——刘安民与政协的不解之缘

张　莉

有人说，一些花，即便凋零，依旧清雅芬芳；一些人，即便远去，其品格也会馨香大地；一些情感，即便不用刻意触碰，也会滔然翻涌。

他叫刘安民，一位普通的司法系统退休干部，阿拉善旗第二届政协委员。

2017年初，身患重病的刘安民把儿女们叫到病床边，郑重留下遗言：我过世后，丧事从简，不麻烦组织和同志，不开追悼会，不举行遗体告别仪式；对个别同志和好友，事后打个招呼即可；从自己的退休金中拿出1000元钱交给现在的社区党组织，是作为一名加入中国共产党61年的老党员的最后一次党费。

2018年2月28日，刘安民的子女收到了中共中央组织部寄来的一张红色收据，上面写着："刘安民同志自愿一次多交党费壹仟元整，特此证明。"这是一张普通的收据，但这张收据的背后，是一个共产党员对党组织的衷心拥护与无限忠诚，是一位老人一生追随于党、忠诚于党的最温暖的诠释。当儿女将这张收据交给刘安民的老伴、一位同样有着60多年党龄的老居委会主任时，她用双手反复抚摸着这张纸，哽咽着说："老刘，你最

作者简介：张莉，阿拉善盟政协提案和社会法制委员会副主任。

后的心愿了啦。”

刘安民，1934年出生于宁夏中卫，1952年从宁夏中卫师范学校毕业后，分配到了阿左旗工作（当时阿左旗归宁夏管辖）。那时，中卫到阿左旗还没有通班车，他和另外一个同学用一头毛驴驮着行李、干粮，风餐露宿，从阿拉善南部草原，经过四天的长途跋涉，才来到巴彦浩特，从那时起，他就在这无亲无故的偏远小镇安家落户了，把一生都奉献给了阿拉善这片古老神奇的土地，成为了一名真正的阿拉善人。

初到阿拉善左旗，刘安民被分配在阿左旗二小任教，为了尽快适应教育教学工作，他起早贪黑，白天上课，晚上点着煤油灯备课，有时趁着学生放学回家，他一个人在教室里模拟试教，就这样一边教学，一边潜心钻研教育教学方法。他还大量阅读教学刊物，教学与研究相结合，很快就适应了新的工作岗位。他所带班级成绩常常在同年级中遥遥领先，受到师生们的一致好评。时任校长柴希开对他虚心好学、严谨认真的教学态度多次表扬，鼓励他积极努力，争取更大的进步。同年12月28日，刘安民加入了中国新民主主义青年团。1953年，教育局领导找他谈话说：“解放几年了，阿拉善旗的教育事业虽然有了发展，但是还不够快。现在的几所学校都在城镇，广大农村牧区群众热切希望自己的孩子能和城镇的孩子一样入学读书，可是因为有的家庭生活还很不富裕，加上交通不便，送孩子进城读书非常困难，政府决定先在沿山地区开办学校，让农牧区的孩子就近入学，因此想在塔尔岭开办学校，把你调过去。”听了领导的这番话，刘安民不顾自己的孩子还在襁褓中，当即表态说：“领导相信我，山区农牧民需要我，我一定好好完成任务。”就这样，他怀揣着阿拉善旗乌图巴格塔尔岭小学印章前往了山路崎岖的塔尔岭。经过一段时间的艰苦努力，在当地群众的期望下和支持办学人士的帮助下，克服重重困难，终于组建开办了阿左旗塔尔岭小学，解决了附近农牧民和沿山一带孩子们的就学问题。40年以后的一天，刘安民见到了曾经带过的学生、从银行退休的胡勤贵，他动情地说:“我一个贫苦农民的孩子能到银行工作直到退休,多亏您教我学习文化。”1956年,刘安民被调到巴彦浩特第一小学工作,先后担任副教导主任、主任,并在这一年的4月光荣加入了中国共产党,在党旗下的郑重宣誓,让他铭记一生。同年他参与巴镇各小学发展工会会员,正式成立了巴彦浩特小学工会委员会,并当选为第一届工会主席,因工作出色多次受到了上级工会的表扬。1957年4月,他被选为工会工作积极分子,出席了自治区首届工会工作积极分子代表大会,受到自治区总工会的表彰奖励。年底在他和其他几位同志的积极筹备努力下正式成立了巴镇小学党支部,这也是阿拉善地区小学成立的第一个党支部,他被推选为党支部书记。几年间,巴镇小学党支部先后发展党员几十名,这些党员不仅是教学中的骨干,还被充实到各校的领导班子,有的还调到了农村牧区中小学任领导。

1959年,刘安民光荣地成为阿拉善旗第二届政协委员。担任政协委员期间,他认真履行委员的职责,从不缺席政协履职活动,无论调研或协商,他都积极参加,踊跃建言献策,在他当政协委员期间提交了多篇提案。阿左旗人委文教局、矿业公司、人民法院、阿盟司法处,刘安民不论到哪个行业、在哪个岗位,他都是干一行爱一行专一行,踏实勤恳、尽职尽责,曾多次被各部门评为旗级、盟级以及自治区级的先进工作者,在平凡的岗位上发挥着一名党员的模范表率作用。

1994年,刘安民从盟司法局退休,但他始终不忘自己是个老党员,继续发挥余热,在贺兰山社区担任党支部书记。虽已是花甲之年,却依然保持着旺盛的工作热情,在社区党建工作、服务小区居民、促进文化繁荣、共建和谐社区等方面尽心尽力、默默付出,受到社区党员和居民同志们的一致好评,多次被评为社区优秀党员、优秀党务工作者。他说:“我出生在旧社会,成长在新中国,为新中国的建设工作了一辈子,因为党的培养和教育,才有了今天的美好生活,才能这样安度晚年。我虽然从工作岗位上退下来了,但党员的身份还没退下来。我老了,干不了什么大事,但托党的福,身体还硬朗,力所能及为党、为社区做点事,心里很满足也很快乐。"

2012年盟政协成立30周年,面向社会征集教育史料,刘安民的一篇《浅谈阿盟教育事业发展》发表在了政协《教育百年》一书中。为此他自豪地对人说:"我也是半个政协人,50年前我是政协委员,50年后我为政协写史料,与政协有着不解之缘。"

刘安民病逝后,儿女们整理遗物时在老人家枕头下看到的是一本鲜红的党章和有完整党费交纳记录的党费证,以及床头柜上那本写得满满的破旧的笔记本。

2016年国庆节期间,刘安民被查出晚期骨髓瘤,得知病情后,他乐观而又坚强,一边配合治疗,一边承受着常人难以想象的病痛折磨。即便是弥留之际,老人家也不愿给亲人和组织添麻烦,他常对儿女们说:"你们工作忙,也有自己的家庭,不用老想着我们老两口,我们自己能照顾自己,你们把工作干好,把子女们培养教育好,就是最大的孝顺。"

刘安民顽强地与病痛进行了半年多的抗争,最后还是被病魔夺去了生命,2017年4月10日永远地离开了他挚爱的亲人朋友,长眠于他为之奉献了一生的第二故乡阿拉善。他虽然没有留给子孙多少物质财富,但是留给了后代丰富的精神财富。他无比高尚的品德、正直清廉的作风、无私奉献的精神,这笔精神财富是人世间的无价之宝,让后辈在今后工作生活中取之不尽、用之不竭。他是一名普普通通的共产党员,但在他身上却体现着一名老党员的坚定信仰和质朴本色,他用一生的无私奉献诠释了共产党员的本色。

永恒记忆

岁月深处

草原轻骑

大漠史记

政协情怀

口述故事

阿拉善盟农工党组织的创建者

录　　音　吴学文

执笔整理　吴学文

采访时间　2020年6月17日

王殿才老人是阿拉善第一位农工民主党党员，高级畜牧师，原阿拉善左旗政协副主席。二十多年来，王殿才老人一面致力于干好本职工作，一面为农工民主党组织在阿拉善大地的建立、发展和壮大辛勤工作。应该说，王殿才老人是农工党思想在阿拉善的传播者，也是农工党组织在阿拉善发展壮大的耕耘者。口述党史采访第一站，我们来到了王老的家中。

我申请加入中国共产党有30年了。上大学时就写了申请，因为种种原因最终没有成功，毕业工作后还一直在申请。20世纪80年代末期，盟上召开座谈会，邀请我去参会。会后，我到银川办事，正巧碰上我的同学刘振宇，他是农工党宁夏区委的副主委。他问起了我的入党问题，他说："那就干脆加入我们农工民主党吧！"我说："行！"临走时，他和我说："我先给你写个推荐书，你拿上推荐书到内蒙古找农工党的相关组织。"于是，我就拿着推荐书到了呼和浩特市，很顺利地找到了农工党内蒙古自治区区委，而且还很幸运地碰到了当时的农工党内蒙古自治区区委主委蓝乾

作者简介：吴学文，农工党阿拉善盟基层委员会组织部长、阿拉善左旗第一实验小学教师。

福，他当时还兼任内蒙古自治区政协副主席。

我向蓝乾福主委说明情况后，蓝主委很爽快地说："明天早上你来我的办公室吧，我把农工党内蒙古负责人都招呼齐，讨论你的问题，争取给你解决入党问题。"第二天早上我来到蓝主委的办公室，发现已经有五六个人在等我了。他们先对我进行了简单的了解，问我是哪年大学毕业的，近些年搞了什么科研成果，我也向他们做了简单的汇报："我是西北农牧业大学兽医学院毕业，现从事兽医工作。"蓝主委一听，说："好！你这样的人才正是我们党所需要的，你先回左旗，你的入党通知我们随后下。"我回到左旗后，我的入党通知已经先我一步送达盟委统战部了。我到统战部拿通知，统战部的领导和我说："农工党内蒙古自治区区委已经电话和我们沟通了，让我们在阿左旗发展农工党员呢。现在你就和李德平两个人尽快发展农工党员，建立农工党组织。"从统战部回来后，我就和李德平为发展农工党员奔波开来。

那时候年轻，体力好，经常是骑着自行车穿行在巴彦浩特的大街小巷。一开始发展党员，大家都对农工民主党很陌生，大家根本不知道这个政党组织。

1987年，我第一个加入农工党后，陆续又有李德平、孙学宝、张凤莲加入进来。1987年12月26日，在巴彦浩特召开了农工党支部成立大会，当时仅有六名党员：我、李德平、孙学宝、张凤莲、田中杰、卢安燮（他是盟气象处的）。当时的成立大会，阿拉善左旗旗委书记乌兰扣也亲自到会场祝贺，而且乌兰扣书记还准备了几千块钱支持我们农工党组织，但是因为组织刚成立，我们不愿给政府增加负担，这笔钱我们最终也没要。

1988年，单位让我去北戴河休养，我在北戴河接到通知，说我被推选为内蒙古民族团结先进个人，并且让我到呼和浩特市领奖。后来才得知，当时内蒙古有六个民主党派，民族团结先进个人就给了一个指标。六个民主党派代表开会推荐确定人选，这时农工党内蒙古主委蓝乾福发言，他说:“我建议把我们农工党阿拉善盟支部主任王殿才推选为民族团结先进个人。”最后先进个人的荣誉就给了我。其实,我获得这个荣誉也确实付出了很多,当然也是组织对我工作的肯定。我常年在牧区工作,有多年的基层工作经历,而且因为职业的原因,经常要和不同民族的人打交道。

农工党巴彦浩特总支部成立后,我们开展的活动也比较多。那时候受交通、通信条件所限,通知党员开会、学习,经常是骑着自行车挨个通知党员,开会没地方,只好在我家里开。当时已经有七八个党员了,开完会就在我家吃饭,往往开会前,我就已经把做饭这件事给老伴儿安排好了。

支部成立后,一直没有经费,内蒙古自治区区委来人接待、吃饭,都是我自己掏腰包。自治区区委有个陈永胜部长来阿拉善,想要和左旗的党员们见个面,没有交通工具,我借了辆自行车,我们两个就骑着自行车走东家、串西家地联系党员,那时候条件真的是很艰苦!

条件虽然艰苦、简陋,可我们支部对学习却抓得很紧。那时候基本上是半个月,最多一个月就召集党员们学习、开会。我们当时开会的会议记录,有一部分现在还在。那时候党员们也没有交纳党费,直到总支委员会成立后党员们才开始交纳党费。

到现在还有一件让我记忆深刻的事,那就是我给当时的阿拉善盟副盟长陈瑞清当过入党介绍人。陈盟长找到我说也想加入农工民主党(那个时候陈盟长还是无党派人士),我说行,我就给你当入党介绍人!随后我拿了张表格让他填好,征求完大家的意见后,我签了字。后来陈盟长调到了自治区,还担任了自治区农工党第二任主委。

农工党巴彦浩特总支部成立后,我是第一届主任。1944年11月11日,我们的农工党组织更名为农工党阿拉善总支部委员会,袁术同志担任第二届、第三届主任,第四届主委由云辉霞同志担任。

当年的老党员们健在的就我和田中杰了,卢安爕、高淑芬、孙学宝、李德平、王振宇、李钦,还有原巴镇卫生院的韩大夫都已经去世了。

发挥参政党作用　建功阿拉善发展

录　　音　吴学文、马玉梅

执笔整理　马玉梅

采访时间　2020年7月11日

柴尔智，阿拉善左旗教体局督导员，曾担任基层委员会秘书长，现任农工党阿拉善盟基层委员会副主委

阿拉善盟农工党的整个发展过程，我了解得还是比较多的。2001年12月我加入了农工党，加入农工党后，我通过和前任主委王殿才、袁术等一些老党员聊天，把我加入阿拉善农工党的之前历史做了较为全面的了解。其间我也查阅了过去党派活动的材料和会议记录，有些比较重要的活动的时间节点，我是通过翻阅过去的文件记录得以了解的。

我们阿盟农工党成立的时间、过程是这样的。1987年，前任主委王殿才到宁夏去看他的同学，在和同学聊天的过程中，知道他的同学是中国农工民主党党员，之后他也有了加入民主党派的想法。他的同学就把王殿才介绍给了时任内蒙古自治区政协副主席、农工党自治区主委的蓝乾福，王殿才也亲自写信给蓝乾福要求加入农工党。蓝乾福主委对王殿才个人的情况也做了较为详细的了解，很快就批准他加入了中国农工民主党。

作者简介：吴学文，农工党阿拉善盟基层委员会组织部长、阿拉善左旗第一实验小学教师。马玉梅，农工党阿拉善盟基层委员会宣传部长、阿拉善左旗明德小学副校长。

同年我们阿盟又有五位同志加入农工党。1987年12月26日,农工党自治区区委决定成立中国农工民主党内蒙古自治区巴彦浩特支部。当时组织的名称叫支部,负责人就是支部主任。王殿才担任主任之职,党员李德平是副主任。

支部刚成立的时候,尽管人少,但依然会定期组织党员学习,还定期召开会议,汇报党员自己的工作情况。那个时候,也组织党员外出参观学习。比如1992年9月,巴彦浩特支部就组织党员到银川参加统战研讨会,还和宁夏农工党组织搞了一次联谊活动。

1994年11月11日,中国农工党内蒙古自治区委同意成立农工党巴彦浩特支部委员会。1995年2月7日,农工党区委批准任命王殿才担任第一届总支部委员会的主委,袁术、李成国为副主任委员,下设两个支部。当时王殿才、李成国、袁术、刘会武、许尔维、田中杰、朱开文担任第一届总支部委员会委员。1996年1月5日,又增补李天瑞为第一届总支部委员。1999年8月31日,召开农工党第二届总支部委员会会议,也就是换届,袁术担任主任委员,刘会武担任副主任委员。第三届党员会议是2002年9月30日召开,当时自治区陈瑞清主委也专程从内蒙古自治区来阿拉善参加了这次换届会议。这次会议决定,袁术继续担任总支部主任委员,云辉霞、谢步云担任副主任委员。这次换届的时候,我也成了总支部委员会的委员,王殿才担任名誉主任委员。

总支部委员会成立以后,两位主委王殿才和袁术,带领全体党员,立足本职,心系农工,开拓进取,各项工作迈上了一个新的台阶。特别是王殿才、袁术担任主委期间,我们的党员队伍发展比较快,队伍逐渐壮大了起来。这期间,在参政议政方面,也有较突出的成绩。当时有自治区政协委员一人,盟政协常委一人,委员三人,旗人大代表一人,委员三人,党员中还有担任盟检察院、盟公安局、盟监察局评议员的。这些代表也经常参加一些盟委、统战部组织的会议。我们不论是旗、盟,还是自治区级的政协委员，每年每人至少有一篇提案，有的提案也被评为优秀提案。我记得当时我们有一篇集体提案受到了盟政协的重视，是有关环保方面小锅炉治理的。

这期间，农工中央主席、全国人大常委会副委员长蒋正华和农工党中央常务副主席李蒙一行来到阿拉善，主要围绕生态环境进行调研和考察，基层委员会主要领导都得到了农工党中央主席和副主席的接见。

2007年3月29日，我们建立农工党阿拉善盟基层委员会，主任委员是云辉霞，下设三个支部，谢步云、敖特根担任副主任委员。2011年5月22日，基层委员会召开第二届党员大会，云辉霞继续担任主委，副主委还是谢步云、敖特根。

基层委员会成立以后，我们在参政议政方面也做了大量工作。基层委员会成立之前，袁术是自治区政协委员，基层委员会成立后，云辉霞主委是自治区政协委员，他们每年都向自治区政协提交提案，这些提案，有的还得到了自治区政协的高度重视。云主委有一篇提案得到了自治区副主席的批示。我是左旗政协委员，每年也会上交比较多的提案。基层委员会成立后，我们基层委员还承担盟委的调研课题，这些课题获奖情况也是不错的。比如2015年我围绕教育写了一篇调研报告，盟委书记亲自阅示并转交主管教育的副盟长研究，还下发到盟教体局、左旗教体局。那是一个有关农牧区学校整合的调研报告。后来我又写了一篇关于进一步均衡班主任津贴的调研报告，盟委包钢书记亲自做了批示，主管教育的副盟长征求我的意见。我还围绕中学综合实践课写了一篇调研报告，这篇调研报告获得盟委办公室和盟委统战部颁发的二等奖。基层委员会还围绕赏石主题开展的调研活动写调研报告上交盟委，也得到了好评。

我是第二届基层委员会的时候被选为秘书长。我们没有专职干部，秘书长这几年也比较辛苦，联系党员、上报材料，都要兼职做。我们的党员居住比较分散，又在各个不同岗位工作，联系他们比较困难。那时候需要联系退休党员,我就把主要在巴彦浩特定居的党员,每个人住哪个小区,几号楼几单元都了解清楚,因为每年都要去慰问。农工党阿拉善盟基层委员会在每年的重阳节,都要组织老党员搞一些活动。带他们登山,参观市政建设,到周边走一走,看一看,搞个座谈会,后来把重阳节定成了我们农工党老党员的一个节日。过去老党员出行也不方便,我们就自己开车把老党员接来组织活动。

到了2005年左右,我们在社会服务方面的工作,是每年至少组织一次大型社会服务活动。2006年,我们组织党员到木仁高勒敬老院为孤寡老人送医送药,进行体检,去了也非常受欢迎。从2006年开始,面向基层、面向农牧区每年开展一次大型的义诊活动。2007年成立了农工党医疗服务队,2011年正式命名为"同心医疗服务队"。我们的同心医疗服务队足迹踏遍阿拉善左旗每一个苏木,还深入到阿拉善右旗的阿腾敖包苏木、塔木素苏木。2011年6月11日至14日,我们还去了哈什哈苏木搞义诊。哈什哈苏木以前是不通公路的,出行非常不便。我们前后一共去了五天,那时候我们才真正感受到生活在腾格里沙漠腹地的老百姓生活的处境。他们出行难、就医难、购物难、求学难,所以有时候深入到农牧区,坐在老百姓的炕头上,你才能真正理解老百姓需要的是什么。

我们去哈什哈苏木要走两个义诊点,一个叫查汗布拉格,路相对好一点,但路上也经常(因为沙地)发生车陷入沙地的情况,我们得一起推车,从沙子中把陷进去的车推出来。从查汗布拉格到哈什哈苏木的沙路是非常难走的。有人这样说:沙漠里的路,无风的日子,如果前面走过车,压过的痕迹就是路;有风的日子,你自己的车留下的痕迹就是路,真的是太难走了。我记得当时在我们翻越沙漠的过程中,邹艳荣、焦桂芳大夫,在沙漠里中暑又晕车,到站下车以后她们都站不起来。我们搀扶着她们下车走路,晚上她们喝了点水就躺下了,连饭都没吃,第二天起来依然精神饱满开始义诊服务工作。

第三届基层委员会换届时间是2017年3月25日，王秋才担任主委，我、段玉琴、图布新达来担任副主委。

我们的社会服务活动还是很有特色的。早期就我们独立一家开展义诊活动，到后来好多部门和我们联合起来一起开展活动，有阿拉善左旗妇幼保健院、计划生育服务站、中心医院、疾控中心等。

过去搞活动很不容易，联合起来搞活动也有好处，可以集中优势资源。比如我们过去下乡搞义诊的时候，没有B超，我们和妇幼保健院沟通协调，他们也愿意参加，丁丽红大夫，每次都和我们一起下去进行义诊，给农牧民做B超。过去有些科的大夫去不了，后来妇产科、内科、外科、儿科、功能科都能去。现在回过头来再看，那时候就这样一步一步地走过来了，这些社会服务活动都是非常有意义的。我们和老百姓接触的过程中，队伍得到了很好的锻炼，为人民服务的意识也得到了提高。特别是在哈什哈苏木一些偏远的地方开展的服务活动，让党员们真真切切从人民群众的身上学到了许多优秀的品质，也教育了我们。

我们定下来活动后，就会和左旗统战部、盟委统战部沟通，这样我们阿拉善农工党每次组织和开展活动，都能得到盟旗统战部的大力支持。尤其是在早期左旗统战部帮助我们联系义诊点，在对接上给我们提供了许多帮助，这样，我们去了很快就能进入工作状态。有时候，时间能调开，左旗统战部的部长、副部长也都和我们同行。到阿拉善右旗的时候，盟委统战部部长、主管领导也和我们去义诊，所以我们和统战部的沟通一直都是比较好的。

我们到了牧区后，住的条件很有限。去塔木素义诊那次，正好遇到苏木上也在组织活动，我们去了没有住的地方，我们的党员就住在卫生院，睡在检查床上。在查汉布拉格那次的义诊，我们也没有住处，就在老旧的房子里支了一些床板来住，那些窗子玻璃都是破碎的，好在是夏天，我们就在那样的房子里凑合了一晚上。

我加入农工党的时候，有一个办公室，后来我们向盟委统战部提出来以后，办公条件有所改善，给我们解决了一个办公室。到了第二届基层委员会成立后，又增加了一间办公室，电脑、打印机都有，那个办公室在盟委办公室旧址那里，搞活动的时候大家共用一个办公室。现在在盟委统战部的“统一战线之家”开会搞活动，条件就更好了。

早期农工党组织在发展的过程中也遇到过困难。经历“文化大革命”后，那时候身边的人对民主党派不理解，也不了解。这几年国家很重视，国家到地方都大力宣传，每年中央都要召开各民主党派的政治协商会议，现在好多人都了解了。

见证农工党在阿拉善盟的发展

执笔整理　吴学文

采访时间　2020年6月24日

采访地点　田中杰家中

田中杰，农工党党员，原阿左旗市政公司经理，现已退休。

阿拉善农工“五老”

农工民主党在阿拉善的扎根，应该说王殿才主委是第一播种者。王主委决定加入农工民主党后，因为阿拉善还没有这个组织，于是他准备好所有的证件和材料，到呼和浩特市找农工党主委，见到了蓝乾福主委后，提出了入党要求，蓝主委一看王殿才的证件材料，全部合格，当时就在呼和浩特市让王殿才填了表，办了入党手续。王殿才是20世纪50年代的大学生，是畜牧专业的高级畜牧师，阿左旗兽医站站长。从呼和浩特回来后，王殿才就找了我们五个志同道合的人，准备发展我们成为农工民主党党员。最初五个人分别是我、王殿才、李德平（旗医院骨外科主任，医师，20世纪50年代的医学生）、孙学宝（20世纪50年代医学院毕业，当时是阿拉善盟卫校教师，教解剖学的），还有一个付国玺（20世纪50年代的大学

作者简介：吴学文，农工党阿拉善盟基层委员会组织部长、阿拉善左旗第一实验小学教师。

生,学畜牧专业的,是高级畜牧师)。五个人中我的学历最低,我当时在阿左旗市政公司上班,职称是工民建的助理工程师,也是阿左旗市政公司的经理。当王殿才提出他的想法后,我们五个人意见一致,表示同意。

要成立一个党组织,按照程序得先向盟委统战部提出申请,当时的盟委统战部部长王登山是个懂政策有水平的领导,立即就表态同意我们的申请,当时我们党支部的名称是:农工民主党巴彦浩特支部,成立时间是1987年,最初的党员就是我们五个人。后来内蒙古自治区区委也批准了我们建立支部,当时盟委统战部考虑得很周全,把我们的家属都召集在一起,开了个座谈会,以免她们将来拖后腿。

支部开成立大会那天,盟委来了一个副书记高荫华,代表盟委讲话,还拍了照。我们五个人所在单位也有个别领导出席表示祝贺。

在困难中前行

支部是成立了,面临的主要问题就是如何生存下去,还得有所作为。于是我们就想办法找项目,因为支部活动需要经费。支部刚成立时,学习是必须的,农工党党章,还有中央的一些文件精神,都是我们学习的内容。没有办公开会场地,就在我们单位开会办公,总之,当时的条件是非常困难的。

后来,农工党支部的发展越来越好,想加入农工党的人也越来越多。当时盟委统战部要求,想加入农工党,必须经单位党支部的同意,而且对党员人数也进行了限定。当时要求加入农工党的积极分子,在单位表现都很优秀,都是单位的业务骨干,因为我们入党的门槛本身就比较高,必须是知识分子。当时每年只能发展两名党员,其中有两年党员发展还陷入了停滞状态。

随着农工党组织的逐渐壮大,活动经费是个大问题,于是我们就向统战部申请经费，一开始的经费是一年一千块，后来增加到两千，但第四年经费又成了一千，经过我到财政局据理力争，才又恢复到一年两千的水平。

致力社会服务，帮企业排忧解难

20世纪90年代，当时的阿左旗酒厂搞承包，冷长雪承包了当时的酒厂。冷长雪是个女强人，厂子是承包下来了，但不知怎么干下去，于是冷厂长就找到了她的老乡付国玺，付国玺又找到我，和我商量能不能给酒厂出出主意，帮帮忙，我当即就答应下来：这是好事，也是农工党的社会义务之一啊！内蒙古自治区区委知道这件事情后，也大力支持我们的想法，于是区委帮我们联系到了北京食品酿造研究站，研究站很快就派来了三名技术员到酒厂，配合冷厂长搞生产经营。北京食品酿造厂派人来时做了充足的准备，带来了他们新的酵母，很快就生产出了一款深受市场欢迎的酒。

当时酒厂的生产经营还有一个困难，之前生产的二十多吨苁蓉酒，因为技术问题，生产出来酒是混浊的，不清亮，在市场上自然也无人问津。当冷厂长向北京来的技术员讲了这个困难后，技术员爽快地答应了，并在很短的时间内就解决了这个问题，为苁蓉酒创造了良好的品牌！这是当时我们农工党支部无偿为酒厂做的贡献，企业效益因此大大提高了，冷长雪厂长也把自己应得的一部分奖金分给了工人！这是我们农工党做得非常有意义的一件事情。

田老的金玉良言

当田老欣闻现在农工党阿拉善盟基层委员会已经有七十多名党员时，很是吃惊，连说了两遍："不简单，大家都辛苦了！"一位老党员对组织的关心挂念之情溢于言表！

采访中，能真切地感受到一名老农工党员的耿直善良及淡泊名利的

坦荡胸怀,也能很真切地感受到一位耄耋老人对组织的依赖和殷殷期盼,其中印象最深的就是田老的两句很质朴的至理名言:

——心里不放事,出去不惹事!

——可以做错事,但不能干坏事!

继往开来推进农工党事业发展

执笔整理　吴学文

采访时间　2020年6月18日

袁术，曾担任农工党巴彦浩特第二届、三届总支部委员会主委，阿拉善盟科协主席

入党初衷及过程

我是1992年5月7日加入中国农工民主党的，很偶然的一个机会，我在《内蒙古日报》上看到了一篇农工党自治区委的工作报告，当时很吃惊，也很好奇，也是第一次知道了还有农工民主党这个党派，于是就给我的大学老师蓝乾福教授写了一封信，向他请教农工民主党到底是个什么样的组织，它的宗旨任务、目标都是什么，没想到蓝教授很快就给我回信了。信里说：袁术同志，你在大学的表现我很清楚，你如果想加入中国农工民主党，我可以给你当入党介绍人。我一看，内蒙古自治区政协副主席，农工党自治区区委主委蓝乾福给我当入党介绍人，这对我是莫大的鼓舞，于是我就决定加入中国农工民主党。随后我就向单位领导汇报，说我要加入中国农工民主党，就这样，我成了一名中国农工民主党党员。

蓝教授当时之所以那么快就给我回信，而且还介绍我加入农工党，是

作者简介：吴学文，农工党阿拉善盟基层委员会组织部长、阿拉善左旗第一实验小学教师。

因为我们俩有师生之谊，蓝教授当时是内蒙古农牧学院畜牧系的教授，我是畜牧系的学生。

农工党在阿拉善发展壮大及经费、办公条件的改善和保障

农工党党员平时都要忙于自己的本职工作，居住又很分散，在那个年代，联系也很困难，有时要搞一些活动，人员组织就是一个很大的问题。因为农工党员好多都是医疗界的，所以我们就发挥优势和特长，下乡搞一些服务活动，为敬老院以及农牧民开展义诊活动，印象最深的是到木仁高勒敬老院为孤寡老人免费体检，引起了不小的反响。

因为部分党员还是人大代表，他们还代表人民发声，为政府工作建言献策，通过他们提一些建议、提案，为多党合作发光发热，所以自身学习和提高就非常必要。我们也经常组织党员进行集体学习，传达中央文件精神，学习农工党区委的一些文件。

近几年，我感觉我们阿拉善农工党组织发展得还是比较快的，我加入农工党的时候，全盟仅有十几名党员。于是我就向农工党自治区区委陈瑞清建议，要在阿拉善盟成立农工民主党委员会，陈主委给我的答复是尽快上报。上报自治区区委时加了“基层”两个字，就是现在的“农工民主党阿拉善盟基层委员会”。总体上来讲，农工党员的素质是非常高的，尤其是教师、医生，文化素质、思想素质都非常高。当时盟委统战部要求我们按总党员人数的5%这个比例发展新党员，如果严格按这个比例去发展党员，我们每年只能发展两名党员，当时给农工区委组织部打电话请示，区委的答复是：5%这个比例是针对全国总体而言，阿拉善可以灵活掌握，适当提高比例。所以，我们连续几年发展党员人数都是4个，最多的一年发展了7名新党员。

随着党员人数的增加，经费就成了问题，王殿才同志任主委时，统战部每年拨付的经费只有两千元，这么多党员每年要搞下乡义诊、外出学习

参观，经费捉襟见肘。我就给当时的盟委统战部部长王登山打了几次报告，主要内容有两点：一是农工党党员后备干部培养问题；二是经费问题。后来在自治区统战部伏来旺部长的亲自过问和关心下，经费给增加到每年三千元。

农工民主党阿拉善盟基层委员会的办公条件及环境总体来说是逐步改善的。一开始我们没有固定的办公场所，搞活动基本上属于"打游击"的状态，有时候是在盟政协的楼上，有时候是在云辉霞主委的会议室里。大约在2000年前后，盟委统战部给我们解决了一间办公室，并配备了简单的办公设施。随着党员队伍的不断壮大，盟委统战部又在2008年，给我们在老干部局的二楼给了两间更大的办公室，并配备了新的办公设施，基本能满足农工党组织的开会、活动需要。

盟委关心及农工党重大活动

1998年，农工党中央主席蒋正华、副主席李蒙到巴丹吉林考察后来到阿拉善左旗。在宾馆两位主席见了阿拉善农工党的代表，当时我和刘惠武大夫及几个总支负责人去了宾馆，汇报完工作后我又向两位主席提了两条建议。一是党员发展速度问题，按5%比例发展党员速度太慢，因为这有新老交替，新陈代谢的问题，农工党组织应该逐步发展壮大。两位主席当时的回复是：也可以灵活掌握，不绝对地按照5%发展，可以适当地多一些。二是经费问题，两位主席答复会尽快、尽量与当地党政领导沟通。

陈瑞清主委调到自治区，接替蓝乾福主委工作后，也非常关心阿拉善农工党组织的发展，每次回到阿拉善，都要问起阿拉善农工党的情况。

除此以外，阿拉善农工党组织积极开展对外交流及联谊活动。主委王殿才在任时，联系宁夏农工党区委的几位党员来阿拉善搞了一次联谊活动，还有乌兰浩特市政协副主席农工党主委崔志鹏也来阿拉善，和阿拉善农工党员进行交流、座谈。

在中国农工党成立70周年之际，我代表农工党阿拉善盟基层委员会向盟委提出要搞一次大型庆祝活动，当时的盟委副书记杨继业同志非常支持，拨付给我们一万元经费，让我们组织活动。我们用这些经费表彰奖励了优秀党员，然后又到北寺搞了非常隆重的茶话会，党员们都非常高兴。

农工党在阿盟成立以来，中共阿拉善盟委统战部一直都非常重视，在2006年成立阿拉善盟社会主义学院的时候，邀请我们农工党代表参会。

我的政协委员履职经历

我担任过两届（第八届、第九届）自治区政协委员，每次参会我都积极写提案，争取发言。当时内蒙古党委书记参加我们社科组界别小组会议时，我就政法队伍存在的腐败问题和律师队伍存在的问题做了发言。1990年的政协会议，我就参会人员用餐问题写了一篇名为《厉行精简节约，反对铺张浪费，实行自助餐》的提案，自治区纪律检查委员会很快就以批文的形式进行了回复：袁术同志，你的提案写得非常好，符合当下实际，我们决定在适当的时候，改变会议就餐制度。第二年自治区人大政协开会都开始实行自助餐了，连自治区领导也率先垂范吃起了自助餐。

我们政协委员、人大代表从驻地前往会场，都坐大巴车，当时实行路段封锁，我对此非常不赞同，我们是政协委员、人大代表，是代表人民来开会，反映社情民意，没必要兴师动众，对这个问题，我也写了提案。此外，围绕生态环境保护、经济建设发展，我也写过提案，我觉得，作为民主党党员、一名政协委员，是应该为人民做点事情的。

缅怀老同志寄语新班子

付国玺同志是我党的一名老党员，已经去世十几年了，他中专毕业，是左旗兽医站的副站长，他的党龄比我早，是和谢步云一批入党的同志。

最初入党的一些老党员好多已经去世了，他们是付国玺、高树峰、李清、孙学宝、李德平，这批老党员的离开，是我们组织的一大损失。

我当主委时，谢步云、敖特根因为本职工作原因，抽不出时间来协助我处理农工党的一些事情，后来我发现柴尔智工作能力比较强，又热心党派工作，每次搞活动、查资料，都得依靠柴老师，我们这些党员，不计名利，不计报酬，为党派工作确实付出了很多。

真心地希望农工党阿拉善盟基层委员会越来越壮大，社会影响力越来越强。

创新工作新机制　开辟工作新局面

执笔整理　马玉梅

采访时间　2020年7月26日

云辉霞，曾任农工党阿拉善盟基层委员会第一、二届主委，阿左旗政协副主席。

2019年8月9日，我们即将迎来中国农工民主党的九十华诞，作为一名基层农工党员，十分感谢农工党区委和阿拉善盟基层委员会组织的农工党员口述党史活动，我作为一名老党员，有机会接受这次采访和讲述我们的组织的发展，感到十分高兴和激动。

中国农工民主党自1930年成立至今，走过了九十年的历程，一代又一代的农工党员积极投身到中国的革命、改革开放和社会主义建设、发展以及实现中华民族伟大复兴的事业中，不断前进，也有很多可记忆的历史性篇章。

我们阿拉善地处自治区最偏远的西部，人口少，土地面积大，经济发展落后。农工党组织在这里成立时，仅仅是一个支部。当时我还年轻，是基层医院的一名医生，对农工党组织还不是十分了解。

记者：是什么原因让您决定加入农工党的？

作者简介：马玉梅，农工党阿拉善盟基层委员会宣传部长、阿拉善左旗明德小学副校长。

云辉霞:当年入党时我还很年轻,对农工党组织没有太多认识,也不是很清楚这个党派在政治阶层的代表性,我是通过单位一位德高望重的老医生——李德平医生,了解到咱们农工党组织的。李德平是我们阿盟农工党首批党员,我通过他参加的一系列活动,了解到在我们阿拉善左旗这样一个边远地区,还活跃着这样一支党派,它的名字叫中国农工民主党。因为这个组织是由医药卫生、教育界的中高级知识分子组成的,也在为我们本地的政治、文化、经济发展,为老百姓积极做一些工作,这样我对这个组织就有了向往。2000年的时候,通过我们很有声望的老党员的介绍和引荐,我有幸加入了这个组织。

阿盟农工党组织,是在巴彦浩特支部和总支部委员会的基础上成立了农工党阿拉善盟基层委员会。我记得那时,农工党自治区委和我们的统战部门多次磋商,建议成立盟级的地方基层委员会。在基层委员会成立大会上,我担任了基层委员会的主委,也就是基层委员会的首届主委。随着基层组织的建设,我们在盟委、行署的大力帮助和统战部的指导下,在政治地位、组织结构、经费支撑上,都有了很大的进步和跨越,当地的统战部门非常支持我们的政治和社会活动,同时在党员中也涌现出了很多积极参政议政、为本地社会经济发展服务的优秀党员。

我们的党员中有政协委员、人大代表,还有党员参加了社会监督的工作。我们的老主委袁术主委,他连续几届当选自治区政协委员。在担任政协委员期间,他积极建言献策,提出了很多有利于自治区社会、经济和阿拉善盟经济发展的提案。我记得他在参加第九届全委会议的时候,作为自治区政协委员进行大会发言,题目是有关农牧业发展的,他的提案得到了政协委员和全委会的充分肯定。我也有幸成为第十届、十一届自治区政协委员,在这两届政协履职中,我也撰写了大量的提案,其中有关于我们阿拉善铁路发展、口岸发展的提案,还有医疗卫生界的关于基层卫生院的宿舍建设的提案。关于医务人员的宿舍建设的提案,得到了很好的落实。我记得这个提案到自治区后很快返回到盟里，冯盟长组织碰头会后，盟卫生局和相关部门组织调研，两年内就把这个问题落实下来，对阿左旗地区基层卫生院的宿舍进行了修缮，建设得非常有档次，这对我们当地医疗卫生条件的改善是非常重要的。当时我感觉到作为一名参政议政的民主党派党员，能有提案得到当地政府的高度重视，是非常欣慰的。另外，我参与的一些提案，像铁路建设、机场建设，现在已经让老百姓得到了实惠。所以说，我们有这样的一个政治平台，当我们真正参与其中，努力去做一些事情的时候，可能这些小事情也都成了事关民生的大事情。一旦落实下来，就能为我们当地老百姓提供服务。

我加入这个党派的时候，是巴彦浩特总支部的党员，后来我当选了一届总支部委员会的副主委，担任副主委的时候我们成立了医疗服务队。那时我还在妇幼保健院，我就利用妇幼保健院的资源，带领党员去木仁高勒养老院进行社会服务活动。那个时候，养老院的老人受条件所限，健康、卫生情况都不理想，我们的党员到了那里，不嫌脏不嫌累，都主动帮助老人做些事。那年是我们第一次搞这样的活动，以后我们每年都组织，后来这个服务活动就固定下来了。

记者：云主委，我们这个服务品牌“同心医疗队”也是在您手上建立的吧？

云辉霞：大概是2000年，我加入组织后开始了这个社会服务活动。我们每年都组织，坚持了二十年，目前这个服务队已经成为统战部门的一个服务品牌。当时左旗统战部的领导说要把名字改成“同心服务队”，柴主委找我说了这事，我说可以啊，统战部门有这个想法，说明要我们同心协力做好这个品牌服务活动。

在全区社会服务的层面上，我们阿拉善农工党的同心医疗服务是走在前面的。因为长期坚持，也涌现出一批默默奉献自己的优秀党员。

我们同心医疗的服务活动现在基本上把阿盟的南部地区走完了，我希望以后能走进阿拉善右旗和额济纳旗，我们是盟级单位，是要服务于三旗、企业等，我们要把资源利用好。我特别想说的是在这些活动中我们的老党员，像柴尔智，他是组织者，还有服务者谢宗圆、段玉琴、聂秀琴等，每次搞活动，他们都是一马当先，克服一切困难去参加。受条件所限，我们的一些医疗设备都是党员自己主动和医疗卫生单位协调，把器械借来，这太不容易了。这些医务工作者都是专家，到了基层、牧区，却都不嫌苦不嫌累不怕脏。

党员活动要利用业余时间，有些还要占用他们的工作时间。但党员所在的单位还是很支持的，这说明地方中共党组织，对多党合作的意义理解得非常到位，也很支持，我也特别感谢这些单位的领导，这也是我们的活动多年来能坚持下来的重要原因。这样的社会服务，扩大了我们的服务声誉，扩大了组织的声誉，在老百姓中也树立了我们组织的良好形象，有很好的影响力。

阿盟农工党组织里，教育领域的党员占了近三分之一，当时我们还有一个想法：教育支边，教育支乡，我们也搞过一两次，让我们的党员去讲学、去讲课，但是这个活动没能够坚持下来，希望下一步组织能够把优秀的教育资源，带到基层，特别是牧区边远旗县。

加入组织二十年中，我担任了两届主委工作，也有一些遗憾，作为老党员，想对今后组织的发展、政治建设提一点建议。

首先，在学习上，要学习我国的宪法，广泛地对党员或者要求加入我们组织的积极分子进行宪法教育。

其次，进行农工党党章的教育。引导和教育我们的党员和积极分子，首先要以我们的党章为基础，按照我们的党章去加强自己的政治意识、组织意识、纪律意识。我们的党章上写得非常清楚，在政治上如何参加政治教育，要有怎样的政治立场。党章是约束我们每一位农工党员的章法，要按章法去做。同时,始终如一坚持中国共产党的领导。这个一定要教育党员牢牢记住。其次,加强党史学习和爱国主义教育。要让我们的党员清楚我们的中国共产党党史及发展历程,我们的前辈是怎样前赴后继地为我们的祖国做贡献的,为我们的祖国建设服务的,要做到不忘初心。中国共产党领导全国人民走向今天的繁荣富强,我们是始终如一在中国共产党的坚强领导下,才能走到今天。

再次,要加强人才的建设。我们党员要求是知识分子,按照我们的界别去发现人才,动员和吸收人才,这样就能够培养有识之士加入我们的组织,为我们组织将来的发展提供有力的支持。

最后,加强对当地社会和经济文化等领域的调研。我们要加强调查研究,建言献策。要实事求是地为本地区社会经济和政治发展做一些真正实惠的事情。现在做的就挺好,挖掘当地的历史、文化,实事求是地反映老百姓生活中真正需要帮助的事情。要一事一说,哪怕是老百姓提出哪个地方的路灯不亮了,我们就这个路灯的问题也可以写提案。

在参政议政的平台上,一个是政协、一个是人大,都可以及时反映问题。还要教育我们的党员不要越层反映问题。要通过组织反映问题,包括个人诉求。我们参加这个组织不是为了个人利益,在这个组织里有很多默默无闻付出的党员。像我们的老主委王殿才,他没有个人的诉求,就是牺牲个人的时间搞一些调查研究,为组织服务。我当初也是以这样的初心加入这个组织的,现在虽然不在这个组织的领导岗位上了,但作为一名党员,看到年轻党员做一些事的时候感到特别欣慰。

当然每个人都有力不从心、条件不允许的时候,但我们还是要克服困难,要有积极为组织工作的心态。